Makler lügen nicht - Immobilien kaufen wie die Profis

Haus- und Wohnungskauf zur Eigennutzung

Bibliografische Information der deutschen Nationalbibliothek. Die Deutsche Nationalbibliothek verzeichnet diese Publikation in der deutschen National-Bibliografie; detaillierte bibliografische Daten sind im Internet über http://dnb.d-nb.de abrufbar.

2. Auflage 2012

D - 80638 München
www.makler-luegen-nicht.de

Das vorliegende Buch wurde sorgfältig erarbeitet.
Dennoch übernehmen Autor/Verlag für die Richtigkeit von Angaben, Hinweisen und Ratschlägen sowie Druckfehlern keine Haftung. Ferner stellen diese keine rechtliche und/oder steuerliche Beratung dar, sondern geben lediglich die Meinung des Autors wieder. Eine Haftung des Autors bzw. Verlags für Personen-, Sach- und Vermögensschäden ist ausgeschlossen.

Grafische Gestaltung und Website
Winfried Gehrmann
www.turnaround-netservice.de

Titelbild

Printed in Germany

Autor und Verleger
Johann Kiening
D - 80638 München
www.makler-luegen-nicht.de

ISBN: 978-3-00-038863-7

Inhalt

Der Autor

Johann Kiening ist seit nunmehr fast 30 Jahren selbständig als Makler, Bauträger und Unternehmensberater (u.a. Immobilienberatung von Banken) in der Immobilienwirtschaft tätig.

Neben seiner Ausbildung zum Betriebswirt, hat er sich seine Expertise in der Immobilienwirtschaft durch seine langjährige Tätigkeit als Makler, als Bauträger, den Exklusiv-Vertrieb von fremden Bauträger-Objekten, diverse Projektentwicklungen und einer Vielzahl von Immobilienbewertungen erworben.

Er kennt den Immobilienmarkt nicht nur aus Lehrbüchern, theoretischen Abhandlungen und Statistiken, sondern erlebt die Gegebenheiten, Entwicklungen und Veränderungen des Marktes seit fast 3 Jahrzehnten täglich und hautnah durch die aktive Teilnahme am Immobilienmarkt.

Makler lügen nicht

Immobilien kaufen wie die Profis

Das Buch

Jeder Mensch, gleich ob er sich nun ein Auto, einen neuen Laptop oder eben eine Immobile anschafft, wird dies auf die unterschiedlichste Art und Weise tun. Wir haben alle ein sehr differenziertes Kaufverhalten, auch wenn es natürlich unter den verschiedenen Käufertypen auffällige und zum Teil sehr ähnliche Verhaltensmuster und Vorgehensweisen gibt.

Trotz all dieser käufertypischen Verhaltens- und Herangehensweisen beim Kauf einer Immobilie, ist jeder Immobilienkauf immer eine sehr individuell geprägte Abfolge von Handlungen und Nichthandlungen.

Das Gleiche gilt natürlich auch analog für den Verkäufer einer Immobilie, was das Ganze nicht unbedingt einfacher macht.

All dies hat zur Folge, dass es **"die einzig richtige Art und Weise"** eine Immobilie zu kaufen nicht gibt.

In vielen Teilen dieses Buches werden Sie sich wahrscheinlich wieder erkennen, über manche Dinge werden Sie den Kopf schütteln, erstaunt sein und über andere wiederum schmunzeln.

Das Buch soll Ihnen helfen den relativ komplexen Prozessablauf eines Immobilienkaufs zu erkennen und zu verstehen, Ihre Ziele diesbezüglich genau zu definieren und zielführend zu verfolgen.

Es kann Ihnen **"den richtigen Weg"** allerdings nur aufzeigen, gehen müssen Sie Ihn selbst.

Bleiben Sie dabei aber authentisch, bewahren Sie sich Ihre Individualität und nutzen Sie Ihre Flexibilität und Ihre Kompromissfähigkeit bei einem Immobilienkauf, dies führt erfahrungsgemäß zum optimalen Ergebnis.

Makler lügen nicht

Immobilien kaufen wie die Profis

Zu viel Wissen hat noch nie geschadet.

Da sich die Meisten Ihre erste Immobilie zur Eigennutzung anschaffen und der Kauf einer Immobile zur Eigennutzung eine völlig andere Vorgehensweise als der Kauf einer Immobilie zur Vermietung erfordert, befasst sich dieses Buch ausschließlich und umfassend mit dem Immobilienkauf zur Eigennutzung.

Der Autor führt Sie hier, auf anschauliche und leicht verständliche Weise, in die Welt der Immobilie ein. Dieses Buch ist keine Ansammlung und Auswertung von Statistiken und theoretischen wissenschaftlichen Abhandlungen, sondern das Ergebnis aus fast 30jähriger Erfahrung und aktiver Marktteilnahme als Makler und Bauträger.

Der Hauptteil dieses Buches schildert, aus der Erfahrung von über 1000 abgewickelten Verkäufen, den kompletten chronologischen Ablauf, den Sie bei einem professionellen Immobilienkauf Schritt für Schritt durchlaufen sollten. Ferner enthalten die einzelnen Punkte eine Vielzahl von Hinweisen, Tipps und Tricks aus der Praxis, worauf Sie besonders achten sollten.

Daneben werden unter "Begriffserklärung", alle für den Kauf einer Immobilie relevanten und wichtigen Begriffe/Bezeichnungen detailliert beschrieben und erklärt. Auch hier wiederum verbunden mit vielen praxiserprobten Hinweisen und Tipps.

Ferner enthält dieses Buch noch einen umfangreichen Anhang mit Abdrucken aller relevanten Verträge/Urkunden (Kaufvertrag und Teilungserklärung), Checklisten für Besichtigungen und Objektübergabe, gängiger Abkürzungen, sowie einen Original Grundbuchauszug. So können Sie sich schon mal vorab mit allen relevanten Verträgen/Dokumenten und dem darin enthaltenen "Juristendeutsch" vertraut machen.

Der Musterkaufvertrag und die Teilungserklärung wurden von einem renommierten Münchner Notariat erstellt.

Und nun wünsche ich Ihnen viel Spaß beim Lesen.

Prozess - Ablauf

Immobilienkauf zur Eigennutzung

Art der Immobilie

Ihre finanziellen Möglichkeiten

Haus-/Wohnungsgröße

Raumaufteilung

Lift

Garage/Tiefgarage

Ausstattung

Baujahr

Energieverbrauch/Energieeinsparverordnung

Lage

Eigenkapital

Fremdkapital

Finanzierungscheck

Persönlicher Zeitrahmen

Wer bietet die Immobilie an die Sie suchen

Der Makler

Der Bauträger

Der Privatverkäufer

Gezieltes Suchen - der Schlüssel zum Erfolg

Exposeanforderung und Informationsbeschaffung

Selektion/Abgleich mit Ihren Prioritäten

Relation Objekt - Angebotspreis - Lage

Besichtigungstermin

Besichtigung

Check vorhandener Informationen

Zweite Besichtigung

Entscheidung

Strategie Kaufpreisverhandlung

Endverhandlung/Kaufpreisverhandlung

Notarauswahl

Kaufvertrag

Finanzierung

Notartermin/Beurkundungstermin

Kaufpreiszahlung

Erwerbsnebenkosten

Kaufpreisfälligkeit/Kaufpreiszahlung

Übergabe der Immobilie

Was ist weiter zu tun

Makler lügen nicht

Immobilien kaufen wie die Profis

Haus- und Wohnungskauf

zur Eigennutzung

Nur etwas mehr als 40% aller Bundesbürger besitzen eine eigen genutzte Immobilie, aber fast 100% wünschen sich Immobilieneigentum. Der Durchschnitt aller EU-Länder liegt bei ca. 60%. Spitzenreiter sind Italien und Spanien mit einer Eigentumsquote von ca. 80%.

Die wichtigsten Gründe, die diesem Wunsch zugrunde liegen, sind heute mehr denn je primär u.a. die Altersvorsorge, Inflationsangst, Sicherheit oder auch der altbekannte Spruch.......

........lieber die eigene Immobilie abzahlen als die des Vermieters.

Ein Immobilieninvestment ist sicherlich nicht immer die renditestärkste Geldanlage, auch wenn uns die derzeitige Finanzkrise, zumindest was die nahe Zukunft betrifft, wohl eines besseren belehrt hat, aber sie ist auf jeden Fall eine der Sichersten!

Langfristig ist auch in aller Regel mit einer entsprechenden Wertsteigerung Ihrer Immobilie, zumindest aber mit einer Werthaltigkeit, zu rechnen. Langfristig heißt hier jedoch mindestens 10 Jahre, besser 15 Jahre. Ein Blick in die Vergangenheit wird Ihnen dies bestätigen, egal wie lange Sie zurückblicken.

Aber auch hier gilt wie überall**.....Im Einkauf liegt der Gewinn.....!**

Bauland - Kaufwertentwicklung

Die nachstehende Tabelle zeigt Ihnen die durchschnittliche Entwicklung der Baulandpreise seit 1992. Eine bessere Wertsteigerung erreichen Sie wohl nur durch Zocken an der Börse oder im Casino.

Jahr	Bauland insgesamt	Baureifes Land	Rohbauland	Sonstiges Bauland[1]
	Durchschnittlicher Kaufwert in Euro/m² - Deutschland			
1992	25,09	43,16	10,94	15,60
1993	30,59	49,06	13,30	17,63
1994	35,58	55,66	15,70	18,69
1995	35,93	58,02	14,68	19,51
1996	41,53	61,37	17,60	22,43
1997	44,47	64,70	18,84	21,23
1998	48,25	69,69	21,30	23,36
1999	49,60	70,65	20,51	23,42
2000	51,79	76,21	22,70	25,62
2001	50,18	75,20	19,46	25,60
2002	58,43	80,44	22,66	25,51
2003	76,90	99,89	24,13	41,04
2004	76,93	103,47	27,00	34,91
2005	85,97	115,80	26,13	36,71
2006	81,93	122,85	25,74	36,27
2007	83,64	134,29	26,20	36,96
2008	80,38	126,58	21,91	35,11
2009	81,78	122,05	23,32	28,07
2010	90,76	129,67	25,61	35,64

1 Industrieland, Land für Verkehrszwecke, Freiflächen. Quelle: Statistisches Bundesamt Deutschland

Es handelt sich hier um bundesweite Durchschnittswerte, die Ihnen lediglich die Entwicklung/Steigerungen veranschaulichen soll. Hieraus den Wert eines einzelnen speziellen Baugrundstücks abzuleiten ist nicht möglich.

Kaufpreise

Durchschnittswerte in deutschen Großstädten über 500.000 Einwohner

Bitte beachten Sie, dass es sich hier um **Mittelwerte** handelt. Innerhalb der einzelnen Städte gibt es zum Teil exorbitante Kaufpreisunterschiede. In München z.B. gibt es Topimmobilien in absoluten Toplagen (Altstadt) für die fast jeder Preis bezahlt wird, teilweise bis zu € 15.000,00/m^2 und mehr.

Ähnlich, wenn auch bei weitem nicht so extrem, verhält es sich in den anderen Städten.

Die nachfolgenden Tabellen sollen Ihnen primär die Kaufpreisrelation der einzelnen Städte untereinander nahebringen.

Städte	Kaufpreis pro Quadratmeter*
München	3.680 Euro
Frankfurt	2.766 Euro
Hamburg	2.625 Euro
Stuttgart	2.261 Euro
Düsseldorf	2.043 Euro
Berlin	2.042 Euro
Köln	1.894 Euro
Nürnberg	1.667 Euro
Dresden	1.477 Euro
Leipzig	1.210 Euro
Hannover	1.203 Euro
Essen	1.191 Euro
Bremen	1.178 Euro
Dortmund	1.173 Euro
Deutschland gesamt	1.643 Euro

Quelle: immowelt.de, Stand: 07/2011
* Mittlerer Preis, 1. Quartal 2011

Mietpreise

Durchschnittswerte in deutschen Großstädten über 500.000 Einwohner

Bitte beachten Sie, dass es sich hier um **Mittelwerte** handelt. Innerhalb der einzelnen Städte gibt es zum Teil sehr große Mietpreisunterschiede. In München z.B. gibt es Topimmobilien in absoluten Toplagen (Altstadt) für die fast jeder Preis bezahlt wird, teilweise € 25,00/m² bis € 30,00/m².

Ähnlich, wenn auch nicht ganz so extrem, verhält es sich in anderen Großstädten, wie z.B. Hamburg, Frankfurt, Düsseldorf etc..

Die nachstehenden Tabellen sollen Ihnen primär die Mietpreisrelation der einzelnen Städte untereinander nahebringen.
(Quelle: Immowelt.de, Stand 07/2011, *Mittlerer Preis 1. Quartal 2011)

Stadt	**Kaltmiete pro Quadratmeter***
München	12,50 Euro
Frankfurt	11,40 Euro
Hamburg	10,00 Euro
Stuttgart	9,70 Euro
Düsseldorf	8,80 Euro
Köln	8,60 Euro
Nürnberg	7,20 Euro
Berlin	7,00 Euro
Bremen	6,20 Euro
Dresden	6,10 Euro
Hannover	6,10 Euro
Essen	5,60 Euro
Leipzig	4,90 Euro
Dortmund	4,90 Euro
Deutschland gesamt	6,20 Euro

Weitere sehr gute bundesweite Daten zu Kauf- und Mietpreisen finden Sie auch unter:

www.immobilienscout24.de
www.immowelt.de

Auch hier handelt sich jedoch um Durchschnittswerte, die aufgrund der Mikrolage der einzelnen Immobilie entsprechend nach oben oder unten abweichen können.

Art der Immobilie

Welche Art von Immobilie Sie sich kaufen, ist zuerst ein Mal die wichtigste und grundlegendste Entscheidung die Sie treffen sollten.

Soll es nun ein freistehendes Einfamilienhaus, ein Reihenhaus oder vielleicht eine schicke Altbauwohnung in der City oder doch lieber eine Erdgeschosswohnung mit Gartenanteil sein oder?

Dabei sollten Sie sich neben Ihren finanziellen Möglichkeiten, auch an Ihren individuellen Bedürfnissen und Wünschen, aber auch sehr stark an Ihren derzeitigen Lebensumständen und an Ihrer mittelfristigen Lebensplanung orientieren.

Planen Sie nicht über einen Zeithorizont von 10 bis max. 15 Jahren hinaus. Als Single eher kürzer, als Paar oder Familie mittel- bis längerfristig.

Je individueller desto..........schwieriger!

Nun ist natürlich ein Designerhaus oder eine Luxus 2-Zimmerwohnung mit z.B. 110m² durchaus was Feines, aber bei einem Wiederverkauf einer solch individuellen Immobilie werden Sie sich relativ schwer tun.

Bedenken Sie, je individueller die Immobilie ist die Sie sich anschaffen werden, desto schwieriger wird auch ein eventueller Wiederverkauf zu realisieren sein, besonders dann wenn es mal schnell gehen muss.

Schnell geht generell immer nur über den Preis.

Hier verhält es sich ähnlich wie bei einem exotischen Auto. Macht Spaß, ist toll, gefällt auch jedem, aber bei einem Wiederverkauf brauchen Sie meistens viel viel Zeit und müssen auch oft einen überproportionalen Wertverlust für Ihre Individualität mit einkalkulieren.

Die Zielgruppe für sehr individuelle Immobilien ist nun mal relativ klein und eine ebensolche Ausstattung ist halt auch nicht jedermanns Sache.

Was Sie einmal dafür bezahlt haben oder wie sündhaft teuer die entsprechende Ausstattung war, ist bei einem Wiederverkauf kein wirklich ausschlaggebendes Kriterium für einen potenziellen Käufer.

Bei der Käufersuche für so eine Immobilie, verhält es sich wie bei der Suche nach der berühmten **"Stecknadel im Heuhaufen"**.

Wenn Sie bei der Entscheidung "welche Art Immobilie" zu Ihnen passt einen kompromissfähigen Mittelweg aus Realität, Sinnvollem, Funktionalität und Emotionen finden, können Sie eigentlich nichts falsch machen und haben schon fast gewonnen.

Auf die einzelnen Details der Art Ihrer Immobilie, wie Größe, Ausstattung, Baujahr, Lage etc., gehen wir in den nachfolgenden Punkten noch umfassend ein.

Ihre finanziellen Möglichkeiten

Kaufen sie sich nur eine Wohnung die Sie sich auch leisten können!!!

Bevor sie sich überhaupt auf die Suche nach einer geeigneten Immobilie machen, sollten Sie Ihre finanziellen Möglichkeiten abklären und Ihren Finanzierungsrahmen definieren.

Aber bitte realistisch.......die Erfahrung zeigt, dass wenn Sie sich als Limit z.B. einen Betrag von € 300.000,00 gesetzt haben, Sie letztendlich meistens eh darüber landen werden.
Denn oft ist dann Ihre Traumimmobilie halt mal schnell € 10.000,00 teurer, da will man es dann auch nicht daran scheitern lassen. Ebenso

verhält es sich mit der Ausstattung/Einrichtung, da gibt man schnell mal ein paar tausend Euro mehr aus, als geplant war.

Im Prinzip ist die Festlegung des finanziell Machbaren eigentlich relativ einfach.

Stellen Sie eine ganz simple Rechnung auf:

Beispiel:

Ihr vorhandenes Eigenkapital	€ 100.000,00
aufzunehmendes Fremdkapital **(*)**	€ 200.000,00
Machbarer Gesamtaufwand	**€ 300.000,00**

Grundsätzlich sollte das Verhältnis Eigenkapital zu Fremdkapital bei einer eigengenutzten Immobilie mindestens folgende Relation haben: **30 : 70**

Machbaren Gesamtaufwand = Gesamtkaufpreis (**)

(**) Gesamtkaufpreis = Kaufpreis + Grunderwerbssteuer 3,5% + Notar und Grundbuchkosten ca. 1,5% + eventuell anfallende Maklerkosten, normalerweise 3,00 bis 6,00% zuzüglich gesetzliche MwSt.

Fremdkapital = aufzunehmendes Bankdarlehen

(*) das Fremdkapital sollte mit den monatlich frei verfügbaren Mitteln problemlos bedient werden können.

Beispielrechnung unter Annahme eines Effektiv-Zinssatzes von 4% und einer Tilgung von 1% p.a.):

€ 200.000,00 x 4% Zins	= € 8.000,00
€ 200.000,00 x 1% Tilgung	= € 2.000,00
Gesamtbelastung	= € 10.000,00 p.a. : 12 Monate

Gesamtbelastung = ca. € 833,33 monatlich

Für die Bedienung (Zins und mindestens 1% Tilgung) eines Fremdkapitals von hier € 200.000,00 sollten Sie also ca. € 833,33 monatlich zur freien Verfügung haben.

Bei mehr verfügbaren Mitteln monatlich können Sie das Fremdkapital und somit den machbaren Gesamtaufwand (Gesamtkaufpreis) Ihrer Immobilie erhöhen, bei weniger sollten Sie ihn jedoch auch reduzieren.

Gehen Sie dabei aber nicht ans Limit und rechnen Sie sich Ihre monatlich frei verfügbaren Mittel auch nicht schön!

Mal ehrlich, haben Sie all Ihre Ausgaben erfasst (private Altersvorsorge, anteilige Urlaubskosten, anteiliges für Unerwartetes wie kaputte Waschmaschine, neue Winterreifen etc. etc.).

Fangen Sie bitte auch nicht an Ihre Ausgaben zu Ihren Gunsten zu manipulieren, einer der größten Fehler, der leider immer wieder gemacht wird. Man könnte ja z.B. nur noch 2 Wochen in Urlaub fahren und das neue Auto ein paar Jahre aufschieben und nur noch ein Mal im Monat zum Essen und ins Kino gehen und mit dem Rauchen wollte ich eh längst aufhören und so weiter und so fort.

Sie erhöhen dadurch zwar augenscheinlich Ihre monatlichen frei verfügbaren Mittel, reduzieren gleichzeitig aber überproportional Ihre Lebensfreude!

Was nützt einem die schönste Immobilie, wenn sie letztendlich von lauter unzufriedenen Menschen bewohnt wird. Sie und ggfs. Ihre Familie werden ganz schnell die Freude an Ihrer neuen Immobilie verlieren, weil Sie sich ständig vor Augen halten werden, was Sie früher alles machen und sich leisten konnten und jetzt nicht mehr. Und den Grund hierfür werden Sie immer in Ihrer neuen Immobilie sehen.

Schaffen Sie sich nicht selbst unnötige Probleme.

Glauben sie mir und meiner über 25jährigen Praxis…….es funktioniert nicht!
Ich habe schon eine Vielzahl solcher Fälle erlebt, bei denen dann nicht nur die Lebensfreude, die Beziehung (Ehe) und was sonst noch darunter leidet. Oftmals führt dies dann in letzter Konsequenz wieder zu einem relativ kurzfristigen Verkauf der Immobilie, meist verbunden mit einem entsprechenden Verlust. Es sollen auch schon Beziehungen daran zu Bruch gegangen sein.

Allein der Besitz einer Immobilie wird Sie nicht wirklich glücklich machen.

Wenn es einfach nicht reicht, dann ist es halt so, es gibt Schlimmeres und Sie warten halt noch etwas mit dem Immobilienkauf.
Ihre Lebensqualität wird sich deshalb aller Wahrscheinlichkeit nach nicht wirklich verändern.

Wir gehen jetzt aber einfach mal davon aus, dass es reicht.

Dann haben Sie mit der Festlegung des für Sie finanziell Machbaren, bereits einen der wichtigsten Punkt beim Immobilienkauf erledigt.

Wie eine optimale Finanzierung aussehen sollte und welche Finanzierung zu Ihnen und Ihrer Immobilie am besten passt, damit beschäftigen wir uns später noch.

Haus-/Wohnungsgröße

Je größer desto besser werden Sie sagen.

Richtig, wenn der finanzielle Aspekt für Sie keine Rolle spielt……dann mal los.

Sollten sie jedoch zu den "Normalsterblichen" gehören, dann sollte dies eine Ihrer Hauptfragen beim Kauf Ihrer Immobilie sein.

Denn jeder "unnötige" Quadratmeter kostet Geld, das Sie vielleicht sinnvoller in eine bessere Ausstattung, Lage, höhere Tilgungsrate etc. investieren könnten und somit in die Werthaltigkeit Ihrer Immobilie.

Auch wenn man in der heutigen Zeit keine grundsätzliche Aussage mehr darüber treffen kann, wie viel m² braucht Frau/Mann, so gibt es diesbezüglich doch einige nicht von der Hand zu weisende Fakten.

Seien Sie halbwegs realistisch bei der Festlegung dessen, was Sie wirklich brauchen und sich auch leisten können und dem was Sie gerne hätten.

Normalerweise braucht kein Single eine 4- Zimmerwohnung, ebenso wenig Sinn macht es, sich als 5köpfige Familie in eine kleine 3 - 4

Zimmerwohnung zu zwängen, nur um den Status einer eigenen Immobilie zu haben.

Eine große Wohnküche hat natürlich was, jedoch schmeckt das Essen darin wirklich so viel besser? Es soll auch Kinder geben, die, obwohl sie in einem "nur" 11m² kleinen Kinderzimmer aufgewachsen sind, nicht traumatisiert durch ihr späteres weiteres Leben laufen.

Grundsätzlich sollte natürlich für jedes Familienmitglied ein eigenes Schlaf/Kinderzimmer vorhanden sein.

Aber brauchen Sie wirklich ein Gästezimmer und ein Arbeitszimmer? Wie oft haben Sie denn Gäste, die bei Ihnen übernachten und wie oft und wie lange arbeiten Sie täglich zuhause?

Ein gern gesehener Gast hat normalerweise kein Problem damit auf der Aufziehcouch zu schlafen und ein kleiner Schreibtisch lässt sich oft auch im Wohnbereich bzw. sonst wo integrieren, ohne gleich den stylishen Charakter Ihrer Immobilie zu zerstören.

Ein Gäste-WC und ein zweites Bad sind natürlich sehr angenehm, bei einer 2 Zimmerwohnung aber eigentlich nicht wirklich erforderlich. Bei größeren Wohnungen oder bei Häusern und/oder einer Familiengröße von 4 Personen und mehr, sollte dies aber Mindeststandard sein.

Wie bereits erwähnt sollte auch Ihre Lebensplanung in die Größe der Immobilie mit einfließen, wenn Sie also Nachwuchs planen, sollte natürlich auch ein weiteres Zimmer berücksichtigt werden.

Bei Häusern sind ohnehin meistens noch weitere nutzbare Flächen/Räume vorhanden, die Sie zwar momentan vielleicht noch nicht zwingend benötigen, später dann aber doch sinnvoll nutzen können. (z.B. ein Hobbyraum oder ein ausbaubares Dachgeschoss).

Entscheiden Sie bei der Festlegung der Größe Ihrer Wohnung zu 80% mit dem Kopf und zu 20% mit dem Bauch. Reine Bauchentscheidungen haben bei der Größenfestlegung nichts zu suchen.

Raumaufteilung

Diesem Punkt sollten Sie ganz besondere Aufmerksamkeit schenken, denn eine schlechte bzw. eine nicht zu Ihnen passende Raumaufteilung lässt sich nachträglich nur sehr schwer korrigieren. Technisch geht natürlich heute so gut wie alles, ist dann aber auch immer mit einem großen finanziellen Aufwand verbunden.

Also besser vorher prüfen, ob es auch wirklich passt.

Dies gilt primär beim Kauf einer gebrauchten Immobilie.

Bei Neubauten, sofern sie noch in der Planungsphase kaufen bzw. es der Bautenstand noch zulässt, ist es relativ einfach. Hier haben Sie, entsprechender Bautenstand vorausgesetzt, grundsätzlich noch die Möglichkeit auf die Raumaufteilung Einfluss zu nehmen. Sofern Sie dadurch nicht die gesamte Wohnung umplanen und/oder einen Eingriff in tragende Wände vornehmen, ist dies meistens auch ohne größere Mehrkosten möglich. Scheuen Sie sich nicht, auch bei fortgeschrittenem Bautenstand die eine oder andere bereits vorhandene Wand gemäß Ihren individuellen Wünschen bzw. Bedürfnissen versetzen zu lassen. Auch wenn es ein paar Euro kostet, es lohnt sich, denn letztendlich soll sich Ihre Wohnung ja nach Ihren Bedürfnissen und Vorlieben richten und nicht umgekehrt. Wenn Sie hier zu viele Kompromisse eingehen werden Sie es sehr schnell bereuen, weil Sie täglich daran erinnert werden, wenn Sie sich in Ihrem Schlafzimmer nicht bewegen können oder wenn Sie ständig gegen die Essstühle stoßen, wenn Sie in die Küche wollen.

Bei einer klassischen Raumaufteilung einer Immobilie erfolgt die Gewichtung nach folgendem Größenprinzip, abfallend vom größten Raum (Wohnen) bis zu den diversen Nebenräumen, sowie Balkon/Terrassen:

- **Wohnbereich (bzw. kombinierter Wohn-/Essbereich)**
- **Schlafzimmer/Kinderzimmer**
- **Kinderzimmer/Schlafzimmer**
- **Arbeits-/Gästezimmer/Wohnküche**
- **Küche**
- **Bad**
- **Nebenräume (Flur/Abstellkammer/Gäste-WC)**
- **Balkon/Terrasse**

Das größte Augenmerk sollten Sie auf den Wohn-/Essbereich richten, denn es ist in aller Regel der Raum in dem Sie die meiste Zeit verbringen, der Wohnungsmittelpunkt. Ein der Mitgliederzahl Ihrer Familie adäquater Esstisch sollte dort ebenso Platz finden, wie entsprechende Sitzelemente. Sofern sie noch einen kleinen Arbeitsplatz (für PC etc.) brauchen, sollte auch hierfür Platz sein.

Das Schlafzimmer sollte zumindest Platz für ein 2,00m x 2,00m Bett, einen Kleiderschrank in Standardgröße (3,00m) und ausreichend Bewegungsfläche bieten. Wenn es relativ groß ist, können Sie hier eventuell ja auch noch einen kleinen PC-Arbeitsplatz unterbringen.

Bei den Kinderzimmern verhält es sich ähnlich, auch wenn Sie hier nur ein 1,00m Bett und wohl auch einen etwas kleineren Schrank brauchen, sofern zu Ihrer Familie nicht "weibliche Teenager" gehören ☺. Dafür brauchen Sie natürlich in einem Kinderzimmer auch einen Schreibtisch und die Kinder sollten auch noch etwas Bewegungs-freiheit haben, um zu spielen. Bei Neubauten werden die Kinderzimmer meist ohnehin nicht mehr wesentlich kleiner geplant als die "normalen" Elternschlafzimmer.

Ein Arbeits-/Gästezimmer sollte lediglich zweckmäßig sein, sofern Sie nicht überwiegend zuhause arbeiten, reicht es wenn Sie einen Schreibtisch und/bzw. ein Gästebett und einen kleinen Schrank unterbringen. Mit ca. 10m² sollte man gut zurechtkommen.

Bei der Küche scheiden sich nun die Geister, hier gibt es keine generelle Regel. Eine Küche sollte jedoch mindestens so groß sein, dass Sie darin die heute üblichen Geräte unterbringen und auch noch genügend Bewegungsfreiheit haben um zu kochen.

Dem Trend folgend, wird eine Vielzahl von Wohnungen und Häusern, speziell im Neubaubereich bereits mit offenen Küchen geplant und angeboten.

Sofern sie nicht grundsätzlich ein Gegner von offenen Küchen sind, hat dies durchaus auch Vorteile. Der wichtigste Vorteil ist wohl, neben der Kommunikationsfreudigkeit einer solchen Lösung, auch die dadurch entstehende Großzügigkeit des Wohn-/Ess- und Küchen-bereiches. Störende Gerüche beim Kochen entsorgen heute gute Abzüge ganz ordentlich.

Hier dürfen Sie auch ein Mal nach Ihrem Bauchgefühl entscheiden. Es ist einfach nur Geschmackssache.

Ob offene oder geschlossene Küche, ist heute bei einem Wiederverkauf auch nicht mehr so entscheidend und wirkt sich nicht wesentlich auf den möglichen Kaufpreis aus.

Aber bedenken Sie, auch wenn es sich auf den zu erzielenden Kaufpreis nicht wirklich auswirkt ob Ihre Immobilie nun über eine offene oder eine konventionelle Küche verfügt, so reduzieren Sie auf jeden Fall mit einer offenen Küche die Zielgruppe der Kaufinteressenten.

Mit einer normalen geschlossenen/abgetrennten Küche hat so gut wie niemand ein Problem, eine offene Küche aber mögen nach wie vor sehr viele einfach nicht. Jemand der partout keine offenen Küchen mag, wird auch nie eine Immobilie mit einer offenen Küche kaufen.

Andererseits wird jemand, der offene Küchen durchaus chic findet, aber auch eine Immobilie mit einer abgetrennten Küche kaufen, wenn sonst alles passt.

Sie sprechen somit eine wesentlich kleinere Zielgruppe an, was sich zumindest in einer längeren Verkaufszeit widerspiegeln kann.

Beim Bad haben Sie in der Regel nicht viele Veränderungsmöglichkeiten (Ausnahme bei Neubauten, aber auch hier müssen Sie sich an den vorhandenen/geplanten Versorgungsschächten orientieren).

Bei älteren Gebrauchtimmobilien müssen Sie sich wohl oder übel in den meisten Fällen mit einem, für die heutigen Ansprüche, etwas kleinerem Bad abfinden.

Eine Vergrößerung ist hier oft schwierig bis gar nicht möglich, da eine Erweiterung meist zu Lasten einer der daneben liegenden Räume geht bzw. dadurch oft ein kompletter Raum ganz wegfällt.

Bei Häusern ist dies nicht ganz so problematisch, da oft genügend Räume oder Platz vorhanden sind. Bei Wohnungen sollten Sie jedoch genau überlegen, ob Sie dies machen oder nicht. Spätestens beim Wiederverkauf könnten Sie das dann schmerzlich merken, wenn z.B. aus Ihrer bisherigen 3-Zimmerwohnung, nach "Badvergrößerung", dann plötzlich nur noch eine 2-Zimmerwohnung bzw. 2 1/2 Zimmerwohnung geworden ist.

Lassen Sie es lieber, die Käufer von älteren Immobilien wissen, dass die Bäder bauzeitbedingt nicht die Größten sind und haben damit normalerweise kein größeres Problem. Ein vollwertiges zusätzliches Zimmer ist allemal mehr wert und werthaltiger für Ihre Immobilie als ein Riesenbad.

Bei Neubauten sind die Bäder ohnehin schon meistens in einer sehr akzeptablen Größe ausgeführt.

Den sog. Nebenräumen sollten Sie nun schon wieder mehr Aufmerksamkeit widmen. Dies gilt überwiegend für Wohnungen, bei Häusern sind ohnehin immer genügend Nebenräume vorhanden.

Sie werden sehr schnell feststellen, wie viel Freude Sie an einem ca. 50cm breiterem Flur auf Dauer haben und es gar nicht merken, wenn dadurch die angrenzenden Räume je ca. 0,5 bis 1,0m² kleiner ausfallen. (Dies gilt normalerweise natürlich nur bei Neubauten in der Planungs- oder Bauphase, eine Flurverbreiterung bei Gebrauchtimmobilien ist bautechnisch meist gar nicht möglich und/bzw. würde immense Kosten verursachen).

Ein Gäste-WC ist zwar immer eine feine Sache, bei kleineren Wohnungen scheitert es aber meistens am Platzproblem und ist auch nicht wirklich erforderlich.

Ab einer 3-Zimmerwohnung sollte es eigentlich zum Standard gehören, ab einer 4-Zimmerwohnung ist es ein absolutes Muss, hier ebenso auch ein zweites Duschbad.

Und nun zum wohl "wichtigsten" Nebenraum bei Wohnungen, der Abstellkammer.

Leider gibt es auch heute immer noch viele Bauträger, die gar keine Abstellkammer erstellen bzw. diese lediglich in den Plänen zeichnerisch als Nische im Flur darstellen. Sofern sich platzmäßig die Möglichkeit bietet und das tut es fast immer, sollten Sie sich unbedingt eine der Größe der Wohnung entsprechende Abstellkammer schaffen.

Die 1 bis 2 m² an Fläche, die dadurch ein anderer Raum verliert, merken Sie in der Regel dort nicht besonders bzw. damit kann man leben. Es hat wohl schon fast jeder die Erfahrung gemacht, wie nervig es ist, den Staubsauger und sonstiges "Zeug" irgendwo im Schlafzimmer oder gar in der Küche zu platzieren. Außerdem müssen Sie ja auch Ihre sonstigen

Utensilien, die sich nicht als Deko eignen, irgendwo unterbringen. Also eine zumindest kleine separate Abstellkammer sollte ein absolutes Muss sein!

Einen Balkon oder eine Terrasse sollte Ihre Immobilie (hier primär Wohnung) natürlich schon auch haben.
Bei einem Wiederverkauf verlieren Sie sonst fast die gesamte Zielgruppe der Eigennutzer.

Ausnahmen sind hier klassische Altbauten, die oft über keine oder nur sehr kleine Zierbalkone verfügen. Diese Altbauwohnungen kompensieren dies aber wiederum durch den Charme über den sie verfügen. Der typische Käufer einer Altbauwohnung erwartet meist keinen oder keinen besonders großen Balkon.

Bei allen anderen Wohnungen ist ein gut nutzbarer Balkon ein nicht zu unterschätzendes Kriterium für die Werthaltigkeit Ihrer Wohnung. Nutzbar heißt in diesem Falle, dass er mindestens über eine Tiefe von 1,50m, besser mehr verfügen sollte.

Nicht die Gesamt-m² eines Balkons sind entscheidend, sondern der Zuschnitt, je quadratischer desto besser.
2m x 2m (4m²) ist tausendmal besser als 8m x 1,20 (9,60m²).
Wenn die Himmelsrichtung dann auch noch halbwegs stimmt, dann haben sie das Optimum bezüglich Balkon/Terrasse schon erreicht.

Beachten Sie bitte auch die sog. Verkehrsflächen Ihrer Immobilie.

D.h. es sollten genügend Bewegungsflächen sog. Verkehrsflächen um Ihre Einrichtungsgegenstände herum vorhanden sein, so dass Sie sich auch noch frei bewegen können, ohne ständig gegen irgendetwas zu stoßen. Sie sollten zumindest nicht über Ihren Esstisch klettern müssen, um zu Ihrer Couch zu kommen oder generell übers Bett steigen müssen, wenn Sie an Ihren Kleiderschrank wollen.

Architekten/Bauträger/Makler zeichnen gerne relativ kleine Einrichtungsgegenstände in die Grundrisspläne ein, dadurch wirken die Räume für den Betrachter optisch größer.
Also entweder die einzelnen Räume ausmessen, oder wenn dies noch nicht möglich ist, anhand von maßstabsgetreuen Plänen prüfen ob auch Ihre Möbel oder Möblierungsvorstellungen entsprechend passen.

Die Größe Ihrer Möbel sollte auch zu der Größe der einzelnen Räume passen. Nichts sieht schlimmer aus, als überladene Räume, von der mehr als eingeschränkten Nutzbarkeit dieser Räume gar nicht zu reden.

Hier gilt der Spruch "less is more".

Selbstverständlich können Sie Ihre Wohnung einrichten wie Sie wollen und auch so viel reinstellen wie Sie wollen, letztendlich ist natürlich immer nur entscheidend, dass "Sie" sich darin wohlfühlen ☺.

Lift

Das Thema Lift ist es wert, ihm einen extra Punkt zu widmen.

Grundsätzlich gilt natürlich, mit Lift ist immer besser als ohne.

Bis zum 2. OG geht es "gerade" noch ohne Lift, darüber wird es schon kritisch, das werden sie spätestens beim Wiederverkauf der Wohnung merken. Es mag ja sein, dass Sie persönlich ein fehlender Lift nicht stört, Sie sind ja jung und sportlich und fit und zu Fuß in den 4. Stock, ist alles kein Problem.

Richtig, für Sie ist das anscheinend momentan kein Problem, aber sind und denken alle Anderen auch so wie Sie?
Nein, die Erfahrung zeigt eindeutig, dass alle Wohnungen ab dem 2. Stock ohne Lift wesentlich schwieriger zu verkaufen sind, als Wohnungen mit Lift.

Zu kompensieren ist dies ausschließlich über den Preis, wenn überhaupt.

Eine Wohnung in den oberen Etagen in einem Haus ohne Lift muss deutlich! günstiger sein als eine vergleichbare mit Lift. Deutlich heißt hier nicht nur ca. € 10.000,00 sondern zum Teil wesentlich mehr.
€ 10.000,00 mehr oder weniger für eine Wohnung, sind heute bei fast allen Kaufinteressenten kein Entscheidungskriterium mehr!

Hierzu ein kleines Beispiel aus meiner Praxis:

Eine Dachgeschosswohnung (4. OG) mit ca. 140m² und mit 2 großen Dachterrassen in einem traumhaft schönen Altbau in Bestlage München-Schwabing.

Diese Wohnung war zwar zum Teil renovierungsbedürftig, aber ansonsten genau so wie sie sein sollte und wäre in der Regel auch blind zu verkaufen gewesen, wenn da nicht der "fehlende Lift" gewesen wäre.

Die Kaufpreisfestsetzung war € 750.000,00. Ein Kaufpreis, der für eine solche Wohnung in Bestlage München-Schwabing eher noch als günstig zu bezeichnen ist. Nach unzähligen Besichtigungsterminen und sich immer wiederholenden Diskussionen über den fehlenden Lift (……ja wenn das Haus einen Lift hätte usw.), wurde die Wohnung schließlich nach ca. 7 Monaten Verkaufszeit doch noch verkauft.

Die übliche Verkaufszeit bei einer solchen Wohnung liegt unter 3 Monaten.

ABER! Verkauft wurde die Wohnung für nur € 650.000,00 und das auch nur unter der Bedingung, dass die anderen Eigentümer in dem Haus, einem Lifteinbau zustimmen. Dies war unabdingbare Voraussetzung für den Käufer, sonst hätte er die Wohnung nicht gekauft.

Die Zustimmung konnte Gott sei Dank erwirkt werden, allerdings mit der Auflage, dass der Käufer der Dachgeschosswohnung 60% der Lifteinbaukosten in Höhe von ca. 120.000,00 übernimmt.

Auch wenn es sich hierbei bewusst um ein extremes Beispiel über eine sog. Luxuswohnung handelt, so können Sie dies jederzeit auch auf kleinere normale Wohnungen runterrechnen. Lediglich die Relation der Kosten ist halt dann eine andere.

Das Beispiel zeigt, dass es immer nur über einen oft relativ sehr hohen Preisnachlass geht. Bei sehr exklusiven und teuren Wohnungen kann es aber auch durchaus passieren, dass man den fehlenden Lift nicht ein Mal über den Kaufpreis kompensieren kann, da dieses Klientel eine perfekte Wohnung sucht und nicht eine Günstige.

Garage / Tiefgarage

Grundsätzlich gilt, in der heutigen Zeit gehört bei einer Immobilie ein Kfz-Stellplatz einfach mit dazu.
Ob dieser nun in Form einer Einzelgarage bei Häusern oder eines Tiefgaragenstellplatzes/oberirdischen Stellplatzes bei Eigentumswohnungen vorhanden ist, ist dann eher sekundär.

Wobei eine Einzelgarage/ Einzelstellplatz in der Tiefgarage einem oberirdischen Stellplatz immer vorzuziehen ist.

Einzelplatz oder Duplexparker/Doppelparker?

Na ja, eigentlich eine dumme Frage, jeder will natürlich lieber einen Einzelstellplatz.

Also wenn Sie die Wahl haben natürlich immer einen Einzelstellplatz, auch wenn er ein paar Euro mehr kostet. Oft hat man aber leider gar keine Wahl. Bei innerstädtischen kleinen Grundstücken mit einer sehr hohen Bebauung, sind die behördlich notwendigen Stelllätze einfach nur mit Duplexparkern zu erreichen.

Also, nicht gleich auf den Bauträger schimpfen, kein Bauträger baut freiwillig Duplexparker, da erstens sehr kostspielig und zweitens ständig Diskussionen mit den Immobilienkäufer.
Der Bauträger kann diesmal wirklich nichts dafür, schuld daran sind meistens die sog. Stellplatzschlüssel der Städte und Gemeinden. Die legen fest bzw. schreiben vor, wie viele Kfz-Stellplätze pro zu errichtender Wohneinheit nachzuweisen, d.h. zu erstellen sind.

Sehr oft geht das dann eben nur über Duplexparker, weil die Grundstücke in der Regel heute zu klein sind, zu dicht bebaut bzw. immer nur bis zu einem bestimmten Prozentsatz versiegelt (be- und unterbaut) werden dürfen.

Sofern Sie zur Fraktion ……

"Ich habe gar keine Auto"

…..gehören, brauchen Sie persönlich zwar momentan keinen Kfz-Stellplatz, aber was ist vielleicht in ein paar Jahren oder wenn Sie Ihre Immobilie mal wieder verkaufen oder auch nur vermieten wollen. Die

Erfahrung zeigt, dass über 90% aller Immobilienkäufer einen Garagenplatz für Ihr Auto wollen, viele oft sogar zwei.

"Das Auto des Deutschen liebstes Kind"

Auch wenn es die Meisten nicht zugeben, es ist nach wie vor so.

Was darf denn eine Einzelgarage oder ein Tiefgaragenplatz nun kosten? Machen Sie sich erstmal darüber keine zu großen Gedanken.
Sofern sie ein Haus erwerben, ist die Garage ohnehin fast immer schon im Gesamtkaufpreis enthalten und auch nicht separat ausgewiesen.

Bei einer Eigentumswohnung kommt der Tiefgaragenplatz zwar immer separat dazu, jedoch ist hier ein echter Preisvergleich nur sehr schwer möglich.

Es gibt Mehrfamilienhäuser, nehmen wir mal z.B. ein 6-Famlienhaus mit einer Tiefgarage mit 6 Einzelstellplätzen, bei dem die Erstellung einer so kleinen Tiefgarage so aufwändig und entsprechend kostenintensiv ist, dass die Bauträger diese Stellplätze zum Teil unter Gestehungskosten anbieten, besser gesagt ausweisen.

Das heißt aber nun nicht automatisch, dass Sie hier einen Tiefgaragenplatz zum "Schnäppchenpreis" bekommen. Denn erstens können Sie einen solchen Tiefgaragenplatz nicht separat/einzeln erwerben und zweitens wird die Differenz zwischen den echten Gestehungskosten und dem Verkaufspreis in den Wohnungskaufpreis mit einkalkuliert und somit kompensiert.

Deshalb gilt, schauen Sie immer nur auf den Gesamtpreis der Immobilie inklusive Kfz-Stellplatz. Es ist letztendlich in diesem Fall auch nicht relevant, wie sich der Gesamtpreis zusammensetzt.

Ausnahmen gibt es natürlich in Gegenden oder Stadtteilen in denen eine echte Parkplatznot herrscht. Dies sind meistens absolute Citylagen in den Großstädten und Lagen, in denen sich sehr viele Altbauten befinden. Hier regelt Angebot und Nachfrage den Preis und es kann durchaus vorkommen, dass Sie für einen Tiefgaragenplatz bis zu € 50.000,00 bezahlen müssen, wenn überhaupt einer angeboten wird. In München z.B. gibt es solche Lagen.

Ausstattung

Hier muss man erst mal unterscheiden, ob Sie einen Neubau erwerben wollen oder sich für den Kauf einer gebrauchten Immobilie entscheiden.

Bei Neubauten

……ist heute in aller Regel die sog. Grundausstattung gemäß Baubeschreibung schon auf einem relativ guten Niveau.

Die Grundausstattung bei Neubauimmobilien sollte mindestens folgende Standards enthalten:

• **Bodenbeläge:** Parkettboden ist/sollte ein Mindeststandard sein, Fliesenböden sind mittlerweile bis auf Küchen- und Dielenbereiche eher die Ausnahme, wenn doch, dann aber nur in Verbindung mit einer Fußbodenheizung.

Teppichboden, wie gesagt nur noch im Schlafzimmer, außer Sie sind so ein Fan von Teppichboden, dass Ihnen der Nachteil bei einem Wiederverkauf egal ist.
Laminatboden, geht eigentlich gar nicht mehr, sieht billig aus und klappert meist fürchterlich, wenn Sie mit Schuhen darüber laufen. In Ausnahmefällen bei einer Standardwohnung die Sie vermieten, aber auch die Mieter sind bei den heutigen Mietpreisen anspruchsvoll. Laminatboden ja, wenn es zur Gesamtheit der Wohnung passt.

Alternativen sind heutzutage auch noch z.B. Korkböden, sind aber sehr individuell und eher selten.

• **Große Fensterflächen** (möglichst bodentief oder fast bodentief). Ist nicht nur voll im Trend, sondern macht die Wohnung auch, wie die Bauträger und Makler immer so schön sagen "lichtdurchflutet".

• Ob nun **Holz-/Kunststoff-/Alufenster** oder eine entsprechende Kombination aus den verschiedenen Materialen, da scheiden sich nach wie vor die Geister. Pflegen müssen/sollten Sie grundsätzlich alle Fenster. Ein Kunststoff- oder Alufenster müssen Sie zwar nicht regelmäßig streichen, jedoch empfiehlt sich bei diesen Fenstern eine regelmäßige sorgfältige Reinigung. Ist ein Kunststofffenster erst einmal verwittert und vergilbt, bekommen Sie es nicht mehr richtig sauber und obendrein sieht es auch noch unschön aus.

Letztendlich aber haben Sie bei Neubauten auf die Art der Fenster, außer Sie kaufen sich ein EFH/DHH oder RH, hier ohnehin keinen Einfluss und müssen das nehmen was der Bauträger anbietet.
Macht auch Sinn, stellen Sie sich einmal eine Fassade eines Mehrfamilienhauses vor, bei dem jede Wohnung andere Fensterarten hätte.

- **Fußbodenheizung** (ist zwar noch nicht generell Standard, aber immer mehr im Kommen). Auch wenn hier die Meinungen etwas auseinander gehen, so macht sie doch eine gleichmäßigere und wohligere Wärme und! Sie haben keine störenden und "hässlichen" Heizkörper".

- **Moderne Fliesenauswahl** (angeboten wird generell bereits eine vernünftige Auswahl und Qualität, ebenso Raum- oder Türhohe Verfliesung). Der Trend geht jedoch mittlerweile eindeutig weg von einer Komplettverfliesung aller Wände.

Schauen Sie sich ein Mal einige Musterbäder an, in denen nur die relevanten Wandteile verfliest sind. Dies ist nicht nur "tres chic", sondern Sie sparen sich auch noch Geld oder können als Ausgleich für die wegfallende Verfliesung einzelner Wandflächen hochwertigere Fliesen nehmen.

Eigentlich macht es ja auch keinen großen Sinn, Wände die so gut wie nie in Berührung mit Wasser kommen komplett zu verfliesen oder? Aber selbstverständlich jeder wie er will.

- **Elektroausstattung (sehr wichtig!!!)**

Standard sollte hier sein, dass sich zumindest in jedem Wohn- und Schlafraum ein TV- und Telefonanschluss (Internet) befindet. Auch sollten sie der Anzahl und vor allem der Positionierung der Steckdosen und der Lichtauslässe ein besonderes Augenmerk widmen. Geben Sie sich hier nicht mit der leider immer noch gern verwendeten Klausel....Steckdosen und Lichtauslässe in der üblichen Anzahl vorhanden....zufrieden.
Fragen Sie vorab nach der Anzahl, denn alles was Sie beim überarbeiten des Elektroplanes hinzufügen, müssen Sie auch bezahlen. Zwei Steckdosen in Schlafzimmern und Kinderzimmern sind einfach nicht mehr zeitgemäß.

Nehmen Sie sich bei der Prüfung und Modifizierung des Ihnen vorgelegten Elektroplans Zeit, lieber zu viel als zu wenig. Alles was Sie nachträglich noch ändern, wird auf jeden Fall teuer. Hier gilt, sowohl bei Steckdosen als auch bei den Lichtauslässen, lieber eine zu viel als eine zu wenig. Auch lohnt es sich über die richtige Positionierung Gedanken zu machen.

Die Positionierung der Steckdosen und Lichtauslässe sollte so gestaltet werden, dass sie auch bei einer wechselnden Möblierung später noch kompatibel ist.

- Dass auch alle anderen kleineren Ausstattungsdetails, wie Fenster- und Türgriffe, Armaturen, optisch passende Türblätter, Videogegensprechanlage, Funksteuerung für die Tiefgarage etc. vorhanden und auch vom Design her zeitgemäß sein sollten, versteht sich von selbst.

Ein Kellerabteil sollte mittlerweile standardmäßig mit einer Steckdose und eigenem Licht ausgestattet sein.

Grundsätzlich können Sie Ihren individuellen Vorstellungen und Wünschen bei der Ausstattung einer Neubauimmobilie freien Lauf lassen. Lediglich Ihre finanziellen Mittel setzen Ihnen hier eventuell Grenzen.

Achten Sie jedoch unbedingt darauf, dass Sie neben den Mehrkosten für Ihre jeweiligen Sonderwünsche, auch die entsprechenden Gutschriften für die dann wegfallenden Regelleistungen erhalten. Hier lohnt sich hartnäckiges verhandeln.

Aber bedenken sie, dass die Bauträger bei jedem Ihrer Sonderwünsche auch einen zusätzlichen Aufwand haben. Umplanungen bedingen meist zusätzliche Architektenleistungen, Änderungen in der Materialbeschaffung, Controlling, etc. und dies kostet auch Geld.

Ferner muss alles was von der normalen feststehenden Planung und Ausstattung abweicht, auch während der Bauphase zusätzlich überwacht und kontrolliert werden und verursacht natürlich auch zusätzliche Kosten für den Bauträger.

Alle Umplanungen und Änderungen in der Ausstattung sind heutzutage technisch zwar kein großartiges Problem mehr, können aber auf der Baustelle oft ein kleines Chaos verursachen.

Die Bauleiter sind hier wahrlich nicht zu beneiden.

Bei Gebrauchtimmobilien

...........verhält es sich bezüglich der Ausstattung natürlich ganz anders.

Hier müssen Sie vorab erst ein Mal mit dem Vorlieb nehmen, was vorhanden ist. Ihre Kompromissfähigkeit und Kreativität ist gefragt.

Sie erzielen oft ein besseres Gesamtergebnis wenn Sie eine renovierungsbedürftige Immobilie erwerben und die Basics (Böden, Bäder, Malerarbeiten etc.) nach Ihren Wünschen und Vorstellungen selbst gestalten.
Vorausgesetzt natürlich, die Renovierungsbedürftigkeit der Immobilie ist im Kaufpreis entsprechend berücksichtigt. Dies hat den weiteren Vorteil, dass Sie die Immobilie genau so ausstatten können, wie es Ihren individuellen Vorstellungen und Wohnbedürfnissen entspricht. Kompromisse müssen Sie hier so gut wie keine eingehen, von Ihren finanziellen Möglichkeiten einmal abgesehen.

Auch halten sich bautechnisch bedingte Kompromisse im Normalfall in Grenzen, wenn einem auch manchmal die Statik dann doch Grenzen setzt. Jede Leicht-/Trockenbauwand (Rigips) und auch jede nicht tragende Ziegelwand ist aber schneller entfernt bzw. versetzt als man glaubt.

Dies ist alles bei weitem keine so aufwändige und zeitintensive Angelegenheit und außerdem kann es auch noch eine ganze Menge Spaß machen. Wichtig ist hierbei ein strukturierter Ablauf- und Zeitplan. "Wurschteln" Sie nicht herum, sondern machen Sie es Step by Step. Je besser Sie Ihren Ablaufprozess diesbezüglich festlegen und einhalten, umso schneller und kostengünstiger wird es gehen und umso mehr Freude macht es dann auch.
Wenn Sie dann noch einiges in Eigenleistung erbringen können, umso besser, spart Geld und macht, na ja vielleicht auch Spaß.

Aber schätzen Sie Ihre Heimwerkerfähigkeiten realistisch ein. Können Sie wirklich fachmännisch z.B. einen Parkettboden verlegen oder ein Badezimmer fliesen? Wenn Sie erst hinterher feststellen, dass Sie es eigentlich doch nicht so ganz können ist es zu spät.

Nicht umsonst ist Bodenleger, Fliesenleger, Installateur, Elektriker und Maler etc. ein über Jahre zu erlernender Handwerksberuf. Jeder Handwerker hätte ja eigentlich seine Ausbildung umsonst gemacht und seine jahrelange Erfahrung wäre auch nicht viel wert, wenn es ohnehin jeder auch selbst kann. In meiner jahrelangen Praxis habe ich schon sehr viele Immobilien "Made by Heimwerker" gesehen, den Rest können Sie sich denken☺. Die Zeche hierfür zahlen Sie spätestens bei einem Wiederverkauf der Immobilie.

Machen Sie wirklich nur die Dinge selbst in Eigenleistung, die Sie oder jemand aus Ihrem Freundes- und Bekanntenkreis auch wirklich gut können. Alles anderes sieht man, auch ein Laie sieht so etwas.

Die Ausstattung einer Gebrauchtimmobilie die bis max. ca. 15 Jahre alt ist, wird in aller Regel in Punkto Qualität und Design den heutigen Ansprüchen durchaus gerecht werden. Eine ordnungsgemäße Pflege vorausgesetzt.

Bei allem was älter ist, wird es schon spannender, sofern nicht vor kurzem eine umfassende Renovierung durchgeführt wurde. Dann können Sie schon davon ausgehen, dass Sie des Öfteren mal z.B. Fliesen in, na ja welchen Farben auch immer und/oder mit kleinen Blümchen, wunderschöne Teppichböden, Holzdecken und wenn Sie Glück haben auch noch ein paar Designtapeten vorfinden werden.

Grundsätzlich aber weiter auch kein Problem, denn normalerweise sollte eine einfache, renovierungsbedürftige bzw. nicht mehr zeitgemäße Ausstattung ja auch bereits im Angebotspreis des Verkäufers berücksichtigt sein.

Wie gesagt, Normalerweise!

Hier ist dann nicht nur Ihre Kreativität bei der Renovierung, sondern auch Ihr Verhandlungsgeschick beim Kaufpreis gefragt. Aber seien Sie sensibel, es kann durchaus sein, dass die wunderschöne Holzdecke der ganze Stolz des Verkäufers ist und er Ihnen in gefühlten 2 Stunden erklärt, wie schön und vor allem wie teuer diese war.

Bei einer Gebrauchtimmobilie gilt die allgemeine Faustregel, je älter das Baujahr und je einfacher bzw. nicht mehr zeitgemäß folglich die Ausstattung ist, desto preisgünstiger ist die Immobilie bzw. umso mehr Wohnfläche bekommen Sie fürs gleiche Geld.
Entscheiden Sie beim Kauf einer Gebrauchtimmobilie selbst, was für Sie wichtiger ist und was Ihnen letztendlich mehr Lebens- und Wohnqualität bietet, eine größere nicht ganz so gut bzw. "normal" ausgestattete Immobilie oder eine Topausstattung in einer etwas kleineren Immobilie.

Jetzt haben Sie die Qual der Wahl.

Baujahr

Das Baujahr einer Immobilie ist in den allermeisten Fällen eng mit der vorhandenen Ausstattung verbunden bzw. umgekehrt.
D.h. der Profi kann Ihnen fast immer anhand der Ausstattung das ungefähre Baujahr einer Immobilie sagen bzw. anhand des Baujahrs die damals übliche Ausstattung definieren.

Je jünger das Baujahr einer Immobilie ist, desto teurer.......je älter desto preiswerter ist die Immobilie im Regelfall. Vorausgesetzt die Immobilie und die Lage sind ähnlich bzw. vergleichbar.

Ausnahmen bilden hier allerdings klassische Altbauten bis ca. Baujahr Ende der 20iger Jahre. Topsanierte Altbauten, die sich meist auch im Ortskern/Stadtzentrum der jeweiligen Gemeinde oder Stadt befinden, erzielen zum Teil Neubaupreise und darüber.
Sofern sie fachmännisch saniert wurden und über eine zeitgemäße Ausstattung verfügen.

Grundsätzlich kann man sagen, dass jede Zeit Ihren eigenen architektonischen Stil hat. Da sind die relativ schlichten Bauten bis Ende der 60iger Jahre, damals ging es primär eigentlich nur darum Wohnraum zu schaffen, die Menschen hatten noch andere Sorgen als stylishe Architektur.
Das gilt sowohl für den Wohnungs- als auch für den Hausbau.

In den 70igern wurde es dann schon etwas besser (moderner). Auch die Ausstattungen wurden moderner.
Aus dieser Zeit stammen im Wohnungsbau die meisten der Häuser mit den damals "ungeliebten" Flachdächern. Ungeliebt deshalb, da diese Art der Dächer oftmals dazu neigte undicht zu werden. Flachdächer sind in der heutigen Zeit übrigens wieder absolut "en vogue" und bei dem heutigen Stand der Technik braucht man auch keine großen Sorgen mehr bezüglich der Dichtigkeit haben.

Auch hielten in vielen größeren Städten die Hochhäuser Einzug. Häuser mit 12 und mehr Etagen waren in Großstädten keine Seltenheit. Hochhäuser sind übrigens zurzeit auch wieder total "in", sofern sie sich in guten Lagen befinden.

Es entstehen aber nach wie vor sehr wenige wirkliche Hochhäuser mit mehr als 10 Etagen, da sie nur selten noch genehmigt werden. Aber in einigen Großstädten sind sie wieder im Kommen und werden auch hin und wieder genehmigt, wenn auch meist nicht mehr ganz so hoch wie früher. Die obersten Etagen sind mehr als begehrt. Erstens weil sie mittlerweile etwas Besonderes sind (hat nicht jeder) und dann natürlich auch aufgrund der Aussicht/Fernsicht.

Es hat schon was, wenn Sie durch ein Panoramafenster nachts über eine beleuchtete Stadt schauen oder die Fernsicht genießen und wenn Sie Glück haben und in der richtigen Region wohnen, haben Sie auch noch den begehrten Bergblick.

Beim Hausbau änderte sich neben der etwas moderneren Architektur auch die Raumaufteilung, Mittelpunkt waren jetzt großzügigere Wohn-/Essbereiche und auch die Fensterflächen nahmen zu. Die "berühmten" Walmdachvillen stammen auch aus dieser Zeit.
Heute müssen Sie schon fast einen Liebhaber finden, wenn Sie eine Walmdachvilla zu verkaufen haben.

In den 80igern und 90igern ging es dann ziemlich kontinuierlich weiter. Die Architektur traute sich mehr und die Immobilien hatten immer mehr einen absolut modernen zeitgemäßen Charakter.
Bei der Ausstattung begann Parkett und auch Laminat den allseits beliebten Teppichboden abzulösen.

Ab der Jahrtausendwende kamen dann auch endlich die heute wichtigen Kriterien zum tragen. Licht….Licht und Licht, d.h. bodentiefe Fenster und möglichst viele Fensterflächen.
Die berühmten Stellflächen verloren mehr und mehr an Bedeutung, da die Möbel kleiner und flexibler wurden. Keiner, na ja fast keiner ☺ hat heute noch eine wuchtige Eichenschrankwand Marke "Gelsenkirchener Barock" und braucht viele laufende Meter Stellfläche.

Auch die offene Raumgestaltung, u.a zum Wohnraum hin offene Küchen sind heutzutage nicht mehr wegzudenken. Bis in die 90iger Jahre waren offene Küchen bei Wohnungen und Häusern eher eine Seltenheit und meistens auch ein echtes Manko. Fast keiner wollte damals die sog. “amerikanischen Küchen“, heute sind sie absolut trendy.
Die Architektur im Wohnungs- und auch im Hausbau orientiert sich heute eher an "less is more" a la` Bauhausstil. Schlicht und doch interessant, ohne große Schnörkel und Spielereien und trotzdem sehr ansprechend und auf jeden Fall relativ zeitlos, all das gibt heute den Ton an.

Außerdem ein absolutes Muss heutzutage, so viele Fensterflächen wie möglich, große Balkone und Terrassen, Fußbodenheizung und "last but not least" Energieeffizienz.

Welches Baujahr (Vor- und Nachteile)

Für welches Baujahr Sie sich letztendlich entscheiden hängt logischerweise auch viel von Ihren finanziellen Möglichkeiten ab.

Eine Neubauimmobilie ist natürlich immer erste Wahl.

Jedoch können Sie sich auch beruhigt eine gebrauchte Immobilie zulegen, wenn die Immobilie gepflegt ist und die laufenden Instandhaltungsmaßnahmen durchgeführt wurden. Sofern ein größerer Reparaturstau vorhanden ist und die vorhandenen Rücklagen relativ niedrig sind, sollten Sie jedoch genau hinschauen und prüfen.

Diese absehbaren Investitionen in der Zukunft müssten sich dann schon über einen entsprechend niedrigeren Kaufpreis kompensieren lassen.

Im Allgemeinen geht man bei Immobilien von einer durchschnittlichen Lebensdauer von ca. 60 bis 100 Jahren aus.

Besonders genau sollten Sie die sog. Nachkriegsbauten bis Ende der 50iger Jahre prüfen, d.h. aber nicht automatisch, dass diese Bauten alle schlecht wären. Aber zu der Zeit ging es halt primär darum vieles wieder aufzubauen und einfach nur Wohnraum zu schaffen. Auch dachte keiner groß an Wärmeschutz und Energiesparmaßnahmen. Ergo wirkt auch die Architektur in den meisten Fällen recht sparsam.

Die Baujahre 1960 bis ca. 1980 (diese Immobilien sind immerhin auch schon 30 bis 50 Jahre alt) sollten Sie ebenfalls genau betrachten hinsichtlich Bausubstanz, bereits durchgeführten Instandsetzungsmaßnahmen, Wärmeschutzmaßnahmen, Energieverbrauch, Reparaturstau und vorhandenen Rücklagen.

Immobilien dieses Baujahres sind jedoch auch immer eine Überlegung wert. Vorausgesetzt sie sind gepflegt und technisch auf einem zeitgemäßen Stand (Bausubstanz, Dach, Heizung, Fenster, vernünftiger Wärmeschutz etc.).

Sofern also kein erwähnenswerter Reparaturstau besteht, bekommen Sie hier in der Regel fürs gleiche Geld oft mehr an Wohnfläche und Ausstattung.

Immobilien jüngeren Baujahres haben den Vorteil, dass im Allgemeinen in naher Zukunft nicht mit größeren Investitionen zu rechnen ist und diese auch in Punkto Wärmeschutz, Energiekosten etc. zeitgemäßer sind und über eine modernere Grundrissgestaltung und Architektur verfügen.

Auf der sicheren Seite bezüglich Architektur (ist natürlich auch immer Geschmackssache), Wärmeschutz, Energiekosten, Reparaturen etc. sind Sie natürlich mit dem Kauf einer Neubauimmobilie.

Diese müssen u.a. nach den geltenden Wärmeschutzverordnungen gebaut werden, viele Bauträger unterschreiten die gesetzlich vorgegebenen Werte mittlerweile freiwillig, was durchaus dann auch als Verkaufsförderndes Marketinginstrument genutzt werden kann und auch wird.

Außerdem haben Sie bei einem Neubau vom Bauträger eine 5jährige Gewährleistungsfrist. D.h. Sie haben erstmal für einige Zeit Ruhe.

Hier gilt natürlich, die Gewährleistung ist immer nur so gut und sicher, wie das Unternehmen das sie gibt.

Energieverbrauch/Energieeinsparverordnung

Der Faktor Energie ist nicht nur bereits heute eines der wichtigsten Kriterien bei einer Immobilie, sondern wird es in Zukunft noch viel mehr sein und werden.

Beim Kauf einer gebrauchten Immobilie haben Sie leider erstmal nicht viel Einfluss darauf, da Sie mit dem vorhandenen Standard Vorlieb nehmen müssen.

Auch können Sie alleine in einer Eigentümergemeinschaft diesbezüglich nichts entscheiden und verändern. Bei Mehrfamilienhäusern und Wohnanlagen, die überwiegend von den Eigentümern selbst genutzt werden, besteht aber mittlerweile eine große Bereitschaft und Einigkeit in Punkto Wärmedämmung und Energieeinsparung.

Bei Objekten die stark „Mieterlastig“ sind, wird es schon etwas schwieriger einen Konsens zu finden. Der klassische Kapitalanleger ist leider immer noch zu sehr darauf fixiert die maximale Rendite aus der Vermietung zu erzielen. Dies ist zwar sehr kurzfristig gedacht und auch generell nicht empfehlenswert, aber in den meisten Fällen ist es leider immer noch so.

Ein optimaler Wärmeschutz und die damit verbundene Energieeinsparung erhöht definitiv den Wert einer Immobilie und wird irgendwann ohnehin mehr als Standard sein.

Beziehen Sie beim Kauf einer gebrauchten Immobilie immer auch die noch bevorstehenden notwendigen Investitionen bezüglich Wärmeschutz und Energieeinsparung mit ein.

Beim Kauf einer Neubauimmobilie können Sie davon ausgehen, dass zumindest die vorgeschriebenen Mindestanforderungen eingehalten werden. Viele Bauträger unterschreiten diese aber mittlerweile freiwillig.

Wenn Sie selbst bauen oder ein Haus mit eigenständiger Energieversorgung kaufen, setzen Ihnen bezüglich Energieeinsparung und Wärmeschutz lediglich Ihre finanziellen Mittel Grenzen.

Es gibt eine Vielzahl von sehr unterschiedlichen Fördermöglichkeiten, die alle an diverse Bedingungen geknüpft sind. Um Ihnen hier einen sinnvollen und kompletten Überblick zu geben, müsste man ein eigenes Buch schreiben.

Über die Art der verschiedenen öffentlichen Fördermöglichkeiten sollten Sie sich aber auf jeden Fall umfassend bei den entsprechenden Stellen erkundigen.

Es lohnt sich!

Vorab bietet Ihnen auch das Internet einen Überblick und detaillierte Basisinformationen.

www.kfw.de
www.baufoerderer.de
www.energiefoerderung.info
www.zukunft-haus.info
www.erneuerbare-energien.de

Lage

Lage.....Lage.....und nochmals Lage

Richtig!!! Aber wenn Sie nur in den allerbesten Lagen kaufen können, haben Sie ohnehin keine großen Sorgen, denn dann verfügen Sie in aller Regel auch über alle nötigen finanziellen Mittel.

Also ganz so einfach ist es halt leider doch nicht.

Grundsätzlich gilt natürlich schon.......Je besser die Lage desto größer ist die Werthaltigkeit/Wertsteigerung einer Immobilie......aber desto höher ist ergo auch immer der Kaufpreis.

Sehr gute und sog. Spitzenlagen gibt es nun mal nicht viele und eine Toplage ist auch nicht beliebig vermehrbar. Z.B. gibt es in guten innerstädtischen Lagen keine brachliegenden Flächen mehr, die neu als Bauland ausgewiesen werden könnten. Am Stadt- oder Ortsrand dagegen werden immer wieder mal neue Flächen als Bauland ausgewiesen.

Ein weiterer Vorteil einer guten Lage liegt natürlich auch im Wiederverkauf der Immobilie. Sollten Sie z.B. einmal unerwartet verkaufen müssen und die allgemeine Konjunkturlage und damit ergo der Immobilienmarkt eher schlecht bzw. relativ ruhig sein, so lässt sich ein gute Lage auch dann relativ problemlos verkaufen.

Die Zielgruppe (Käufer) für gute Lagen ist nun mal nicht so sehr konjunkturabhängig wie viele andere und kann/wird auch in solchen Zeiten immer leichter kaufen.

Persönliche Lageanforderungen

Trotzalledem streben Sie nicht zwanghaft nach der besten Lage, sondern nach einer Lage die Ihnen gefällt und vor allen Dingen zu Ihnen und Ihrer derzeitigen Lebenssituation passt und! die Sie sich auch wirklich leisten können.

Legen Sie anhand der nachfolgenden Punkte fest, was Sie unbedingt brauchen, dies sollten dann die Mindestanforderungen für die zu bestimmende Lage Ihrer Immobilie sein. Alles was darüber hinaus dann noch vorhanden ist, wertet die Lage ja nur noch auf.

- Zentrale City- bzw. Ortsmittelage
- Allgemeine Stadt- bzw. Ortslage
- Stadtrand- bzw. Ortsrandlage
- Ländliches Umfeld
- Öffentlicher Nahverkehr
- Autobahnanbindung
- Einkaufsmöglichkeiten
- Schulen
- Freizeit-/Sportmöglichkeiten
- Absolute Ruhe
- Allgemeine Lärmemissionen – gegen eine übliche Beeinträchtigung durch allgemeine lagebedingte Lärmemissionen kann man eh nichts machen und ist auch nichts einzuwenden. Man kann halt bei einer zentralen innerstädtischen oder Ortsmittelage kein permanentes Vogelzwitschern erwarten. Durch jede Straße fährt hin und wieder mal ein Auto, wenn Sie alle Einkaufsmöglichkeiten vor der Haustüre haben, dann haben Sie auch eine entsprechend höhere Passantenfrequenz, aber dafür genießen Sie auch alle damit verbundenen Vorteile.
- Umfeldbedingte stärkere Lärmemissionen – hier sollten Sie schon vorsichtiger sein. Überlegen Sie sich genau, ob Sie sich an permanenten Autolärm von einer Autobahn/Schnellstraße oder auch nur an eine Straßenbahn gewöhnen. Straßenbahnen fahren meistens schon ab ca. 04:30 Uhr früh und bis spät in die Nacht. Und irgendwie bimmeln die auch ständig☺.

  Beim Bahnlärm verhält es sich ähnlich, Personenzüge fahren nachts zwar wesentlich weniger, dafür tummeln sich dann aber fast alle Güterzüge auf den Schienen bzw. vor Ihrer Haustür! Dass die Einflugschneisen von Flughäfen ein absolutes tabu sein sollten braucht man glaube ich nicht groß zu erwähnen.

Hören Sie nicht! auf Freunde oder Bekannte, die in solchen Lagen leben und sagen, das ist alles nicht so schlimm, man gewöhnt sich daran und wir hören das schon gar nicht mehr.

Was sollen die auch anderes sagen, sie "verteidigen" ja auch nur die Lage in der sie einmal selbst gekauft haben und nun mal wohnen (müssen).

Eine Lärmbeeinträchtigung wird nicht dadurch weniger, weil sich irgendjemand daran gewöhnt hat. Informieren Sie sich vorher!!! und eingehend über die derzeitige Situation und vor allem über geplante Verkehrsmaßnahmen in Ihrer Traumlage.

Die Gemeinden und Städte geben Ihnen gerne Auskunft über den derzeitigen Planungsstand und über anstehende oder geplante Maßnahmen.

Viele Immobilienkäufer sind hierbei schon böse überrascht worden.

- Umliegende Bebauung – auch hier sollten Sie sich etwas genauer informieren, wenn in dem direkten Umfeld noch größere Baulücken sind bzw. die Nachbargrundstücke noch nicht oder noch mit sehr alten kleinen Häusern bebaut sind. Es entsteht schneller als Sie sich vorstellen können auf dem Nachbargrundstück anstatt dem schnuckeligen kleinen Hexenhäuschen ein Mehrfamilienhaus, das Ihnen dann nicht nur den Ausblick versperrt.

  Auch kann es passieren, dass Ihre Sonnenterrasse plötzlich zu einem schattigen Plätzchen wird. Über das bestehende Baurecht und die damit verbundenen Bebauungsmöglichkeiten/ Beeinträchtigungen auf den unmittelbaren Nachbargrundstücken erteilt Ihnen das jeweilige Baureferat der Gemeinde oder Stadt jederzeit Auskunft.

Individuelle Lagebeurteilung

Sofern Sie sich für eine Lage entscheiden, die Sie selbst gar nicht oder nicht besonders gut kennen, sollten Sie diese Lagen vorab genau "persönlich" erkunden.

Auch hier gilt generell, Meinungen von Freunden und Bekannten sind durchaus hilfreich und nützlich, sollten aber immer nur als zusätzliche Basisinformation bei Ihrer persönlichen Beurteilung dienen.

Dies ist jetzt, sofern Sie in eine andere Stadt oder Gemeinde ziehen, die von Ihrem derzeitigen Wohnort relativ weit entfernt ist, natürlich nicht ganz so einfach.
Trotzdem sollte Ihnen die persönliche Beurteilung der Lage schon auch mal 1 oder 2 Tage Urlaub wert sein. Sie wollen dort ja auch die nächsten Jahre Ihres Lebens verbringen und sich wohlfühlen. Außerdem investieren Sie vielleicht viele Hunderttausend Euro in eben diese Lage.

Wenn Sie jetzt z.B. von München nach Hamburg ziehen oder umgekehrt, ist dies ja meist beruflich bedingt und Sie kennen die jeweils andere Stadt meist ohnehin schon etwas. Verbinden Sie einfach den nächsten beruflichen Trip mit einem verlängerten Wochenende und gehen Sie auf "Lagebesichtigungstour"

Falls Sie nur innerhalb oder in das erweiterte Umland Ihrer jetzigen Stadt/Gemeinde umziehen, ist es ohnehin weiter kein allzu großer Aufwand, sich die Lage mal genauer anzusehen.
Also verbringen Sie eine gewisse Zeit dort, wo Sie eventuell einmal hinziehen werden. Machen Sie einen längeren Spaziergang im näheren Umfeld, erkunden Sie die Nachbarschaft, die Einkaufs- und Freizeitmöglichkeiten, nutzen Sie die vorhandenen öffentlichen Verkehrsmittel, gehen Sie mal Essen beim Italiener um die Ecke.

Machen Sie einfach mal all das, was Sie auch machen würden, wenn Sie bereits dort wohnen würden.

Aber nehmen Sie sich hierfür auch Zeit, einfach mal mit dem Auto durch den jeweiligen Stadtteil oder die Gemeinde zu fahren bringt relativ wenig. Sie wollen dort doch eventuell viele Jahre leben und nicht eine Sightseeingtour machen oder?

Sollten Sie Freunde oder Bekannte dort oder in der Nähe haben, so können Sie auch diese nach den Vor- und Nachteilen der Lage fragen.

Dies sollte aber immer nur eine Ergänzung Ihrer eigenen Recherche sein und bedenken Sie, die Wenigsten werden etwas wirklich Negatives über eine Lage sagen in der sie selbst gekauft haben und leben.

Lassen Sie sich nicht zu sehr beeinflussen von den Aussagen anderer, machen Sie sich Ihr eigenes Bild und das geht nur wenn Sie sich intensiv und umfassend mit der Lage befassen.

Die Zeit die Sie dafür investieren lohnt sich, denn die Lage als solche können Sie nachträglich nicht mehr ändern.

Jetzt sollten Sie Ihre Wunschimmobilie bezüglich Art, Ausstattung, Lage und sonstiger Details halbwegs definiert haben. Bevor wir uns nun auf die Suche nach Ihrer Wunschimmobilie machen, sind jedoch noch die nachstehenden Punkte (Eigenkapital – Fremdkapital – Vorabcheck bei Ihrer Hausbank) bezüglich des für Sie finanziell Machbaren zu klären.

Es hilft Ihnen nichts, wenn Sie genau wissen was Sie wo wollen, aber gar nicht wissen, ob Sie sich dies auch letztendlich leisten können.

Also Step by Step.

Sie sparen sich dadurch eine Menge Zeit und Enttäuschungen. Nichts ist deprimierender, als wenn Sie eine tolle Immobilie gefunden haben, sich diese aber mangels machbarer Finanzierung dann doch nicht realisieren lässt.

Spaß macht die Immobiliensuche nur wirklich, wenn Sie auch bedenkenlos zugreifen können, wenn Sie Ihre Wunschimmobilie gefunden haben.

Eigenkapital

Dies ist eigentlich recht einfach zu ermitteln, denn Sie wissen ja wie viel Sie bisher gespart haben.
Dann kommen noch die üblichen "Verdächtigen" ins Spiel bzw. dazu, wie Eltern, Oma und Opa, Verwandte und "sonstige Sponsoren" und schon haben Sie das dann verfügbare und einsetzbare Eigenkapital für Ihren Immobilienkauf zur Verfügung.

Je mehr Eigenkapital Sie zur Verfügung haben umso besser und desto leichter wird die Gestaltung einer passenden Finanzierung werden.

Das ist zwar grundsätzlich richtig, aber ganz so einfach sollten Sie es sich nicht machen. An den kompletten Einsatz all Ihrer Ersparnisse als Eigenkapital für einen Immobilienkauf sollten Sie gar nicht erst denken. Sie geben ja auch nicht am letzten Tag eines jeden Monats, immer noch schnell alles aus, was sich auf Ihrem Girokonto befindet, oder doch ☺?

Wenn Sie Ihre gesamten Ersparnisse als Eigenkapital verwenden, sind die dann zwar nicht weg, da es sich hierbei nur um eine

Vermögensumschichtung handelt, aber Sie haben keinen direkten und schnellen Zugriff mehr auf Ihr Geld. Sie sind also nicht mehr flexibel, sofern irgendwelche Umstände dies erfordern sollten.

Lassen Sie sich lieber ein bisschen Spielraum, es schläft sich ruhiger. Abhängig von Ihrer persönlichen Situation und Ihrem Lebensstil, sollten Sie einen relevanten Teil Ihres vorhandenen Eigenkapitals zu Gunsten Ihrer Flexibilität zurückbehalten.

Normalerweise sollte bei einer eigen genutzten Immobilie die Relation Eigenkapital zum Gesamtaufwandwand mindestens **30 : 70** betragen. Dies sind in der Regel auch die Mindestquoten (Beleihungsgrenzen) die von den Finanzierungsinstituten (Banken/Versicherungen) gefordert werden.

Fremdkapital

Das zum Kauf Ihrer Immobilie notwendige Fremdkapital (Darlehen) können Sie bei verschiedenen Institutionen aufnehmen:

- **Bank**
- **Versicherung**
- **Bausparkasse**

Es ist mit folgender Beispielrechnung leicht zu ermitteln.

Beispiel:

Gesamtaufwand	€ 300.000,00
./. Eigenkapital	€ 100.000,00
Fremdkapital	**€ 200.000,00**

Gesamtaufwand = Kaufpreis der Immobilie + Grunderwerbssteuer 3,5% + Notar und Grundbuchkosten ca. 1,5% + eventuell anfallende Maklerkosten ca. 3,00% bis 6,00% zuzüglich ges. MwSt.

Fremdkapital = aufzunehmendes Bankdarlehen

Beim Kauf einer Immobilie zur Eigennutzung sollten Sie mindestens 30% Eigenkapital einsetzen, bezogen auf den Gesamtaufwand der Immobilie.

Je höher Ihr Eigenkapitalanteil beim Erweb einer Immobilie ist, desto bessere Zinskonditionen werden Sie in aller Regel auch bei Ihrer Bank aushandeln können.

Denn mit steigendem Eigenkapitalanteil sinkt das Finanzierungsrisiko der Bank. Hier lohnt es sich die Bank darauf hinzuweisen.

Von alleine kommen die Banken selten auf die Idee☺.

Finanzierungscheck

Nun sollten Sie alle bisher ermittelten theoretischen Fakten bezüglich der Finanzierungsmöglichkeiten auch dem Praxistest bei Ihrer Hausbank unterziehen.

Bei Ihrer Hausbank deshalb, weil es am einfachsten und schnellsten geht. Ihre Hausbank kennt Sie und Ihre finanziellen Verhältnisse in der Regel seit vielen Jahren und Sie müssen bei der Offenlegung Ihrer persönlichen und beruflichen Verhältnisse nicht wieder bei "Adam und Eva" beginnen.

Bei welcher Bank Sie dann letztendlich Ihre Finanzierung abschließen ist wieder eine andere Sache, aber den Vorabcheck sollten Sie der Einfachheit halber immer bei Ihrer Hausbank durchführen.

Seien Sie hier offen und realistisch bei Ihren Angaben Ihrem Bankberater gegenüber, so wie Sie es hoffentlich auch unter Punkt 2 bei der Festlegung Ihrer finanziellen Möglichkeiten waren.

Zinskonditionen und alles Weitere brauchen Sie beim Vorabcheck noch nicht ansprechen bzw. aushandeln, macht keinen großen Sinn.

Die Zinskonditionen sind tagesaktuelle Konditionen, die sich ständig verändern, deshalb sollten Sie den Zinsmarkt immer mit einem Auge beobachten.

Normalerweise erhalten Sie jetzt von Ihrer Hausbank eine Bandbreite des für Sie darstellbaren Fremdkapitals.
Hierzu addieren sie jetzt noch Ihr bereits ermitteltes Eigenkapital und die üblichen Erwerbsnebenkosten.

Die Summe hieraus ergibt eine Bandbreite des möglichen Gesamtaufwands, innerhalb dessen Sie sich bei der Suche und dem Kauf Ihrer Immobilie bewegen können und sollten.

Persönlicher Zeitrahmen

Wir haben keinen zeitlichen Druck, wir suchen schon seit Jahren.

Diese Aussage habe ich im Laufe meiner jahrzehntelangen Tätigkeit in der Immobilienwirtschaft oft gehört. Wenn Sie zu dieser Spezies von Immobilienkäufern zählen, welche die Immobiliensuche zu ihrem Hobby erkoren hat, dann sollten sie es lieber gleich lassen.

Wissen Sie nichts Besseres mit Ihrer Zeit anzufangen?

Jetzt aber mal ernsthaft, natürlich sollten Sie sich nicht selbst unter Zeitdruck setzen oder setzen lassen. Einer gewissen Ernsthaftigkeit und Kontinuität sollte Ihre Immobiliensuche aber schon unterliegen.

Dazu müssen Sie dann auch etwas Ihrer kostbaren Zeit investieren.

Ebenso ist Kontinuität bei der Immobiliensuche einer der wichtigsten Erfolgsfaktoren.

Wenn sie nur alle paar Wochen oder Monate mal spontan nach Ihrer Immobilie suchen, werden sie ganz schnell die Lust verlieren und letztendlich immer wieder von vorne anfangen müssen.

Unabhängig davon, dass dies nicht wirklich Sinn macht und alles andere als zielführend ist. Sie gehen ja auch nicht nur spontan alle paar Tage oder Wochen ins Büro, je nach Lust und Laune. Auch dies wäre für Ihre Karriere nicht wirklich zielführend oder?

Sie sollten während der Suche nach Ihrer Traumimmobilie schon immer auf dem Laufenden sein und den Markt beobachten, sonst verlieren Sie schnell den Überblick.

Denn Märkte ändern sich und wenn Sie Pech haben laufen Ihnen auch noch die Zinsen davon. Das passiert schneller als man denkt, gerade in der momentan sehr indifferenten Situation auf dem Finanzmarkt und den ohnehin schon historisch niedrigen Hypothekenzinsen, ist wohl eher mit einem kontinuierlichen Anstieg der Zinsen als mit sinkenden Zinsen zu rechnen.

Ein halber Prozentpunkt macht bei einem Finanzierungsvolumen von z.B. € 100.000,00 gleich mal € 500,00 im Jahr oder etwas mehr als € 40,00 monatlich aus.

Bei einer 10 jährigen Zinsfestschreibung sind dies immerhin insgesamt € 5.000,00 pro € 100.000,00 Darlehenssumme.

Sie sehen, es lohnt sich durchaus am Ball zu bleiben.

Wenn sie aber immer nur sporadisch suchen, in der Hoffnung mal ein Schnäppchen zu erwischen, dann wünsche ich Ihnen viel Erfolg dabei.

Es wird nicht funktionieren, denn die Chance, dass Sie ein wirkliches Schnäppchen erwischen ist ungefähr so groß, wie die Chance auf einen 6-er im Lotto. Es müssten alle auf Ihre Immobilie zutreffenden Faktoren zur gleichen Zeit eintreten und dann müsste diese Immobilie auch noch von einem extrem unbedarften Immobilienverkäufer genau zu der Zeit, zu der Sie wieder mal sporadisch suchen, zu einem Schnäppchenpreis angeboten werden. Na ja, ein eher unwahrscheinlicher Fall oder?

Schnäppchen? Ich habe in meiner nunmehr 28jährigen Tätigkeit in der Immobilienwirtschaft erst vielleicht ca. 4 bis 5 sog. Schnäppchen erlebt. Nicht viel für eine so lange Zeit oder? Und ich war bzw. bin täglich im Marktgeschehen. Schnäppchen hieß auch nicht, dass die Immobilie 30% und mehr unter Marktpreis lag.

Die Differenz war meist wesentlich geringer und dann ist man in der Regel auch nicht der Einzige, der auf solche "Schnäppchen" aufmerksam wird. Dies hat oft zur Folge, dass sich der sog. "Schnäppchenpreis" auf Grund unverhältnismäßig großer Nachfrage sehr schnell wieder an die Marktgegebenheiten anpasst und das war es dann mit dem "Schnäppchen".

Die Mär von der unbedarften Oma die Ihr Haus zum halben Marktwert verkauft, gibt es nicht und gab es auch noch nie.

Also, investieren Sie Zeit und Energie in Ihre Immobiliensuche, es geht hierbei ja im Regelfall immerhin um einige Hunderttausend Euro, um Ihr Geld!

Wer bietet die Immobilie an die Sie suchen?

Diese Frage ist relativ einfach zu beantworten, denn es gibt normalerweise nur 3 Personenkreise von oder über die Sie im Normalfall Ihre Immobilie erwerben werden.

1) der Makler

2) der Bauträger

3) der Privatverkäufer

Der Makler

Der Makler - der erklärte Feind des Immobilienkäufers

Immobilien über einen Makler, nein Danke.

Warum eigentlich?

Weil die einem ohnehin nur etwas aufschwatzen wollen und dann muss man auch noch zusätzlich eine Maklerprovision bezahlen.

Woher haben Sie diese Weisheit, aus eigenen gemachten Erfahrungen oder vom Hörensagen. Fast alle haben diese Grundeinstellung nur vom Hörensagen bzw. aus Erfahrungen mit "Vermietungsmaklern".
Ausnahmen bestätigen auch hier nur die Regel.

Ums Hörensagen und um Vermietungsmakler geht es aber beim **"Kauf einer Immobilie"** nicht.

Natürlich gibt es gute und schlechte Makler oder besser ausgedrückt, kompetente und inkompetente Makler. Aber das gibt es auch in allen anderen Geschäftsbereichen, auch in Ihrem oder?

Tja, aber dann ist da auch noch die Maklerprovision, oft viele Tausend Euro für ein bisschen Aufwand.

Ich will jetzt hier keine Lanze für die Maklerzunft brechen, was ja nahe liegend wäre, da ich selbst seit Jahrzehnten u.a. als Makler tätig bin, aber etwas relativieren sollte/ muss man das einfach mal☺.

Wie bereits erwähnt, sollte Sie primär immer nur der für eine Immobilie zu zahlende Gesamtaufwand interessieren. Die einzelnen Preisbestandteile sind nicht wirklich relevant. Was haben Sie davon, wenn Sie keine 3% Maklergebühr bezahlen müssen, dafür aber einen um 10% überhöhten Kaufpreis bezahlen.

Die Maklergebühr erscheint natürlich für den, der sie letztendlich bezahlen muss relativ hoch, gemessen an der von Ihnen wahrgenommenen Leistung, die ein Makler für Sie erbringt.

Aber ist dies nicht überall in der Wirtschaft so? Wenn Sie sich z.B. ein neues Auto kaufen, beträgt die Händlerspanne in der Regel zwischen 15 und 25 % des Kaufpreises. Jetzt hat der Autohändler sicherlich einen etwas größeren Aufwand (Bereitstellung einer Ausstellungshalle, Vorführfahrzeuge etc. etc.) als ein Maklerunternehmen, auch wenn das Maklerunternehmen natürlich ebenso ein Büro und Mitarbeiter etc. vorhalten und bezahlen muss.

Letztendlich bezahlen Sie aber auch beim Autokauf den Aufwand, den der Händler mit allen Kunden hatte, auch mit denen und das ist die Mehrzahl, die sich dann doch für ein Auto einer anderen Marke oder eines anderen Händlers entscheiden werden.

Dies ist aber nicht das einzige Kriterium. Auch wenn Sie von einem Bauträger kaufen, zahlen Sie eine "Maklerprovision". Dort ist sie nur nicht extra ausgewiesen und heißt intern Marketing- und Vertriebskosten. Jeder Bauträger hat die gleichen bzw. ähnlichen Kosten beim Verkauf seiner Immobilien wie ein Maklerunternehmen. Auch ein Bauträger muss seine Immobilien über die entsprechenden Medien (Internet, Zeitungen etc.) anbieten und muss qualifizierte Vertriebsmitarbeiter haben und bezahlen.

Schauen Sie sich die Angebote mal genau an, gleich ob die Bauträger durch eigene Mitarbeiter verkaufen oder sich eines externen Maklers bedienen. Es heißt dort immer "ohne Käuferprovision". Und genau das ist es ......"ohne Käuferprovision", was nichts anderes heißt, als dass die Provision vom Verkäufer (Bauträger) bezahlt wird.
Alle Verkaufsberater eines Bauträgerunternehmens werden erfolgsabhängig in Form einer Provision pro verkaufte Einheit vergütet.
In seltenen Ausnahmen erhalten Sie zusätzlich noch einen monatlichen Fixbetrag für Kfz-Kosten etc., den man aber getrost vernachlässigen kann.
Die Provisionen und alle Marketingkosten sind dann logischerweise bereits in den entsprechenden Kaufpreis mit einkalkuliert.

Also eigentlich Jacke wie Hose.

Wie sollte es auch anders gehen.

Ergo sparen sie sich beim Kauf direkt vom Bauträger definitiv nicht die Maklerprovision, denn die ist nichts anderes als die entsprechenden Marketing- und Vertriebskosten die jeder hat, gleich ob Makler oder Bauträger.
Es hat nur den entscheidenden verkaufspsychologischen Vorteil für einen Bauträger, dass Sie die Höhe nicht kennen und diese Kosten nicht separat ausgewiesen werden.

Und mit der wichtigste Faktor ist hier wohl, dass Sie diese Kosten nicht auch noch über eine separate Rechnung extra bezahlen müssen. Ein ganz entscheidender psychologischer Faktor, denn alles was im Kaufpreis einer Immobilie bereits enthalten ist, rechnet man dem echten Wert der Immobilie zu.

Davon haben Sie aber letztendlich unterm Strich nichts.

Die Vertriebs- und Marketingkosten eines Bauträgers sind fast immer so hoch wie eine übliche Maklerprovision, oft liegen sie sogar darüber.

Demzufolge ist der Teilbereich Makler, beim Kauf einer Immobilie eigentlich ein sehr transparenter Bereich.

Ein kompetentes und seriöses Maklerunternehmen wird zu dem auch immer versuchen einen marktgerechten Kaufpreis zu ermitteln. Dies schon im eigenen Interesse, denn nichts lässt sich schwerer vermarkten als eine Immobilie zu einem nicht marktgerechten Kaufpreis.

Von dem sich dadurch ergebenden nicht unerheblichen zeitlichen und finanziellen Mehraufwand für ein Maklerunternehmen ganz zu schweigen.

Und zu guter Letzt passiert es zwangsläufig, dass ein nicht marktgerechter Kaufpreis im Laufe der Verkaufszeit ständig nach unten (an den Markt) angepasst werden muss. Irgendwann erkennt dann auch der unbedarfteste Immobilienverkäufer die Inkompetenz des Maklers.

Aber es gibt leider auch Maklerunternehmen, die dies so handhaben, nur um einen Verkaufsauftrag zu generieren. Da werden dann oft unrealistische Preisvorstellungen privater Immobilienverkäufer bestätigt und im schlimmsten Falle auch noch erhöht, nur um einen Maklerauftrag zu bekommen.

Ein guter Makler braucht nicht auf "Teufel komm raus" Aufträge zu generieren, sondern auch hier zählt Qualität statt Quantität. Einige gute marktgerechte Verkaufsaufträge, die sich in einer üblichen Verkaufszeit zu einem marktgerechten Preis realisieren lassen, sind jedem kompetenten Makler tausendmal lieber als ein Bauchladen voller unverkaufbarer Objekte.

Dass sich dennoch viele inkompetente und "schlechte" Makler auf dem Markt tummeln ist unbestritten. Eine nicht ganz unerhebliche Schuld liegt hier aber eindeutig beim Gesetzgeber. Jeder Versicherungsmakler, der Ihnen nur eine Hausratversicherung vermittelt, unterliegt wesentlich strengeren Auflagen bezüglich Dokumentationspflicht und Anforderungen seinen Berufsstand betreffend.

Makler kann quasi jeder werden, lesen und schreiben vorausgesetzt, wobei bei manchen Maklern habe ich den Eindruck es geht auch ohne das☺.

Um Makler zu werden, brauchen Sie lediglich eine Gewerbeanmeldung und eine Erlaubnis nach § 34 der Gewerbeordnung.

Die kostet ein paar Euro und schon kann es losgehen.

Dies ist auch der Grund für die Vielzahl der Nebenerwerbs-/Gelegenheitsmakler oder wie wir in der Branche auch sagen….. der sog. "Küchentischmakler".

Wie erkennt man einen "guten und erfahrenen" Makler?

Das ist zwar, wie in jedem anderen Bereich der Wirtschaft, für einen Laien nicht ganz so einfach, jedoch gibt es schon einige Kriterien anhand derer Sie in etwa die Spreu vom Weizen trennen können.

Dazu brauchen Sie auch keine groß angelegte Recherche über das Maklerunternehmen starten, denn Sie wollen ja nicht den Makler kaufen.

Einen ersten allgemeinen Eindruck können Sie sich bereits über die Internetpräsenz eines Maklerunternehmens verschaffen:

Eine gute Makler-Website sollte mindestens folgende Kriterien enthalten:

1) Wie lange besteht das Unternehmen schon

2) Angaben über die Größe (Team/Mitarbeiterzahl)

3) Hinweise auf eine eventuelle Spezialisierung.
Ein Vermietungsmakler ist Ihnen wenig hilfreich, wenn Sie eine Immobilie kaufen wollen. Ebenso hilft Ihnen ein Villenmakler nicht viel bei der Suche nach einem Appartement

4) Unter Angebote sollten Sie eine in Relation zur Unternehmensgröße stehende Anzahl von Verkaufsangeboten finden

5) Eventuell Referenzobjekte mit Bildern

6) Die Objekte sollten professionell aufbereitet und dargestellt sein

Wobei hier nicht die einzelnen Kriterien an sich ausschlaggebend sein sollten, sondern immer die Summe aller Kriterien ein stimmiges Bild ergeben sollte.

Selbstverständlich kann auch ein junges kleines Maklerunternehmen durchaus sehr gut und professionell sein.

Bei folgendem auf der Website sollten Sie jedoch etwas skeptischer sein:

1) Sog. Allfinanz-Dienstleister, die neben Immobilien auch noch jede Art von Versicherungen, Finanzierungen, Bausparern, Altersvorsorgeprodukte und im schlimmsten Fall auch noch Schiffsbeteiligungen etc. anbieten.

   Seien wir ehrlich, das kann nicht funktionieren und zeugt auch nicht von Professionalität. Jeder der oben genannten Bereiche ist "per se" schon so speziell, dass er hierfür einen eigenen Spezialisten erfordert.

   Hier verhält es sich, wie im Supermarkt. Dort können Sie zwar viele unterschiedliche Produkte kaufen, aber eine professionelle Beratung zu den einzelnen Produkten gibt es dort eben nicht.

2) Wenn Sie unter Angebote keinerlei Angebote finden, sondern nur den Hinweis: aus Diskretionsgründen unseren Kunden gegenüber stellen wir unsere Angebote nicht öffentlich ins Internet.

   Die einzige Ausnahme, bei der man dies gelten lassen kann, sind hoch spezialisierte Makler die sich ausschließlich mit Exklusivimmobilien oder mit Investmentimmobilien befassen. Dies ist aber, wie gesagt, eher eine Ausnahme und diese Maklerunternehmen sind für den "normalen" Immobilienkäufer ohnehin nicht relevant.

3) Schlecht aufgemachte und dargestellte Objekte/Exposes. Ein klassisches Indiz für wenig Professionalität sind ins Netz gestellte Grundrisse von zum Teil haarsträubender Qualität. Die Neuerstellung solcher Grundrisse bekommt man heute Online schon für ab ca. € 10,00 pro Grundriss. Wer also hier schon spart, mehr glaube ich muss man dazu nicht sagen.

Es wäre natürlich zu einfach und zu schön, wenn man alleine anhand der oben genannten Beispiele definieren könnte, wer letztendlich ein guter und wer ein weniger guter Makler ist.
Aber es lässt sich zumindest schon mal ein erster Gesamteindruck gewinnen.

Auch hier gilt natürlich wie überall, Ausnahmen bestätigen die Regel. Es gibt durchaus einige hochprofessionelle und seriöse Makler, die etwas anders sind. Jedoch sterben diese sog. Urgesteine/Dinosaurier auch in der Maklerzunft langsam aus.

Machen Sie sich "Ihren Makler" zum Freund und nicht zum Feind.

Vorab, die übliche Höhe einer Maklerprovision, oft auch Courtage genannt, beträgt 3 % bis 6% zuzüglich der gesetzlichen Mehrwertsteuer vom beurkundeten Gesamtkaufpreis der Immobilie. Die Provisionshöhe ist regional sehr unterschiedlich, auch die Aufteilung wer was zahlt. Vielerorts zahlen Käufer und Verkäufer je ½, mancherorts der Käufer allein die 6% etc. etc..

Die Höhe ist jedoch keineswegs gesetzlich vorgeschrieben, wie z.B. die Maklerprovision bei der Wohnungsvermietung (2 Nettomieten zzgl. ges. Mwst.). Vielmehr kann Sie beliebig festgesetzt bzw. zwischen den Parteien frei vereinbart werden. Auch gibt es mitunter gravierende regionale Unterschiede. Käuferprovisionen von bis zu 6% zzgl. ges. Mwst. sind je nach Region und Objekt durchaus anzutreffen. Aber auch hier sollte Sie primär wieder der Gesamtaufwand Ihres Immobilienkaufs interessieren und nicht unbedingt die einzelnen Kaufpreisbestandteile.

Der Begriff des **Maklers** (früher **Mäkler**) bezeichnet in Deutschland den Vermittler einer Gelegenheit zum Abschluss von Verträgen. Grundsätzlich bedarf jeder Makler einer besonderen Erlaubnis nach § 34 c GewO. Die rechtlichen Grundlagen zur Ausführung des Berufs sind in der Makler- und Bauträgerverordnung (MaBV) geregelt.

Ein guter Immobilienmakler sollte also im oben genannten Wortsinn, beiden Seiten (Käufern und Verkäufern) gegenüber gleich handeln und verbindlich sein und die Möglichkeit zum Abschluss eines Immobilienkaufvertrages bieten bzw. eine solche Möglichkeit vermitteln/herbeiführen/nachweisen.

Dann wäre es natürlich auch logisch, wenn und dass der Makler von beiden Seiten für seine Tätigkeit gleich entlohnt wird. Hoch professionelle und erfahrene Makler schaffen es auch heutzutage noch, neben der üblichen Käuferprovision, auch vom Verkäufer einer Immobilie eine Maklerprovision zu bekommen. Meistens müssen bei der sog. Verkäuferprovision jedoch, um einen entsprechenden Verkaufsauftrag zu bekommen, Abschläge bis zu 50% und mehr gemacht werden.

So weit so gut.

Die Praxis sieht aber oft anders aus. In Deutschland ist es üblich, dass der Käufer die Maklerprovision bezahlt. Ob dies nun gerecht, sinnvoll oder was auch immer ist, darüber streiten sich die Geister seit Jahrzehnten.

Der Grund dafür ist jedoch nicht in der Gier der Makler zu sehen, sondern ganz einfach darin, dass es sich seit Jahrzehnten so eingebürgert hat, dass die Verkäufer in der Regel einfach nicht bereit sind, den Makler für seine Dienste zu entlohnen. Die meisten Verkäufer einer Immobilie machen dies zur Bedingung für die Erteilung eines Verkaufs-/Maklerauftrags.

Somit bleibt den meisten Maklern letztendlich nichts anderes übrig, wenn sie den Verkaufsauftrag bekommen wollen.

Und da sich die Makler untereinander in letzter Konsequenz auch nicht wirklich einig sind, wird sich daran wohl auch in Zukunft nichts ändern.

Nahe liegender und auch logischer wäre es natürlich, wenn der Auftraggeber (Verkäufer) alleine den Makler für dessen Dienstleistung entlohnt. Dies ist in vielen Ländern dieser Welt auch so, deshalb ist dort der Maklerberuf auch ein wesentlich angesehenerer Berufsstand.

Deshalb lassen Sie sich auch von Maklerangeboten mit der Headline "Provisionsfrei" nicht blenden. Eigentlich müsste es richtigerweise auch hier heißen….ohne Käuferprovision.

Kein Makler arbeitet aus Jux und Tollerei. Ergo wird hier die Provision vom Verkäufer bezahlt und ist in den Kaufpreis bereits mit eingerechnet.

Der altbekannte verkaufspsychologische Trick.

Auch wenn Sie jetzt darüber lachen und sagen, das weiß doch heute jeder, glauben Sie mir, es funktioniert immer noch. Auch in unserer heutigen aufgeklärten Zeit höre ich immer wieder…..ja aber das Objekt X wird ohne Maklerprovision angeboten.

Auf welcher Seite steht nun der Makler eigentlich in letzter Konsequenz?

Auf der Seite des Verkäufers, von dem er den Verkaufsauftrag und dadurch die Möglichkeit Geld zu verdienen erhalten hat oder auf der Seite des Käufers, der ihn ja schließlich bezahlt.

Sie sehen, die Frage als solche könnte nicht widersprüchlicher sein.

Ein wirklich guter und seriöser Makler versucht trotzdem beiden Seiten gerecht zu werden. Auch wenn Sie mir dies jetzt nicht glauben, aber es gibt sehr viele gute Makler, die beiden Seiten auch wirklich gerecht werden.

Das einzige Kapital für ein langjährig erfolgreiches Maklerunternehmen sind zufriedene Kunden (Käufer und Verkäufer)!

Dennoch ist es oft so, dass der Makler natürlich seine Objekte auch verkaufen will und dazu braucht er nun mal Sie als den Immobilienkäufer. Also wird er wohl eher auf der Seite der Käufer stehen, die ihn ja auch bezahlen.

Je mehr Ihnen der Makler das Gefühl vermittelt, sich intensiv und schwerpunktmäßig ausschließlich um Ihre Belange zu kümmern, umso weniger Diskussionen wird er mit Ihnen über die Maklerprovision haben.

Das beste Ergebnis erzielen Sie immer, wenn Sie mit dem Makler ein Team bilden mit dem Ziel, den optimalen Kaufpreis für Sie zu erzielen. Wenn der Makler sieht, dass Sie ihm vertrauen und auch seine Expertise nicht ständig in Frage stellen, wird er sich wesentlich engagierter und intensiver für Sie einsetzen.

Außerdem wird er Ihnen gegenüber auch in allen anderen Belangen offener sein und Sie auch ohne ständiges Nachfragen mit allen wirklich relevanten Informationen rund um die Immobilie versorgen.

Dies ist dann leider für die Verkäufer die Kehrseite der Medaille bzw. die logische Schlussfolgerung/Nachteil, wenn sie generell nicht bereit sind auch einen Teil der Makler-/Verkaufsprovision zu übernehmen.

Kann bzw. sollte man mit dem Makler über die Höhe seiner Provision handeln?

Natürlich werden Sie sagen. Man(n) und selbstverständlich auch Frau kann und sollte über die Höhe der Maklerprovision verhandeln, die Makler verdienen eh genug.

Versuchen Sie es einfach. Sie können hierbei ja nur gewinnen, es wird wohl eher nicht vorkommen, dass Sie dadurch mehr Provision bezahlen müssen.

Aber stellen Sie es geschickt an, argumentieren Sie NICHT mit dem geringen Aufwand den der Makler mit Ihnen hatte. Die Aufwandsdefinierung hatten wir mit dem Vergleichsbeispiel des Autokaufs schon abgehandelt. Und außerdem, Sie wollen doch auch nicht, dass Ihr Arbeitgeber jeden Monat mit Ihnen über die Höhe Ihres Gehalts verhandelt.

Wenn Sie die Arbeit/Leistung bzw. den Aufwand eines Maklers kritisieren, schaffen Sie sich nicht wirklich eine gute Ausgangsposition. Wohl kaum jemand wird Ihnen wohl gesonnen sein, wenn Sie ihn und seine Leistung ständig in Frage stellen und nicht anerkennen.

Ich habe noch nie einem Kunden einen Provisionsnachlass gewährt, der mit dem Argument des geringen Aufwands argumentiert hat.

Das geht einem guten und professionellen Makler halt auch an die Ehre☺. Seien Sie auf alle Fälle sachlich, ruhig und locker. Je besser Sie sich vorher mit dem Makler verstanden haben, sprich Teambildung, umso einfacher wird es für Sie sein über einen Nachlass zu verhandeln.

Ich habe auch schon gehört, dass es Immobilienkäufer gibt, die die Provision bzw. einen Teil der Provision "so" bezahlen und sich dadurch etwas sparen, z.B. u.a. die Mehrwertsteuer.
Wie gesagt ich habe davon gehört, ich selbst habe solche Fälle natürlich noch nicht erlebt und dies ist auch keine Aufforderung bei Ihren Verhandlungen so zu argumentieren.

Ob Sie letztendlich einen Provisionsnachlass erwirken werden, hängt von vielen Faktoren ab, nicht zuletzt von Ihrem Verhandlungsgeschick.

Wenn die Immobilie zu einem marktgerechten Preis angeboten war und die Nachfrage gut ist/war, werden Sie es schwer haben einen Provisionsnachlass zu bekommen. Warum sollte der Makler Ihnen auch etwas nachlassen, wenn Sie nicht kaufen, kauft etwas später halt ein Anderer.

Nachdenklich sollten Sie auch werden, wenn Sie zu schnell zu viel Nachlass bekommen. Denn dann wird die Immobilie meist schon sehr lange angeboten und ergo hat sie einen Haken bzw. ist eventuell auch der Kaufpreis noch nicht wirklich marktgerecht.

Ein Nachlass von 50% der Maklerprovision mag zwar Ihr Ego stärken und Ihnen ein subjektives Erfolgserlebnis bescheren, aber letztendlich bringt Ihnen das gar nix, wenn Sie dafür einen überhöhten Kaufpreis bezahlen.

Deshalb ist es oft auch ein gutes Zeichen, wenn der Makler hier nicht allzu oder gar nicht diskussionsbereit ist, denn dann geht er davon aus, die Immobilie auch anderweitig in der üblichen Verkaufszeit verkaufen zu können. Dies spricht eher dafür, dass die Immobilie marktgerecht ist, als für einen "gierigen Makler".

Also seien Sie freundlich und zeigen Sie dem Makler dass Sie seine Arbeit schätzen.

Loben Sie "Ihren" Makler ruhig auch mal während Ihrer Geschäftbeziehung, auch wenn Sie letztendlich keinen Provisionsnachlass bekommen, so wird er Sie auf alle Fälle besser und unabhängiger beraten. Auch Makler brauchen ihre Erfolgserlebnisse und dies nicht nur im monetären Bereich.

Und last but not least, wirkt sich dies alles immer auch auf die Kaufpreisverhandlungen aus.

Involvieren Sie "Ihren Makler" immer mit in die Kaufpreisverhandlungen mit dem Verkäufer. Er kennt den Verkäufer in aller Regel wesentlich besser als Sie und weiß aus vorangegangenen Verhandlungen, wo und wie er ansetzen muss und wie er besser nicht argumentiert.

Ein Makler dem Sie sympathisch sind, wird sich wesentlich engagierter beim Verkäufer für Sie einsetzen, als wenn Sie ein grantiger permanenter Nörgler sind.

Wenn der Makler für Sie nur 3% Kaufpreisminderung rausholt, haben Sie damit schon die **gesamte** Maklerprovision gespart.

Ist wesentlich besser als 1% Provisionsnachlass oder?

Der Immobilienmakler ist nun mal ein wesentlicher Bestandteil der Immobilienwirtschaft und der damit verbundenen Transaktionen und wird es auch immer bleiben, ob einem das nun gefällt oder nicht.

Folglich sollten Sie nicht versuchen das System zu ändern, sondern versuchen das System zu verstehen und es zielführend für sich nutzen.

Je besser sie das Gesamtsystem und die einzelnen Teilbereiche (z.B. hier Makler) und deren Wirkungsweisen und Abläufe verstehen, desto optimaler wird Ihr Gesamtergebnis sein.

Dies ist jetzt kein spezielles Wirkungsprinzip der Immobilien-wirtschaft, dies ist wohl in allen Wirtschaftsbereichen so.

Der Bauträger

Immobilien direkt vom Bauträger

Das Thema Provision bzw. Marketing- und Vertriebskosten bei Maklern und Bauträgern haben wir ja bereits erschöpfend behandelt.

Das einzige Unterscheidungsmerkmal zu einem Kauf vom Makler oder von Privat ist hier, dass Sie von einem Bauträger normalerweise immer nur eine Neubauimmobilie kaufen werden. Eine Ausnahme ist hier lediglich, wenn der Bauträger Objekte für seinen eigenen Bestand gebaut hat und diese erst nach einigen Jahren auf den Markt bringt.
Oft werden solche Objekte dann aber global an institutionelle Anleger (Versicherungen/Pensionsfonds) oder private Großanleger verkauft und nicht die jeweiligen Einheiten (Wohnungen) einzeln.

Sofern Sie sich für den Kauf einer Neubauimmobilie entschieden haben, geht es quasi nicht ohne Bauträger.

Ist aber auch nicht weiter schlimm, denn die meisten Bauträger sind als durchaus seriös zu bezeichnen. Ausnahmen gibt es immer und überall. Ein Bauträger wird Ihnen nicht mehr und auch nicht weniger "aufschwatzen" als ein Makler oder ein privater Immobilienverkäufer.

Wichtiger ist hier, dass Sie sich über die Reputation der Bauträgergesellschaft informieren. Wie lange gibt es das Unternehmen schon, welche Referenzobjekte hat es vorzuweisen und können Sie die Referenzobjekte besichtigen.
Ein seriöser Bauträger wird Ihnen zu all diesen Punkten gerne Auskunft geben und auch all Ihre sonstigen Fragen sein Unternehmen betreffend umfassend beantworten.

Die Beurteilung der Bonität eines Bauträgers ist schon wesentlich schwieriger um nicht zu sagen fast unmöglich, zumindest für den Laien.

Gefahren und Risiken

Welche Gefahren und Risiken birgt nun der Kauf einer Neubauimmobilie vom Plan weg oder während der Bauphase?

- **Baubeginn**

Normalerweise müssen die Bauträger ihrer Objektfinanzierenden Bank vor Baubeginn einen entsprechenden Verkaufstand anhand der bis dahin abgeschlossenen Kaufverträge nachweisen. Üblich sind zwischen 20% bis 40%.
Diese Quote hängt jedoch auch sehr stark von der Eigenkapitalausstattung des Bauträgers und der jeweiligen Marktsituation ab. Es gibt durchaus auch Bauträger, die unabhängig vom Verkaufsstand mit dem Bau beginnen.

Das Erreichen eines entsprechenden Verkaufsstands vor Baubeginn, ist für den Bauträger auch ein wirtschaftlicher Aspekt, der seine Baufinanzierung nicht unwesentlich beeinflusst, da er bei Baubeginn (Beginn der Erdarbeiten) gemäß MaBV bereits die erste Kaufpreisrate (30%) von den Käufern verlangen kann.

Ein genau definierter Baubeginn-Termin wird in den Bauträgerverträgen eher selten angegeben, was für Sie aber weiter nicht von Belang ist, wichtig ist immer nur der garantierte Fertigstellungstermin.

Dieser Termin sollte in Ihre zeitliche Planung passen.

- **Fertigstellungstermin**

Dies ist der wichtigste Termin für Sie!

Dieser Termin ist in den Bauträgerverträgen auch immer genau angegeben. Wobei hier zu unterscheiden ist zwischen Bezugsfertigkeit und endgültiger Fertigstellung.

- **Die Bezugsfertigkeit**

gibt an, ab welchem Zeitpunkt die Immobilie bezugsfertig ist und somit ohne Gefahr bezogen und genutzt werden kann. Dies setzt natürlich voraus, dass alle wesentlichen Anlagen und Einrichtungen funktionieren bzw. gefahrlos nutzbar sind. (z.B. Zuwege, Heizung, Wasser, Strom, Lift etc.)

Eine Bezugsfertigkeit ist auch dann gegeben, wenn einige Baumaßnahmen noch nicht vollendet sind. Oft können die Außenanlagen und die Bepflanzung witterungsbedingt erst zu einem späteren Zeitpunkt ausgeführt werden.

- **Die endgültige Fertigstellung**

umfasst dann neben dem Vorhandensein der Bezugsfertigkeit auch die abgeschlossenen Ausführungen der oben erwähnten und aller sonstigen Restarbeiten gemäß Kaufvertrag.

Mittlerweile übergeben aber fast alle Bauträger ihre Wohnungen und Häuser erst nach wirklich endgültiger Fertigstellung Zug um Zug gegen Zahlung der noch ausstehenden Kaufpreisraten, auch wenn Sie dadurch eventuell eine Terminüberschreitung und somit einen finanziellen Nachteil haben.
Der Bauträger nimmt hier lieber die im Kaufvertrag vereinbarte Zahlung einer monatlichen Entschädigung in Kauf, als seinen letzten Kaufpreisraten hinterherzulaufen.

Der Grund hierfür ist, dass es in den letzten Jahren leider zu einer Art "Volkssport" geworden ist, dass einige Käufer ihre Immobilie bezogen haben und dann die letzte Kaufpreisrate bei Fertigstellung einfach nicht bezahlt haben. Sofern dem relevante Mängel zugrunde gelegen haben, ist dagegen ja nichts zu sagen, aber meistens war es dann leider so, dass man bewusst nach irgendetwas gesucht hat und selbst bei marginalen Mängeln einfach mal die gesamte letzte Rate nicht beglichen hat.

Viele Käufer waren der Meinung, dass sie dadurch auch für minimale Mängel unverhältnismäßig hohe Entschädigungen aushandeln können.

Was kann zu einer Überschreitung des Fertigstellungstermins führen?

Die Gründe einer Überschreitung des Fertigstellungstermins könnten sein, ein unvorhersehbarer kurzfristiger Ausfall einzelner am Bau beteiligter Handwerker, Engpässe in der Materialbeschaffung (eher selten), extrem starker und langer Winter etc.etc. Sie können jedoch davon ausgehen, dass erfahrene Bauträger sich dessen bewusst sind und all dies in der Festlegung der Bauzeit und des sich daraus ergebenden Fertigstellungstermins berücksichtigen.

Kein Bauträger wird bewusst die Bauzeit verlängern und den Fertigstellungstermin somit überschreiten. Jede Bauverzögerung kostet den Bauträger Geld, da er die einzelnen Kaufpreisraten gemäß MaBV immer erst im Nachhinein für eine bereits erbrachte Leistung in Rechnung stellen kann und somit auch bekommt. Je länger er also braucht, umso höher sind seine Baufinanzierungskosten.

Dennoch kann es natürlich passieren, dass ein garantierter Fertigstellungstermin ein Mal nicht eingehalten wird, sprich überschritten wird.

Was dann?

Die beste Lösung ist, Sie lassen im Bauträgervertrag einen Passus mit aufnehmen, dass Ihnen der Bauträger für jeden Ihnen aus der Terminüberschreitung entstehenden Schaden haftet. Darauf werden sich aber wohl die wenigsten Bauträger einlassen.
Üblich ist, einen fixen monatlichen Betrag zu vereinbaren, den Ihnen der Bauträger für jeden Monat der Fertigstellungstermin-überschreitung erstattet. Die Höhe dieser Entschädigung richtet sich in der Regel nach dem marktüblichen Mietwert der von Ihnen erworbenen Immobilie.

Um auf der sicheren Seite zu sein, sollten Sie Ihren Umzug in die neue Wohnung/Haus auch nie exakt zu dem angegebenen Fertigstellungstermin planen. Bauen Sie immer eine gewisse Zeit als Puffer ein. Eine sich anbahnende Terminüberschreitung ist aus dem realen Bauablauf aber relativ leicht und frühzeitig zu erkennen und jeder seriöse Bauträger wird Sie diesbezüglich auch immer rechtzeitig informieren.

Sofern Sie noch zur Miete wohnen, sollten Sie Ihren bestehenden Mietvertrag nicht unbedingt zeitgleich zum angegebenen Fertigstellungstermin kündigen.

- **Der Bauträger geht während der Bauzeit in Konkurs.**

Dies ist wohl der Albtraum eines jeden Immobilienkäufers.

Aber keine Panik, es kann nicht passieren, dass Ihre bis zu diesem Zeitpunkt gezahlten Kaufpreisraten weg sind und Sie auch die Immobilie nicht bekommen.

Ohne ein "blaues Auge" oder auch zwei werden Sie aber auch nicht davonkommen.
Die Bauträgerverträge sind heute meist so gestaltet, dass die Kaufpreise der einzelnen Einheiten an die Objektfinanzierende Bank abgetreten sind und Sie schuldbefreiend die einzelnen Kaufpreisraten deshalb auch immer

nur auf ein Konto der Objektfinanzierenden Bank überweisen dürfen (gemäß Angabe im Kaufvertrag bzw. Notarmitteilung). Ferner ist Ihr Eigentumsanspruch auch durch die bereits eingetragene Auflassungsvormerkung im Grunde abgesichert.

Sollten die grundbuchmäßigen Voraussetzungen für die Eintragung der Auflassungsvormerkung noch nicht geschaffen sein, so kann der Bauträger die einzelnen Kaufpreisraten erst nach Vorliegen einer entsprechenden Bankbürgschaft anfordern. Diese Bürgschaften liegen meist treuhänderisch beim zuständigen Notar.
Dies ist sehr häufig der Fall, da das Anlegen der einzelnen Grundbuchblätter, auf Grund von eventuellen Änderungen der Teilungserklärung (z.B. Zusammenlegung einzelner Einheiten etc.) oft erst zum Ende der Bauzeit erfolgt. Die Kosten dieser Bürgschaften trägt dann logischerweise der Bauträger.

Für Sie stellt dies eher einen Vorteil dar, da Sie anhand der Bürgschaft im Falle einer Bauträgerpleite von der Bank immer Ihr Geld zurückbekommen.

Sofern die grundbuchmäßigen Voraussetzungen bereits geschaffen sind und die Auflassungsvormerkung zu Ihren Gunsten im entsprechenden Grundbuchblatt bereits eingetragen ist, sieht es etwas anders aus, dann hat die Bank im Falle einer Bauträgerpleite ein Wahlrecht.

Die Bank kann das Objekt in Eigenregie fertig stellen, d.h. die Bank tritt quasi an die Stelle des Bauträgers. Falls das Objekt und die Baukosten vernünftig kalkuliert wurden, sprich ausreichen um den Bau fertig zu stellen, ist dies sicherlich die beste Lösung für beide Seiten (die Bank und Sie).
In der Praxis entsteht Ihnen dadurch aber meist auch ein Nachteil durch eine verspätete Fertigstellung, die in solchen Fällen oft unvermeidbar ist.

Die Bank kann Ihnen aber auch, wenn die grundbuchmäßigen Voraussetzungen bereits vorliegen, alternativ die von Ihnen bis zu diesem Zeitpunkt gezahlten Kaufpreisraten ohne Zinsen zurückzahlen. Damit ist für Sie der Fall erledigt, d.h. außer Spesen nichts gewesen und Sie können wieder von vorne anfangen mit Ihrer Immobiliensuche, auch nicht witzig, aber noch das geringere Übel.

Eine weitere Möglichkeit ist, dass die Bank Ihre erworbene Einheit im Grundbuch lastenfrei stellt, d.h. die eingetragene Globalgrundschuld bezüglich Ihrer Einheit löscht. Voraussetzung hierfür ist, dass Sie alle dem momentanen Bautenstand entsprechende Kaufpreisraten bezahlt haben. Der aktuelle Bautenstand wird in einem solchen Fall durch einen Gutachter/Sachverständigen festgestellt.

Dies wäre definitiv die für Sie und alle anderen Erwerber die schlechteste Lösung. Sie müssen dann nämlich zusammen mit allen anderen bisherigen Käufern den Bau in Eigenregie fertig stellen, was in fast allen Fällen neben einer Bauverzögerung auch mit wesentlich höheren Baukosten verbunden ist. Dieser Fall kommt zwar äußerst selten vor, kann aber natürlich generell nicht ausgeschlossen werden.

In der Praxis findet sich jedoch meist eine für beide Seiten (Bank und Käufer) sinnvolle und tragbare Lösung. Auch die Bank hat fast immer ein Interesse daran, ein begonnenes Bauvorhaben fertig zu stellen, besonders dann, wenn noch nicht alle Einheiten in dem Bauvorhaben verkauft wurden, was im Falle einer Bauträgerpleite auch meistens der Fall ist. Die Bank muss dann ja auch die noch restlichen Einheiten, die sich dann ja im Besitz der Bank befinden, fertig stellen um Sie verkaufen zu können.

Somit befände sich die Bank in einer ähnlich prekären Situation wie Sie.

Ergo, eine Bauträgerpleite ist natürlich immer der "worst case", auf den Sie leider keinen Einfluss haben und es wird Ihnen dadurch auch fast immer ein entsprechender Schaden entstehen.

Am besten absichern können Sie sich natürlich mit einer Bankbürgschaft zu Ihren Gunsten über den gesamten Kaufpreis und die gesamte Bauzeit, sprich bis zur endgültigen Fertigstellung des Bauvorhabens, unabhängig von den grundbuchmäßigen Voraussetzungen.

Dies ist jedoch eher unüblich und auch schwer durchzusetzen, da sich die Objektfinanzierende Bank dann das gesamte unternehmerische Risiko des Bauträgers mit aufbürden würde und die Bauträgerei auch nicht wirklich zu den Geschäftsfeldern einer Bank gehört.

Außerdem würde eine solche Konstellation die Flexibilität (Bonität) des Bauträgers im Hinblick auf neue weitere Bauvorhaben einschränken. Ferner fielen dann auch relativ hohe Bürgschaftsgebühren an, der eine Käufer zu tragen hätte.

Die Kaufpreisfindung der Bauträger..............

..................ist "relativ" einfach nachvollziehbar, da sie sich letztendlich am Markt orientieren muss.

Die Kaufpreise von Bauträgerobjekten sind in aller Regel das Ergebnis von Angebot und Nachfrage. Was natürlich nicht generell heißt, dass alle Immobilienkaufpreise von Bauträgern auch immer marktgerecht sind.

Hier sollten Sie sich die Mühe machen, den jeweiligen Mikromarkt, innerhalb dessen sich die Sie interessierende Immobilie befindet, etwas genauer zu betrachten. Sie werden dann sehr schnell feststellen, ob es sich nur um die üblichen lage- und ausstattungsspezifischen Kaufpreisunterschiede handelt oder um einen nicht nachvollziehbaren "Ausreißer".

Generell gilt bei einem Bauträger, wie auch beim Makler oder Privatverkäufer, sehen Sie ihn als Ihren Geschäftspartner und schaffen Sie eine **"win - win"** Situation.

Der Privatverkäufer

Immobilien von Privat, das Optimum!?!?!?

Dem ersten Anschein nach ja, keine Provision bzw. Marketing-/Vertriebskosten und auch noch einen günstigen Kaufpreis, weil sich die meisten Privatverkäufer ja eh nicht auskennen.

Klingt gut, ist aber leider fast immer nicht so.

Dass sie bei einem Kauf von Privat keine Provision bzw. Marketingkosten bezahlen müssen ist richtig.
Die Marketingkosten, die einem Privatverkäufer dadurch entstehen, dass er seine Immobilie ins Internet stellt, kann man getrost vernachlässigen. Mehr machen Privatverkäufer auch so gut wie nie, vielleicht noch eine kleine Anzeige in den entsprechenden Printmedien und ein einfaches Expose`.

Aber die größte Gefahr oder sagen wir besser die größte **"Unbekannte"** und damit doch wieder die größte Gefahr liegt in der Kaufpreisfindung und Kaufpreisfestlegung der "Privatverkäufer".

Vorab……..fast alle Kaufpreise einer Immobilie von Privatanbietern sind nicht wirklich marktgerecht und oft auf eine sehr seltsame Art und Weise zu Stande gekommen.
Nicht marktgerecht heißt hier fast immer, dass sie über dem wirklichen Marktwert einer vergleichbaren Immobilie liegen, äußerst selten darunter.

In meinen nunmehr fast 30 Jahren war es in >90% der Fälle so.

Wie erfolgt die Kaufpreisfindung eines Privatverkäufers?

- **Die Immobilienpreise steigen ja ständig -** meint zumindest jeder, also gehen die meisten Privatverkäufer mal generell von permanenten Wertsteigerungen pro Jahr aus.

Schön wäre es, ist aber nicht so, die Märkte steigen leider nicht ständig, sondern gehen auch mal runter. Dies ist zwar im Immobilienmarkt für eigen genutzte Wohnimmobilien eher die Ausnahme, kommt aber in überschaubarem Rahmen und regional bedingt schon auch mal vor.

Was aber ein durchaus normales und auch ein gesundes Marktverhalten ist, ist eine Seitwärtsbewegung des Immobilienmarktes.

Folglich steigen nicht alle Immobilien kontinuierlich Jahr für Jahr. Das wäre auch zu schön um wahr zu sein und wir hätten bald die gleiche Immobilienblase wie sie derzeit die USA erleben.

Ferner unterliegt nun mal auch jede Immobilie der sog. "Alterswertminderung". Eine Immobilie die Sie z.B. im Jahre 1995 gekauft haben, ist zwar sicherlich noch in einem sehr guten Allgemeinzustand, aber sie ist halt nicht mehr neu. Folglich müsste die allgemeine Marktentwicklung (Wertsteigerung) in diesem Zeitraum höher sein als der Wertverlust durch die Alterswertminderung, wenn Sie mit Gewinn verkaufen wollen. Weiter müssen Sie auch immer berücksichtigen, dass die üblichen Erwerbsnebenkosten (5% - 8,5%) durch eine positive Marktentwicklung auch erst mal kompensiert werden müssen.

Dies ist zwar oft der Fall, aber nicht generell automatisch so.

Im Einkauf liegt der Gewinn ohne Wenn und Aber!

- **Die lieben Nachbarn und Freunde** - die ja auch alle immer sagen, wie toll mein Haus/meine Wohnung ist und dass Immobilien immer schon im Wert gestiegen sind. Worauf die sog. Expertise der lieben Nachbarn und Freunde basiert, danach fragt keiner und kein Nachbar oder Freund sagt in der Regel etwas Negatives über die Immobilie, macht man halt auch nicht unter Freunden. Auch haben z.B. die Nachbarn ja eine ähnliche Immobilie in zumindest gleicher Lage und müssten somit ja auch etwas Negatives über ihre eigene Immobilie sagen, macht auch so gut wie keiner.
Natürlich legen weder Nachbarn noch Freunde den Kaufpreis einer Immobilie von Privatverkäufern fest, aber sie bestärken diese oft bei der Kaufpreisfestlegung in einem nicht unerheblichen Maße.

- **Der Preisvergleich** - ist heutzutage augenscheinlich relativ einfach. Das "Zauberwort" heißt hier Internet. Doch genau hier liegt die größte Gefahr. Man geht einfach mal schnell auf eines der einschlägigen Internetportale, davon gibt es einige und die verfügen über relativ gute Suchfunktionen. Wenn man auch noch die genaue Anschrift seiner Immobilie eingibt und über “Entfernung“ sortiert, erscheinen die Vergleichsangebote mit Entfernungsangabe zum eigenen Objekt. Man befindet sich somit zumindest schon mal in seinem Mikrobereich (Region/ Stadtteil/ nahem Umfeld etc.)

So weit so gut.

Aber Mikrolage ist nicht gleich Mikrolage. Oft verursachen nur einige Hundert Meter oder bereits eine Parallelstraße schon erhebliche Preisunterschiede.

Und Wohnung ist nicht gleich Wohnung und Haus ist nicht gleich Haus. Man kann anhand einer Internetanzeige nicht erkennen in welchem Zustand die Wohnung oder das Haus letztendlich wirklich ist. Seltsamerweise findet man auch immer nur tolle Objektbilder. Vielleicht ist die Nachbarbebauung in einem katastrophalen Zustand oder gegenüber befindet sich ein störendes Kleingewerbe. Eventuell ist auch die Tiefgarageneinfahrt gleich neben oder unter der Wohnung. Auch weiß man nichts über den detaillierten Allgemeinzustand, eventuell anstehende Renovierungsmaßnahmen am Gebäude.

Sind diese durch eine ausreichende Rücklage gedeckt etc. etc.. Auch nützt der größte Südbalkon nichts, wenn das gegenüberliegende Haus so nahe ist, dass man zwar Südseite hat, aber nur erahnt dass sich hinter dem Nachbarhaus die Sonne auch wirklich befindet, weil man sie nämlich nie zu Gesicht bekommen wird. Man weiß auch nicht, ob sich vielleicht ein Kinderspielplatz direkt vor der Terrasse befindet. Bitte nicht falsch verstehen, aber dies ist nun mal ein entsprechender Nachteil, wenn auch ein subjektiver. Ich könnte jetzt noch unendlich lange beliebig fortfahren.

Und das Wichtigste, kein Immobilienanbieter, egal ob Privat-verkäufer, Makler oder Bauträger wird in seinen Angeboten etwas Negatives und eventuelle Schwachstellen der Immobilie aufzählen oder abbilden.

Aber ich denke Sie sehen schon, dass ein solcher Preisvergleich mit Vorsicht zu genießen ist. Ganz falsch ist er natürlich auch nicht, denn es lässt sich zumindest eine, wenn auch relativ große Kaufpreisbandbreite ermitteln.
Dass man sich bei der Kaufpreisfestlegung für seine eigene Immobilie dann natürlich immer an den höchsten Angebotspreisen orientiert, liegt in der Natur von uns Allen.

Ist normal und auch nicht weiter schlimm, wenn man als Käufer sich dessen bewusst ist.

- **Dann fragt man halt einfach einen Makler** - Grundsätzlich auch keine schlechte Idee. Aber fragen Sie nicht einen sondern mindestens zwei, besser drei Makler.
Und fragen Sie richtig – stellen sie sich dumm und äußern Sie in keinem Fall Ihre Kaufpreisvorstellung dem Makler gegenüber. Ein guter Makler wird Sie auch nicht danach fragen, denn Ihre Kaufpreisvorstellung sollte bei einer objektiven Kaufpreisermittlung durch einen Makler keinerlei Rolle spielen.

Es kann nämlich sonst passieren, dass der Makler bei der Einwertung der Immobilie zu einem Ergebnis kommt, das in etwa der Kaufpreisvorstellung des Privatverkäufers entspricht oder sogar darüber liegt.

Na super, ist doch eigentlich gut oder?

Nicht wirklich, denn leider werten viele Makler eine Immobilie so ein, dass der Wert den Vorstellungen der Verkäufer entspricht oder zumindest diesem Wert sehr nahe kommt. Dies deshalb, weil die Chance dadurch einen Verkaufsauftrag zu bekommen dann natürlich wesentlich größer ist, als wenn man dem Verkäufer die Wahrheit sagt, die er eigentlich gar nicht hören will.

All dies untermauert die These, nein eigentlich ist es eine Tatsache auf Grund jahrzehntelanger Erfahrung, dass fast alle Immobilienangebote von Privatverkäufern zwischen min. 10% bis zum Teil 30% über dem echten Marktwert liegen, d.h. schlicht und einfach zu teuer sind.

Wie sollte es auch anders sein.

Seien wir ehrlich, es wäre jeder Immobilienfachmann, der seine Expertise in diesem Bereich aus vielen Jahren, oft jahrzehntelanger Erfahrung und Marktkenntnis gewinnt, ja doof, wenn es jeder andere genauso gut kann.

Ergo, ist der Kauf einer Immobilie von Privat nicht automatisch die beste und günstigste Möglichkeit eine Immobilie zu erwerben.

Der Kauf von Privat stellt lediglich, wie auch der Kauf vom Bauträger oder über einen Makler, eine der Möglichkeiten dar, von wem man eine Immobilie kaufen kann, nicht mehr und nicht weniger.

Gezieltes Suchen - der Schlüssel zum Erfolg

Nachdem Sie nun wissen was Sie suchen und was Sie sich leisten können, kann es losgehen.

Aber bitte........mit System.

Wo sollte man suchen?

- **Internet**

Die bekanntesten Immobilienportale im Internet sind:

www.immoscout.de
www.immowelt.de
www.immonet.de

Daneben gibt es noch eine Vielzahl kleinerer und objektspezifischer und regionaler Portale. Wenn Sie Zeit und Muße haben, schauen Sie dort ruhig auch mal rein.

Viele Immobilienangebote sind oft auch in alle Portale gleichzeitig eingestellt.

- **Regionale und überregionale Tageszeitungen**

Mittlerweile haben die verschiedenen Immobilienportale im Internet die Printmedien längst abgelöst, ja eigentlich schon fast vom Markt verdrängt.

Eine Ausnahme hiervon bilden lediglich noch Neubauimmobilien die von Bauträgern angeboten werden. Diese werden nach wie vor auch noch mit großen Anzeigen in den regionalen und überregionalen Tageszeitungen beworben.

Bauträgerobjekte sind in den Printmedien einfach optisch besser und individueller darzustellen. Außerdem sind diese Anzeigen zugleich auch noch als Imageanzeigen der Anbieter zu sehen.

Mittlerweile haben aber so gut wie alle Bauträger für ihre Objekte, auch zusätzlich jeweils eine eigene Website.

Sofern Sie sich für den Kauf einer Neubauimmobilie entschieden haben, sollten Sie sich also auf jeden Fall auch durch die Printmedien, d.h. die großen regionalen und überregionalen Tageszeitungen, einen Überblick verschaffen und nach Ihrer Wunschimmobilie suchen.

- **Kleinere Regionalzeitungen und Stadtteilanzeiger**

Auch diese Möglichkeit der Immobiliensuche sollten Sie auf jeden Fall nutzen. Es gibt nach wie vor viele private Immobilienanbieter, die wenig oder gar keine Affinität zum Internet haben und immer noch den konventionellen Weg beim Immobilienverkauf gehen. Es sind noch wesentlich mehr als man denkt.

Außerdem sind Immobilienanzeigen in den kleineren Zeitungen, wesentlich günstiger als in den großen Zeitungen, wie z.B. Süddeutsche Zeitung, FAZ etc. etc..
Gerade in ländlichen Gegenden sind diese kleinen Regionalzeitungen oder in Städten die Stadtteilanzeiger, ein gern genutztes und durchaus erfolgreiches Medium um seine Immobilie an den Mann zu bringen.

- **Kommunikation**

Dies ist wohl eine der am meisten vernachlässigten Möglichkeiten der Immobiliensuche, weil sie so gut wie unbekannt ist und von den Wenigsten wirklich konsequent praktiziert wird.

Jedoch beinhaltet diese Art der Immobiliensuche durchaus ein großes Potenzial.

Nach wie vor machen viele Immobilienkäufer und besonders Immobilienverkäufer aus Ihrer Immobiliensuche bzw. Ihrem Immobilienverkauf ein großes Geheimnis. Alles muss immer diskret ablaufen und keiner soll was wissen.

Alles Top Secret sozusagen.

Man könnte meinen, viele schämen sich oder es ist Ihnen unangenehm, wenn jemand weiß, dass man eine Immobilie kaufen oder verkaufen will.

Warum eigentlich? Genau das Gegenteil führt zum Erfolg.

Je mehr Leute von Ihrer Immobiliensuche wissen, umso größer wird das diesbezügliche Feedback sein. Nutzen Sie den Multiplikator Ihres privaten und beruflichen Umfeldes/Netzwerkes, es lohnt sich.

Und es ist die mit Abstand kostengünstigste Methode eine Immobilie zu finden. Sie kostet nämlich nichts, außer einem netten Gespräch mit Freunden und Kollegen.

Mit den dann natürlich auch vielen gut gemeinten Ratschlägen und Tipps Ihrer Freunde, Kollegen und Bekannten können Sie doch leben oder? Und auch die obligatorischen Pessimisten und Besserwisser, sprich Neider sollten Sie nicht davon abhalten.

Kommunizieren Sie Ihre Immobiliensuche an passender Stelle und bei passender Gelegenheit.

Vielleicht hat ja gerade jemand aus Ihrem Umfeld auf Grund privater oder beruflicher Veränderung, eine Immobilie zu verkaufen die passen könnte oder kennt jemanden der sich von einer solchen Immobilie trennen will.

- **Gesuchanzeigen schalten**

Eine weitere Möglichkeit ist die Aufgabe einer Gesuchsanzeige. Dies macht jedoch, wenn überhaupt, nur Sinn in kleinen Regional- bzw. Stadtteilblättern.
Die Erfahrung zeigt jedoch, dass der Erfolg sog. Gesuchsanzeigen eher mäßig und wenn dann rein zufälliger Natur ist. Andererseits sind die Anzeigenkosten in diesen Medien jedoch relativ gering und überschaubar.

Wie sollte man suchen?

- **Spaß**

Das Wichtigste bei der Immobiliensuche ist, sie sollte Ihnen Spaß machen. Denn nur dann werden Sie auch eine gewisse Konsequenz an den Tag legen und auch nach einigen Wochen nicht so leicht den Mut verlieren. Genießen Sie die Vorfreude auf Ihr zukünftiges neues Heim.

- **Strukturiertes Suchen**

Dies erreichen Sie am besten durch einen fließenden Prozessablauf. Unbestritten hat auch das organisierte Chaos durchaus seinen Reiz, eignet sich aber zu einer professionellen Immobiliensuche nicht wirklich.

Suchen Sie nicht mal schnell zwischendurch nach Ihrer Immobilie, z.B. in Ihrer Kaffeepause im Büro oder wenn Sie mal schnell noch die Zeit bis zum nächsten Film im TV überbrücken wollen, sondern suchen Sie bewusst, nehmen Sie sich die dafür nötige Zeit.
Mal schnell zwischendurch kann man eine Pizza bestellen, aber bitte keine Immobilie suchen.

- **Flexibilität**

Sie wissen zwar bereits genau welche Art Immobilie Sie suchen, z.B. eine 3-Zimmerwohnung oder eine Doppelhaushälfte, jedoch sollten Sie sich eine gewisse Flexibilität bewahren und diese auch mit in Ihre Suche einbeziehen.

Wenn Sie z.B. eine 3 Zimmerwohnung suchen, schauen Sie ruhig auch mal die Angebote nach 4 Zimmerwohnungen innerhalb Ihrer Kaufpreisbandbreite durch. Entweder haben Sie dann ein Zimmer mehr, was ja nie von Nachteil ist oder eventuell kann man aus 2 kleineren Zimmern auch leicht und ohne großen Aufwand ein großes Zimmer machen.
Das gleiche gilt für eine 2 Zimmerwohnung, auch hier kann man durchaus mal eine 3 Zimmerwohnung finden, die sich ohne größeren Aufwand in eine für Sie passende 2 Zimmerwohnung umwandeln lässt.

Dies wird auch Ihren finanziellen Rahmen nicht gleich sprengen, denn der Gesamtkaufpreis einer Immobilie richtet sich schwerpunktmäßig bei Wohnungen fast immer nach den Gesamtquadratmetern was die Zimmeranzahl betrifft. Deshalb ruhig immer auch eine Stufe höher suchen.

Etwas anders verhält es sich bei der Suche nach einem Haus.

Hier existieren alleine schon auf Grund der Art des Hauses oft große Preisunterschiede. Ein weiterer wesentlicher Faktor ist hier die Grundstücksgröße. Ein freistehendes Einfamilienhaus ist somit fast immer teurer als eine Doppelhaushälfte und diese wiederum ist fast immer teurer als ein Reihenhaus, vergleichbare Lage vorausgesetzt.

Ausnahmen machen hier nur Reiheneckhäuser bzw. Eckhäuser eines Dreispänners, wenn sie über eine ähnliche Grundstücksgröße wie ein Doppelhaus verfügen. Der Unterschied zwischen diesen beiden Haustypen und einer klassischen Doppelhaushälfte (DHH) ist dann auch preislich oft relativ gering, da beide vom Haustyp her gleich sind. Man hat nach 3 Seiten einen umlaufenden Garten und auch nur einen angrenzenden direkten Nachbarn.

Dennoch werden Sie in den meisten Fällen für eine klassische Doppelhaushälfte mehr bezahlen müssen als für z.B. ein Eckhaus eines Dreispänners. Dies ist u.a. auch darin begründet, dass Doppelhaushälften in der Regel über etwas größere Grundstücke verfügen und auch fast immer real geteilt sind, d.h. über eine eigene Flurstücknummer verfügen.

Dies ist bei Reihenhäusern, hauptsächlich wenn sie sich in größeren Reihenhaussiedlungen befinden oft nicht der Fall, diese sind meisten nach WEG (Wohnungseigentumsgesetz) geteilt. Die Unterschiede bzw. Vor- und Nachteile dieser Varianten werden in den Begriffserklärungen im Anhang detailliert erläutert.

Trotzdem lohnt es sich in begrenztem Rahmen auch mal nach der einen oder anderen Art zu suchen, einfach flexibel sein.

- **Auf das Wesentliche konzentrieren**

Suchen Sie nur nach der Immobilie, die Sie auch wirklich suchen! Lassen Sie sich gerade bei der Suche in den Internetportalen nicht zu sehr ablenken. Es ist nicht wirklich effizient und zielführend, wenn Sie ständig Objekte aufrufen, weil diese eine interessante Headline, ein nettes Bildchen oder sonst einen Eyecatcher haben, aber mit der von Ihnen gesuchten Immobilie eigentlich so gar nichts zu tun haben.

Gegen ein hin und wieder "Abschweifen und ein bisschen Träumen" ist natürlich nichts einzuwenden. Man kann schon mal auf ein Penthouse oder eine schöne Villa klicken, denn Spaß sollte die Immobiliensuche ja auch machen.
Priorität sollte aber schon "Ihre" Immobilie haben. Sie werden schnell feststellen, dass eine ernsthafte Immobiliensuche sehr zeitaufwändig sein kann und fast immer auch ist.

Auch werden Sie schnell die Lust und den Spaß an der Suche verlieren, wenn Sie nicht zwischendurch immer wieder Ihre kleinen Erfolgserlebnisse haben. (= passende Ergebnisse bei der Objektsuche).

- **Prioritäten festlegen**

Machen Sie sich eine Prioritätenliste unter Einbeziehung der oben genannten Flexibilität.

An diese Prioritätenliste sollten Sie sich dann aber auch überwiegend halten, das spart Zeit und vor allem Nerven.

Stellen sie sich aus den folgenden Punkten Ihre Prioritätenliste (Suchkriterienliste) zusammen. Gehen Sie so detailliert wie möglich vor, nehmen Sie nur die Punkte in Ihre Prioritätenliste auf, die ein absolutes Muss für Sie sind (Mindestanforderung die Sie an Ihre Immobilie stellen).

1. **Kaufpreisspanne**
2. **Baujahr (Neubau/wie alt maximal)**
3. **Lage (sofern Sie in Städten oder größeren Gemeinden suchen, definieren Sie die von Ihnen bevorzugten Stadt- bzw. Ortsteile)**
4. **Infrastruktur (Nahversorgungsmöglichkeiten/öffentliche Verkehrsmittel/Freizeitaktivitäten/Anbindung an das allgemeine Verkehrsnetz)**
5. **Grundstücksgröße (bei Hauskauf)**
6. **Art des Hauses (EFH/DHH/RH)**
7. **Art des Gebäudes bei der Suche nach einer Wohnung (z.B. kleines Mehrfamilienhaus/Wohnanlage/nur Altbau)**
8. **Zimmeranzahl (nicht 2 bis 5 Zi.-Whg. max. 2-3 oder 3-4 Zimmer)**
9. **Wohnfläche (m^2 von.....bis)**
10. **Lift**
11. **Garage/Tiefgarage**
12. **Balkon/Dachterrasse/Terrasse**
13. **Gartenanteil**
14. **Ausrichtung (Himmelsrichtung)**
15. **Ausstattung (hier sollten Sie sich nicht zu sehr festlegen, jede Ausstattung lässt sich verändern)**
16. **Raumaufteilung innerhalb der Wohnung/Haus (großer Wohnbereich oder lieber große Schlaf-/Kinderzimmer/offene Küche/2tes Bad etc.)**

Aber bleiben Sie realistisch, wenn Sie immer das Optimum (nur Neubau, Lift, großzügigste Raumaufteilung und Zimmergrößen, 2 Bäder, hochwertigste Ausstattung, 2 Garagen, große Süddachterrasse etc. etc.)

als Priorität setzen, landen Sie automatisch sehr schnell im Bereich der Luxusimmobilien. Außer Sie suchen natürlich genau so eine Immobilie.

Die perfekte Immobilie gibt es ohnehin nur sehr selten. Sie werden immer Kompromisse machen müssen, machen Sie die jedoch nicht bei den Mindestanforderungen die Ihre Immobilie erfüllen muss. Die Kompromisse ergeben sich meist von alleine aus den weiteren nicht ganz so optimalen Kriterien einer Immobilie, wie z.B. einem etwas kleineren Balkon oder Grundstück. Dort fällt es dann allgemein auch wesentlich leichter einen Kompromiss einzugehen.

Exposé und Informationsbeschaffung

Je mehr und detailliertere Informationen Sie sich über die Immobilie bereits zu Anfang beschaffen, desto weniger müssen Sie nachfragen, was oft sehr zeitaufwändig und müßig ist.

Bei größeren Neubauvorhaben unterhalten viele Bauträger Beratungsbüros/ Musterwohnungen vor Ort und verschicken nur ungern vorab Exposes. Man wird Sie auffordern doch einfach mal am Objekt vorbeizuschauen. Dies ist natürlich grundsätzlich sinnvoll, aber auch sehr zeitaufwändig, wenn Sie dann feststellen, dass die passende Immobilie für Sie doch nicht dabei ist.
Außerdem kann es Ihnen passieren, dass der Berater vor Ort gerade mit einem anderen Kunden in einem Verkaufsgespräch ist und Sie warten müssen. Solche Verkaufsgespräche können sich oft sehr lange hinziehen und meistens wird man Ihnen dann ohnehin nur ein Expose` in die Hand drücken. Wenn abzusehen ist, wie lange es noch dauern wird, können Sie die Zeit bis dahin ja mit der Lektüre des Exposes nutzen, aber oft ist dies halt nicht wirklich abzusehen.

Bestehen Sie entweder vorab auf die Zusendung eines Exposes oder klären Sie in solchen Fällen zumindest telefonisch vorher ab, ob in diesem Bauvorhaben eine Ihren Vorstellungen nahe kommende Immobilie angeboten wird.

Da sich heutzutage fast alles via Internet abspielt, werden auch fast alle Exposes per E-Mail angefordert.

Drücken Sie jedoch nicht einfach den Button……ich bin an Ihrer Immobilie interessiert, bitte nehmen Sie mit mir Kontakt auf…...sondern machen Sie im Mitteilungsfeld genaue Angaben.

Fragen Sie nach bzw. fordern Sie mindestens die folgenden Punkte bereits in Ihrer **Erstanfrage** an, sofern diese Informationen nicht schon im Online-Expose` enthalten sind:

- Genaue Anschrift der Immobilie
- Grundriss der Immobilie (bestehen Sie auf einen maßstabsgetreuen Grundriss bzw. eingezeichnete Maßketten, die reine Größenangabe in m^2, wie oft gerne gemacht ist nicht sehr aussagekräftig, da Sie die Proportionen daraus nicht genau ersehen können) Ein $25m^2$ großes Zimmer kann z.B. einen Zuschnitt von 5mx5m haben, aber auch von 6,50m x3,85m und dies kann oft ein entscheidendes Kriterium sein.
- Eventuell weitere Bilder bzw. Ansichten des Hauses
- Wohngeld bei Wohnungen (immer den Betrag erfragen, den der jetzige Eigentümer monatlich an die Hausverwaltung überweist) Bei vermieteten Immobilien werden gerne oft nur die angefallenen Neben- und Heizkosten genannt, diese beinhalten jedoch nicht die Verwaltergebühren, Instandhaltungsrücklagen und alle nicht auf einen Mieter umlagefähigen Kosten. Diese sog. nicht umlagefähigen Kosten machen sehr schnell nochmals bis zu ca. 50% der üblichen Neben-/Heizkosten aus, oft auch mehr.
- Betriebs- und Verbrauchskosten bei Häusern
- Wohngeld und Betriebkosten sollten immer auch die Heizkosten enthalten
- Frage nach anstehenden bzw. durchgeführten Renovierungs-/Instandhaltungsmaßnahmen der letzten Jahre
- Abfrage Ihrer wichtigsten Prioritäten gemäß Ihrer erstellten Prioritätenliste (z.B. ruhige Lage, Lift, Himmelsrichtung etc.)

Alle Anbieter (Bauträger, Makler, auch Privatanbieter) verfügen über die oben genannten Informationen und Unterlagen, zur Not müssen sie halt noch beschafft werden und Sie erhalten sie einige Tage später. Aber zumindest haben Sie so alles in einem Aufwasch bereits schon mal angefordert.
Bestehen Sie auf diese Informationen bei der Exposeanforderung.

Dies alles sind Basisinformationen, die für eine Vorabbeurteilung unerlässlich sind. Einen wirklich sinnvollen ersten Vergleich der verschiedenen Immobilien können Sie nur vornehmen, wenn Sie zu allen Objekten die gleichen Informationen und Daten vorliegen haben.
Im Gegenzug sollten Sie dem Anbieter natürlich auch Ihre Informationen (Kontaktdaten) vollständig mitteilen.

Viele Interessenten teilen bei Exposeanforderungen via E-Mail lediglich Ihre E-Mailadresse mit. Sie müssen sich dann nicht wundern, wenn Sie gar keine Informationen bekommen bzw. wenn Sie aufgefordert werden Ihre weiteren Kontaktdaten vorab mitzuteilen.

Gerade bei Anfragen an Maklerunternehmen ist es unerlässlich, dass Sie Ihre vollständigen Daten mitteilen:

- **Vollständigen Namen**
- **Anschrift**
- **Telefonnummer**
- **E-Mailadresse**

Der Provisionsanspruch eines Maklers entsteht u.a. durch eine Vermittlungs- und/bzw. eine Nachweistätigkeit. Folglich sind für einen Makler Ihre Kontaktdaten alleine schon zur Sicherung seines Anspruchs wichtig und notwendig.

Keine Angst, die wenigsten Makler werden Sie täglich telefonisch kontaktieren und nachfragen, die haben was Besseres zu tun. Andererseits werden Sie bei professionellen Maklern mit Ihrem Gesuch in deren Datenbanken gespeichert und erhalten so automatisch weiterhin passende Objekte, sofern Sie dies wünschen.

Sie werden nicht glauben, wie viele sog. Expose-Sammler unterwegs sind, seit das Meiste anonym übers Internet abläuft.
Überwiegend sind es die Interessenten, die bei der Exposeanforderung gerade mal Ihre E-Mailadresse angeben und sonst nichts.
Man braucht sich dann nicht wundern, wenn viele Anbieter an der Ernsthaftigkeit einer solchen Interessentenanfrage zweifeln.

Je mehr Informationen Sie an den Anbieter weitergeben bzw. abfragen, desto mehr Informationen werden Sie auch bekommen und das Ganze auch noch schneller.

Wie bereits erwähnt, Ihre Immobiliensuche sollte nicht "Top Secret" sein, offen kommunizieren schafft Vertrauen und untermauert die Ernsthaftigkeit Ihrer Immobiliensuche.

Die telefonische Exposeanforderung ist zugegebenermaßen heutzutage leider sehr zeitaufwändig geworden. Oft erreichen Sie den Anbieter nicht gleich oder der zuständige Bearbeiter/in ist gerade im Termin oder telefoniert.

Sollten sie jedoch ein Mal genug Zeit und Muße haben, so kann sich die erste Kontaktaufnahme via Telefon durchaus lohnen. Die Anfrage ist einfach persönlicher und man kann vorab auch schon die Basics abfragen und sich so viel Zeit und sonstigen Aufwand sparen, da man oft gleich feststellen kann und wird, dass die Immobilie eventuell doch nicht passt.

Selektion/Abgleich mit Ihren Prioritäten

Nachdem Sie nun die angeforderten Exposes vorliegen haben, sollten Sie am effizientesten wie folgt vorgehen.

Sortieren Sie alle Objekte aus, die ohnehin, gleich aus welchen Gründen, nicht in Frage kommen.

Prüfen Sie nun die restlichen Exposes auf Vollständigkeit. Enthalten diese alle angeforderten und für Sie relevanten Informationen? Wenn nicht, sollten Sie dies nochmals zeitnah beim Anbieter monieren und die fehlenden Informationen nachfordern.

Sie sollten hier systematisch vorgehen, auch wenn es manchmal nervig und zeitaufwändig ist alle Informationen zu beschaffen bzw. nachzufordern. Bedenken Sie es geht nach wie vor um einige Hundert Tausend Euro, wenn Sie dafür keine Zeit investieren wollen, wofür dann. Sinnvoll und realistisch vergleichen können Sie die Exposes/Immobilien nur, wenn Ihnen auch alle wichtigen und relevanten Daten zu diesen Immobilien im gleichen Umfang zur Verfügung stehen.

Relation Objekt - Lage - Angebotspreis

Stellen Sie nun einen Vergleich bezüglich Objekt – Lage – Angebotspreis an.

Dies hört sich schwieriger an als es ist.

Da Ihnen alle Objektdaten und der Angebotspreis ja bereits vorliegen, können Sie diese relativ leicht miteinander vergleichen.

Nun gilt es nur noch die Lage entsprechend zu bewerten.
Dies ist der schwierigste Teil und kann schon mal etwas zeitaufwändig werden. Wenn Sie die Makrolage nicht einschätzen können, hilft Ihnen "Google Earth" hier schon mal einen Schritt weiter.

Dennoch ist es unerlässlich sich über die Mikrolage persönlich ein umfassendes Bild zu machen. Das geht leider nur, wenn Sie sich das entsprechende unmittelbare Umfeld auch vorab persönlich anschauen.

Jetzt werden sie sagen, da mache ich doch lieber gleich einen Besichtigungstermin aus, dann schlage ich zwei Fliegen mit einer Klappe und spare Zeit.

Von der Logik her haben Sie nicht ganz Unrecht, die Praxis zeigt jedoch, dass diese Variante oft wesentlich zeitaufwändiger, nicht wirklich professionell und deshalb auch nur bedingt zu empfehlen ist.

Viele der Sie interessierenden Objekte fallen erfahrungsgemäß, nach einer eingehenden Vorabbesichtigung der Mikrolage und des entsprechenden Umfeldes, bereits durch Ihr Raster. Bei einer Vorabbesichtigung der Mikrolage sind Sie zeitlich zu 100% flexibel, Sie können hinfahren wann Sie wollen und wenn das Objekt allein schon wegen der Mikrolage nicht passt, können Sie auch gleich wieder nachhause fahren.

Bei einem fixen Termin mit dem Anbieter inklusive Objektbesichtigung, müssen Sie erstmal einen für beide Seiten passenden Termin finden. Hinzu kommt dann noch der nicht unerhebliche Zeitaufwand für die Besichtigung eines Objekts, dass Sie allein schon auf Grund der Mikrolage eigentlich gar nicht mehr interessiert.

1. Mikrolage ansehen
2. Besichtigungstermin

Jetzt könnten Sie natürlich bei der Begrüßung des Anbieters gleich kundtun, dass Sie das Objekt leider wegen der Mikrolage und/oder des Umfelds nicht mehr interessiert.

Wenn Sie so konsequent sind, dann machen Sie es so.

Die Erfahrung zeigt jedoch, dass sich die wenigsten Interessenten auch so verhalten und dies tun. Es ist den Meisten dann unangenehm, da man ja extra einen Termin vereinbart hat und man will auch nicht unhöflich sein. Ergo, werden Sie wahrscheinlich, wie fast alle Anderen auch, die Besichtigung der Immobilie doch noch vornehmen. Das heißt Sie machen gute Miene zum bösen Spiel.

Etwas anders ist natürlich die Vorgehensweise, wenn Sie in eine andere Region bzw. Stadt/Gemeinde ziehen und diese sehr weit von Ihrem jetzigen Wohnort entfernt ist. Dann ist natürlich eine Vorabbesichtigung der Lage nur schwer möglich.

In einem solchen Fall sollten Sie vorab telefonisch gezielt und hartnäckig jedes noch so kleine, für Sie aber eventuell entscheidende Detail abfragen. Außerdem sollten Sie sich allgemein über die entsprechende Lage erkundigen. Hier ist oft auch ein Anruf bei der Stadt/Gemeinde hilfreich, in aller Regel erhalten Sie dort eine relativ objektive Beurteilung und Aussage über die jeweilige Lage.

Da Wohnsitzwechsel über größere Distanzen meistens mit einer beruflichen Veränderungen zusammen hängen, kann Ihnen bei einer Lagebeurteilung oft auch Ihr zukünftiger Arbeitgeber und/bzw. Kolleginnen/Kollegen behilflich sein.

Die eingehende Inaugenscheinnahme und Bewertung der Mikrolage vorab, sofern möglich, ist eine wesentliche Voraussetzung für einen sinnvollen Vergleich der Ihnen vorliegenden Angebote.

Wenn Sie nun alle relevanten Informationen bezüglich **- Objekt - Lage - Angebotspreis** vorliegen haben, stellen Sie Ihre persönliche Rangliste auf. Das interessanteste Angebot hat Priorität 1, das zweitbeste Angebot Priorität 2. usw..

Eine weitere Abwägung bzw. Gewichtung innerhalb der Prioritäten macht vor einer ersten Objektbesichtigung noch wenig Sinn.

Besichtigungstermin

Den ersten Besichtigungstermin sollten Sie immer telefonisch vereinbaren. Die Erfahrung zeigt, dass dies wesentlich schneller und einfacher geht als per E-Mail. Man muss sich nicht ständig immer wieder neue Terminvorschläge per E-Mail hin und her schicken, weil es an dem einen Termin beim Anbieter nicht klappt oder der vom Anbieter vorgeschlagene Alternativtermin bei Ihnen wieder nicht reinpasst.

Ein kurzes Telefonat beschleunigt das Ganze enorm und so haben Sie den Immobilienanbieter auch schon mal persönlich gesprochen.

Folgende Punkte sollten Sie bei der Vereinbarung und Festlegung eines Besichtigungstermins unbedingt beachten:

- **Besichtigungen grundsätzlich NUR bei Tageslicht -** auch wenn es Ihnen während der Wintermonate zeitlich natürlich leichter fallen würde und es dadurch für Sie stressfreier ist den Termin nach Feierabend zu machen. Machen Sie keine Besichtigungstermine wenn es bereits dunkel oder dämmerig ist. Bringt nichts.
  Sie werden dann definitiv nochmals einen Termin bei Tageslicht vereinbaren. Ergo stiehlt Ihnen so ein Termin nur Ihre Zeit. Dann lieber den Termin auf das Wochenende verlegen. Wochenendtermine sind in der Immobilienwirtschaft absolut normal und kein seriöser Anbieter wird damit auch nur ansatzweise ein Problem haben. Privatanbieter so wie so nicht.

- **Termin innerhalb des Zeitraums der sog. "Rush Hour" legen -** sofern die Lage an sich einer gewissen Lärmbeeinträchtigung unterliegt oder unterliegen könnte.

- **Wetterbedingungen -** sollten keine Rolle spielen, die Immobilie sollte Sie bei jedem Wetter überzeugen.

- **Zeitfaktor** – legen Sie Ihre Termine nicht zu eng, nehmen Sie sich Zeit für die Besichtigung. Eine eingehende Besichtigung erfordert Zeit und nur eine solche macht wirklich Sinn. Eine vernünftige Besichtigung kann schnell mal eine Stunde oder längern dauern.

- **Pünktlichkeit -** legen Sie den Besichtigungstermin so und starten Sie rechtzeitig, so dass Sie auch pünktlich sein können/werden. Pünktlichkeit ist hier nicht nur eine Frage des guten Stils, sondern sie verschafft eine bessere und angenehmere Ausgangsbasis/Stimmung für die durchzuführende Besichtigung. Die Besichtigung läuft einfach besser ab, glauben sie es mir. Bei keinem Anbieter, egal ob Makler/Bauträger/Privatanbieter verbessert sich die Stimmung, wenn er eine halbe Stunde auf Sie warten muss. Zwischenbescheide über Ihren jeweiligen momentanen Standort via Handy ändern daran nicht wirklich was. Sie möchten es doch umgekehrt auch nicht, wenn Sie eine halbe Stunde vor dem Objekt stehen und warten müssen.

Besichtigung

Das Wichtigste: Führen Sie Kaufpreisverhandlungen nie während einer Besichtigung oder direkt im Anschluss daran!

Es macht absolut keinen Sinn während oder kurz nach einer erfolgten Besichtigung bereits über den Kaufpreis zu verhandeln. Erstens haben Sie sich ohnehin noch nicht endgültig für die Immobilie entschieden und zweitens lassen Sie sich doch nicht schon zu Anfang in die Karten schauen.

Dass Sie ernsthaft an der Immobilie interessiert sind, können Sie dem Verkäufer dann sagen, wenn Sie sich auch innerlich konkret dafür entschieden haben. Auch wenn Sie sich spontan in die Immobilie verliebt haben, heißt das noch lange nicht, dass Sie sie letztendlich auch kaufen werden. Die erste Euphorie weicht sehr schnell der Realität, wenn man sich anschließend nochmals mit allen Details ausgiebig befasst.

Die Verkäufer werden Ihnen bei der ersten Besichtigung, wenn Sie nach einem Kaufpreisnachlass fragen, ohnehin nur ein paar Euro anbieten. Außerdem wird Ihnen der Verkäufer dann, verständlicherweise, bei den endgültigen Kaufpreisverhandlungen immer entgegen halten, dass er Ihnen ja bereits schon beim Kaufpreis entgegengekommen ist.

Die klassische Floskel: Was geht beim Preis noch? ist nicht wirklich professionell und zielführend. Sparen Sie sich das lieber. Die meisten Verkäufer wissen ohnehin aus vielen vorangegangenen Besichtigungen, dass solche Fragen/Floskeln nichts mit einem wirklich ernsthaften Interesse an der Immobilie zu tun haben.

Ferner wird jeder Verkäufer bei den endgültigen Kaufpreisverhandlungen, dann immer noch im Kopf haben, dass er Ihnen diesbezüglich schon mal entgegen gekommen ist. Hier geht es gar nicht um die nominale Höhe der jeweiligen Nachlässe, sondern um den Fakt, dass keiner gerne zweimal einen Nachlass gewährt.

Lieber ein Mal, aber dafür richtig und konsequent über den Kaufpreis verhandeln, nämlich bei der Abschlussbesprechung/ Endverhandlung.

Nun aber zum eigentlichen Thema Besichtigung:

Seien Sie authentisch, offen und kommunikativ.

Schaffen Sie zu Beginn der Besichtigung bereits eine angenehme und entspannte Atmosphäre zwischen Ihnen und dem Anbieter.
Aber übertreiben Sie nicht, es bringt Ihnen nichts, wenn sich während der Besichtigung eine tiefe Freundschaft zwischen Ihnen entwickelt und Sie sich mit dem Anbieter während der gesamten Besichtigung hauptsächlich über Kinder, gemeinsame Interessen oder sonst was unterhalten.

Sie wollen doch die Immobilie besichtigen und eventuell auch erwerben und nicht den Anbieter☺.

Also, eine gesundes Mittelmaß.

Konzentrieren Sie sich zu 80% auf die Immobilie und zu 20% auf Ihr Gegenüber. Persönliches und Privates kann und sollte man natürlich auch während der Besichtigung immer wieder kurz mal einfließen lassen, dies hilft mögliche Spannungen zu lösen. Solche Spannungen entstehen während einer Besichtigung öfters als Sie denken, auch wenn Sie sie oft gar nicht bewusst wahrnehmen.

Was sollten Sie zum ersten Besichtigungstermin mitnehmen:

- **gute Laune**

Wenn Sie schon schlecht gelaunt zu einem Besichtigungstermin kommen, gleich aus welchem Grund, wird sich das durch die gesamte Besichtigung wie ein roter Faden ziehen. Sie bauen dadurch nur eine Barriere zwischen sich und dem Anbieter der Immobilie auf. Dies macht nicht nur wenig Spaß, sondern behindert auch den Informationsfluss gewaltig.
Sie werden die meiste Zeit über Ihre schlechte Laune nachdenken bzw. sich mit den Ursachen Ihrer schlechten Laune befassen und nicht wirklich

mit dem Thema, wegen dem Sie eigentlich hier sind, nämlich der Immobilie.
Davon, dass sich so etwas sehr schnell auch oft auf die anderen Parteien überträgt, gar nicht zu reden.

- **Zeit**

Nichts ist schlimmer, als wenn Sie bei einer Besichtigung unter Zeitdruck sind und dies vielleicht auch noch gleich zu Beginn der Besichtigung allen Beteiligten mitteilen.

Sie sind gerade dabei für einige Hunderttausende Euros ein Produkt (Immobilie) zu erwerben.
Unter Zeitdruck können Sie mal schnell eine Kinokarte kaufen, aber bitte doch keine Immobilie.

Unabhängig davon, dass es relativ respektlos dem Immobilienanbieter gegenüber ist, entsteht sehr schnell und das zu Recht, der Eindruck, dass Sie nicht ernsthaft an der Immobilie interessiert sind. Dementsprechend wird dann auch die Besichtigung ablaufen. Der Eigentümer/Verkäufer der Immobilie wird keine große Lust verspüren, Ihnen alles im Detail zu zeigen und zu erläutern, wenn er den Eindruck hat, dass sie auf Grund "Ihres Zeitdrucks" ohnehin schon wieder beim nächsten Besichtigungstermin oder wo auch immer sind.
Bedenken Sie, der Anbieter einer Immobilie nimmt sich die gleiche Zeit um Ihnen seine Immobilie zu zeigen, die Sie sich nehmen um die Immobilie zu besichtigen. Er hat sich ebenfalls darauf vorbereitet, eventuell auch noch wichtige Unterlagen und Daten beschafft.

Ergo, die 3 großen **Z`s** bei einer Besichtigung sind:

Zeit nehmen, **Z**eit lassen und die **Z**eit nutzen.

- **Grundriss der Immobilie**

Nehmen Sie immer einen Grundrissplan mit zur Besichtigung. Dies reicht völlig aus, um sich die wichtigsten Punkte bezüglich Ausstattung und sonstiges zu notieren.
Sie haben so die Möglichkeit, gleich alles dort zu notieren wo es hingehört (Bodenbeläge in welchen Zimmern, Badausstattung etc.)

Eine detaillierte Checkliste auf was Sie bei einer Wohnungs- und Hausbesichtigung achten sollten, finden Sie im Anhang.

Und “last but not least“, können Sie sehen/kontrollieren, ob die Raumaufteilung der Immobilie auch der auf dem Ihnen vorliegenden Grundriss entspricht. Dies ist leider nicht immer der Fall, gerade dann, wenn die Immobilie und der Grundrissplan schon etwas älter sind. Es kann schon mal vorkommen, dass einer der Vorbesitzer die Raumaufteilung verändert hat. Auch wenn diese Veränderungen objektiv gesehen unwesentlich sein mögen, so können sie doch für Sie persönlich oft sehr entscheidend sein.

- **Digital-Kamera**

Eine Digital-Kamera sollte in der heutigen Zeit bei jeder professionellen Besichtigung auf jeden Fall mit dabei sein.
Machen Sie nur Aufnahmen von den für Sie relevanten Dingen. Aber auch hier gilt, nicht übertreiben. Sie sollten sich bei einer Besichtigung primär schon auf das Wesentliche konzentrieren.

Es gibt Interessenten, die machen aus einer Immobilienbesichtigung die reinste Fotosession, alles schon mehrmals erlebt. Es macht eigentlich keinen Sinn je 10 Bilder von der Garage, von der Badewanne, vom Gäste-WC oder von sonst was zu machen.

2-3 Bilder von den jeweils wirklich wichtigen Dingen reichen völlig und Sie verlieren zu Hause beim Betrachten der Bilder auch nicht den Überblick.

Bilder ja, aber "less is more".

Die gemachten Bilder sollen Ihnen lediglich als Gedankenstütze dienen.

- **Realistische Erwartungshaltung**

Da Menschen (ja auch Sie und ich) bekanntlich bei allem was sie tun oder planen, auch immer bewusst oder unbewusst eine entsprechende Erwartungshaltung aufbauen, sollten Sie versuchen, Ihre Erwartungshaltung auf ein gesundes Maß zu reduzieren bzw. zu erhöhen.

Ganz ohne Erwartungshaltung geht es und soll es auch nicht gehen. Eine vernünftige realistische Erwartungshaltung verschärft Ihren Blick und hilft Ihnen sich auf die für Sie wesentlichen Punkte bei einer Besichtigung zu fokussieren.

Erwarten Sie von einer Besichtigung der Immobilie einfach mal nur das, das sich aus den Ihnen vorliegenden Informationen und Daten vorab realistisch zusammenfassen lässt.
Wenn Ihre Erwartungen dann übertroffen werden, umso besser, wenn nicht, sind Sie zumindest nicht enttäuscht.

Wenn Sie ständig mit zu hohen und/oder übertriebenen Erwartungen in eine Immobilienbesichtigung gehen, werden Sie auch ständig enttäuscht werden. Sie werden dann ganz schnell auch die Freude und den Spaß an weiteren Besichtigungen verlieren.

Dem Immobilienanbieter geht es übrigens ähnlich.

Wie besichtigt man richtig und zielführend:

Vorab noch einige grundlegenden Dinge, die Sie bei einer Besichtigung beachten sollten.

Suchen Sie bei einer Besichtigung nicht zwanghaft nach dem Negativen. Keine Immobilie ist perfekt und es werden sich im Laufe der Besichtigung von ganz allein einige Kriterien ergeben, die Sie dann auch bei den Kaufpreisverhandlungen mit einfließen lassen können.

Viele der sog. negativen Kriterien sind ohnehin sehr subjektiv. Auch wenn Ihnen die Marmorfliese im Bad so gar nicht gefällt, ist dies kein wirklich wertminderndes Kriterium. Ist halt nicht Ihr Geschmack, viele andere werden begeistert sein.

Sehr viele Immobilienkäufer nörgeln während einer Besichtigung an allem Möglichen rum, wie z.B. der Rollladen klemmt ja, die Türgriffe gefallen mir aber gar nicht, die Wände müssten auch mal wieder gestrichen werden usw. usw.. Warum eigentlich, die meisten dieser Kleinigkeiten sind nicht ansatzweise relevant für die Immobilie an sich und deren Wert.

Der Grund hierfür ist ein weit verbreiteter Irrtum. Je mehr Negatives und je mehr kleinere Mängel man findet, denken viele, umso bessere Argumente habe ich bei den Kaufpreisverhandlungen. (Die wirklichen Mängel findet man als Laie in der Regel eh nicht und sind oft gar nicht sichtbar).

Genau das Gegenteil wird der Fall sein. Wenn Sie sich ständig an Lappalien hochziehen und die Immobilie schlecht machen, schaffen Sie alles andere als eine gute und entspannte Atmosphäre zwischen Ihnen und dem Verkäufer der Immobilie. Der Verkäufer ist nicht nur überzeugt von seiner Immobilie, er hat auch mal viel Geld dafür bezahlt und vielleicht auch im Laufe der Zeit noch viel Geld rein gesteckt.
Also, wie bereits erwähnt……Teambildung….. ist das Zauberwort.

Seien Sie ehrlich, es ist nicht wirklich relevant und mindert den Wert einer Immobilie auch in keinster Weise, wenn ein Fenstergriff klemmt oder der Teppichboden im Kinderzimmer ein paar Flecken hat.

Im Allgemeinen ist die Ausstattung einer Immobilie nie schlecht, sondern immer nur Geschmacksache.
Ausnahmen bestätigen die Regel :-).
Ergo, Augen offen halten und sich auf das Wesentliche konzentrieren.
Auch können Sie dem Verkäufer ruhig auch ein Mal sagen, wenn Ihnen etwas besonders gefällt, Sie verringern dadurch Ihre Chancen bei den Kaufpreisverhandlungen definitiv nicht. Im Gegenteil, auf der Sympathieskala des Verkäufers werden Sie eher nach oben klettern.

Je sympathischer Sie dem Verkäufer sind, umso entspannter werden auch, sofern Sie sich später dann für die Immobilie entscheiden, die Preisverhandlungen ablaufen und umso besser wird letztendlich auch das Ergebnis für Sie. Gehen Sie einfach mal von sich selbst aus, Sie verhandeln doch auch lieber mit jemandem, der Ihnen sympathisch ist und Ihr Produkt nicht nur schlecht macht.

Die Kunst ist hier den goldenen Mittelweg zu finden.

Übertriebene Lobhudeleien sind natürlich genauso fehl am Platze, wie ständiges Nörgeln.

Ziel einer jeden Besichtigung sollte es primär sein, sich einen ersten umfassenden Eindruck zu verschaffen und so viele zusätzliche Informationen wie möglich über die Immobilie zu bekommen.

- **Fragen Sie**

Nur wer fragt bekommt auch Antworten. Also fragen…..fragen…..fragen, lieber zu viel als zu wenig. Alles Wichtige, das Sie jetzt nicht fragen, müssen Sie zu einem späteren Zeitpunkt ohnehin nochmals fragen. Dann doch besser gleich, wenn Sie dem Eigentümer schon mal gegenüber stehen.

Sollte die Sie interessierende Immobilie derzeit noch vermietet sein, dann fragen Sie auch den Mieter, z.B. warum er auszieht und ob es Probleme mit der Immobilie gab.

Die diesbezüglichen Aussagen eines Mieters sind jedoch immer zu relativieren. Wenn der Mieter nur deshalb auszieht, weil die Immobilie verkauft werden soll, ist er natürlich grundsätzlich nicht besonders gut auf seinen Vermieter (den Verkäufer) zu sprechen und dies überträgt sich sehr schnell auf die vom Mieter gemachten Aussagen über die Immobilie. Übrigens ist der Mieter vom Gesetz her keineswegs verpflichtet auszuziehen, nur weil die von Ihm bewohnte Immobilie verkauft werden soll!

Vorsichtig sollten Sie auch sein, wenn ein Mieter die Immobilie über den grünen Klee lobt, riecht dann stark nach Absprache. Alles schon erlebt.

- **Zusammen bleiben**

Sofern sie nicht Single sind und alleine besichtigen, sollten Sie auch darauf achten, dass alle Beteiligten immer zusammenbleiben.
Dies ist am Beispiel einer Hausbesichtigung relativ leicht nachzuvollziehen. Stellen Sie sich vor, Sie sind gerade mit einem der Eigentümer oder dem Makler in der Küche, Ihr Partner gerade im Bad und Ihre Kinder, sofern Sie welche haben, toben gerade im Dachgeschoss rum.
Ist weiter nicht schlimm, sofern Ihr Primärziel bei der Besichtigung ein geselliges Beisammensein ist☺.
Aber mal ernsthaft, mit einer effizienten und sinnvollen Besichtigung hat das nicht viel zu tun.

Es wird für alle sehr schnell nervig, wenn man ständig alles zweimal erzählen muss und ständig alles zweimal fragen muss, weil ja immer irgendeiner der Beteiligten nicht anwesend ist. Die tobenden Kinder im Dachgeschoss könnte man jetzt zwar vernachlässigen, aber glauben Sie mir, die wenigsten Eigentümer sind begeistert, wenn fremde Kinder unkontrolliert in ihrer Immobilie rumsausen, von dem Sicherheitsaspekt gar nicht zu sprechen.

Das größte Problem hierbei aber wird sein, dass Sie selbst nicht wirklich auf die Immobilie konzentriert sind, da Sie ständig Ausschau nach Ihrem Partner oder Ihren Kindern halten werden.

Zusammen geht es wesentlich einfacher, stressloser und vor allem effizienter.

Nun muss man unterscheiden zwischen der Besichtigung eines Hauses und der einer Wohnung.
Für beide gilt jedoch, gehen Sie ein bisschen strategisch vor, laufen Sie nicht planlos von oben nach unten und wieder hoch und kreuz und quer.

Step by Step!

- **Hausbesichtigung** – grundsätzlich ist es zwar unerheblich, ob Sie zuerst den Garten oder zuerst das Haus besichtigen. Ein absolutes **No Go** ist jedoch ständig vom Haus in den Garten und wieder zurückzulaufen. Ich würde Ihnen jedoch empfehlen, sich zuerst das Wichtigere anzusehen, nämlich das Haus.
Da eine umfassende Hausbesichtigung schon mal eine Stunde oder länger dauern kann, sind Sie am Anfang der Besichtigung auf jeden Fall noch frisch und konzentriert und folglich auch wesentlich aufnahmefähiger. Entspannen und Ihre Gedanken schweifen lassen, können Sie dann bei der Besichtigung des Gartens.

Innerhalb des Hauses sollten Sie von unten nach oben besichtigen. Das heißt Sie beginnen mit dem Keller und "kämpfen" sich dann hoch ins Dachgeschoss. Nehmen Sie sich auch für die sog. Nebenräume im Keller Zeit.
Wenn Sie dann oben im Dachgeschoss angekommen sind und somit ein Mal durch sind, haben Sie schon mal einen guten ersten Gesamteindruck bekommen. Nun sollten Sie nochmals die Räume in Augenschein nehmen, die für Sie individuell Priorität haben, egal ob dies nun das Bad, das Schlafzimmer oder welche Räume auch immer sind.

Dann geht's weiter in den Garten, den Sie entweder, falls Sie ein großer Gartenliebhaber sind, eingehend begutachten werden und falls nicht, lassen Sie ihn einfach auf sich wirken.

Bei dieser Gelegenheit, schönes Wetter jetzt einfach mal vorausgesetzt, können und sollten Sie die Gelegenheit auch zu ein bisschen Smalltalk mit dem Eigentümer und/oder Makler nutzen. Bei schlechtem Wetter gehen Sie dafür einfach nochmals kurz ins Haus zurück, am besten in den Wohnbereich. Ein Smalltalk in der Diele hat immer so etwas von Aufbruchsstimmung an sich.

Je angenehmer Sie dem Immobilienverkäufer in Erinnerung bleiben, umso leichter und oft auch zielführender wird dann auch das Ergebnis bei der späteren Endverhandlung sein.

- **Wohnungsbesichtigung** – eine Wohnungsbesichtigung ist im Vergleich zu einer Hausbesichtigung relativ einfach und bei weitem auch nicht so zeitaufwändig. Die allgemeinen Verhaltensregeln sind gleich wie bei einer Hausbesichtigung und auch die nochmalige Inaugenscheinnahme der für Sie wichtigen Räume sollten Sie nicht vergessen. Ebenfalls wichtig ist auch der allgemeine abschließende Small Talk.

Dennoch gibt es einige weitere wichtige Punkte die Sie beachten sollten, z.B. das direkte Umfeld, sprich die direkten Wohnungsnachbarn bzw. Hausmitbewohner.
Dies ist ein oft unterschätzter Punkt, dem zumeist wenig Aufmerksamkeit geschenkt wird. Natürlich wird Ihnen der Verkäufer diesbezüglich nicht viel Negatives erzählen, wenn überhaupt, dann nur wenn Sie ihn danach fragen. Deshalb lohnt es sich auf alle Fälle einfach ein Mal durch das gesamte Wohnhaus zu laufen, von unten nach oben.

Einige interessante Dinge lassen sich dabei durchaus feststellen. Haben die Mitbewohner das Treppenhaus vielleicht zu einer zusätzlichen Garderobe inklusive Schuhabstellfläche umfunktioniert oder deponieren einige Ihre Müllsäcke lieber im Treppenhaus, dann stinkst ja zumindest in der eigenen Wohnung nicht so. Eventuell entdecken Sie dabei auch die hauseigene Privatdisco eines Mitbewohners über der Sie interessierenden Wohnung. Zugegeben, dies ist natürlich eher die Ausnahme, aber ich könnte Ihnen Geschichten erzählen, also ein Mal durchlaufen schadet nichts.

Der Erhaltungs- und Pflegezustand eines Treppenhauses lässt oft interessante Rückschlüsse auf die Bewohner zu. Auch komplett verkratzte Innenwände im Lift haben eine gewisse Aussagekraft. Wie sieht das Klingelschild aus, das Klingelschild ist die **"Visitenkarte"** eines Wohnhauses.

Unbedingt sollten Sie sich auch das zur Wohnung gehörige Kellerabteil ansehen. Normalerweise enthalten die wenigsten Exposes auch einen Kellerplan, aus dem die Lage und vor allem die Größe des Kellerabteils hervorgehen.

Gerade bei mündlichen Angaben zur Kellergröße, haben viele oft eine sehr individuelle Auffassung davon, wie groß eigentlich z.B. 6m² wirklich sind bzw. sein müssten. Besser kurz anschauen.

Ebenso verfällt es sich mit der Tiefgarage, ein kurzer Blick schadet auch hier nichts. Nicht jeder Doppelparker ist gleich groß und gleich gut befahrbar, da gibt es abhängig vom Baujahr und der installierten Mechanik erhebliche Unterschiede. Da passt dann ganz schnell Ihr "liebstes Spielzeug" gerade mal eben nicht mehr rein. Und dann?

- **Besichtigung einer Neubauimmobilie während der Bauphase**

Wenn Sie eine Neubauimmobilie während der Bauphase besichtigen, gleich ob Sie bereits dort gekauft haben oder bei einer Erstbesichtigung, besichtigen Sie **NIE** auf eigene Faust.

Vereinbaren Sie immer einen Termin mit dem Bauträger, Bauleiter oder dem Verkaufsbeauftragten. Erstens ist die Unfallgefahr auf Baustellen nicht zu unterschätzen und zweitens reagieren alle Bauträger auf eigenmächtige Besichtigungen sehr unangenehm und dies zu Recht. Zum einen wegen der bereits erwähnten Unfallgefahr und auch wegen der Störung des Baubetriebs.

Ich könnte Ihnen Geschichten erzählen von Interessenten die wie "Affen" über Baugerüste klettern und/oder nach 5 Metern bereits an vorstehenden, oft nicht gleich sichtbaren Bewehrungseisen hängen bleiben.
Sagen sie jetzt nicht, kann mir nicht passieren und ich passe schon auf. Ich besitze wahrlich u.a. aus eigener Bauträgertätigkeit genug Erfahrung und weiß worauf man achten muss, dennoch habe ich mir schon so manches Kleidungsstück und manches Paar Schuhe auf Baustellen ruiniert.

Sofern Sie sich für einen Neubau interessieren und sich dieser gerade im Bau befindet, macht eine Besichtigung ohnehin erst wirklich Sinn, wenn mindestens der erweiterte Rohbau steht. D.h. man sollte zumindest die Innenaufteilung der Immobilie sehen, die Zwischenwände sollten schon stehen.

Bei diesem Bautenstand bekommt man durchaus bereits einen guten Eindruck über die Gesamtaufteilung und die einzelnen Raumgrößen. Beachten Sie, dass unverputzte Wände und Decken in einem Rohbau, die einzelnen Räume eher immer etwas kleiner und drückend wirken lassen, als sie letztendlich sind/sein werden.

Auch hier gelten die bei der oben erwähnten Haus-/Wohnungsbesichtigung, genannten Basics und Verhaltensregeln. Bei einer Baustellenbesichtigung müssen Sie zwar in aller Regel mit dem Verkaufsbeauftragten des Bauträgers vorlieb nehmen, was aber nicht weiter schlimm ist, denn diese Person wird auch weiterhin Ihr erster Ansprechpartner sein.

Auch in diesem Fall gilt, Team bilden.

Je besser Ihr Verhältnis zum Verkaufsbeauftragten des Bauträgers ist, umso mehr Informationen werden Sie von ihm bekommen und letztendlich kann er oft auch eine große Hilfe bei den Kaufpreisverhandlungen sein. Denn er kennt seinen "Chef" und weiß, wo und wie man bei den späteren Kaufpreisverhandlungen ansetzen muss.

Informationscheck

Nachdem Sie nun die Sie interessierenden Immobilien besichtigt haben und hoffentlich einige in der engeren Auswahl sind, überprüfen Sie nochmals ob Ihnen alle für eine abschließende Beurteilung bzw. Vorentscheidung relevanten Daten vorliegen.

Folgendes sollten Sie bis jetzt mindestens erledigt haben und folgende Informationen bzw. Unterlagen sollten Ihnen vorliegen:

1. Der verfügbare Finanzierungsrahmen sollte mit ihrer Hausbank abgestimmt sind. Bei welcher Bank Sie dann letztendlich Ihren Immobilienkauf finanzieren ist momentan noch nicht relevant.

2. Die Immobilie sollte mindestens 2x umfassend besichtigt worden sein.

3. Die Mikrolage, in der sich die Immobilie befindet, sollten Sie ebenfalls eingehend erkundet haben.

4. Ein Grundrissplan aus dem die einzelnen Raumgrößen ersichtlich bzw. nachvollziehbar sind, sollte vorliegen. (der Grundrissplan

sollte in einer Maßstabsgröße sein oder mit Maßketten versehen sein).

5. Bei Häusern zusätzlich ein entsprechender Lageplan.

6. Unterlagen/Nachweise über die bisher angefallenen jährlichen Betriebs/Heizkosten. Bei Wohnungen ist dies anhand der Wohngeldabrechnungen leicht nachvollziehbar. Fordern Sie hier immer mindestens die beiden letzten Abrechnungen an. Bei Häusern, sofern sie auf einem real geteilten Grundstück stehen und somit nicht nach WEG geteilt sind, lassen Sie sich vom Eigentümer die jeweiligen Rechnungen über die Betriebs- und Heizkosten geben. Auch hier immer mindestens die beiden letzten Jahre zeigen lassen. Lassen Sie sich hier nichts einreden, jeder wirklich jeder Hauseigentümer bewahrt diese Rechnungen einige Jahre auf. Gerade bei Heizkosten ist einer der beliebtesten Standardsätze von Hauseigentümern, mit ca. 2.000 Liter kommen Sie leicht hin. Auch wenn diese Aussagen in der Regel stimmen, lassen Sie sich die Rechnungen zumindest zeigen, am besten Kopien aushändigen lassen.

7. Die Protokolle der Eigentümerversammlungen der letzten 2 besser 3 Jahre. Dies trifft nur auf Wohnungen und Häuser zu, die nach WEG geteilt sind und auch gemeinschaftlich über eine Hausverwaltung verwaltet werden. Diese Protokolle sind wichtig, da sie u.a. sehr viel über derzeitige, durchgeführte und geplante Maßnahmen aussagen. Ebenfalls sind dort z.B. auch geplante Sonderumlagen aufgeführt. Ferner kann man aus diesen Protokollen auch viel über die "Harmonie" der Eigentümergemeinschaft herauslesen. Gibt es ständig Streit, Gerichtsprozesse etc.. Manche Eigentümerprotokolle lesen sich interessanter und spannender als ein "Stephen King" Roman☺. Weitere detaillierte Informationen hierzu auch unter den entsprechenden Begriffserklärungen.

8. Ein kurzes informatives Gespräch mit der Hausverwaltung. Hier empfiehlt es sich, dass der Eigentümer der Immobilie Ihren Anruf bei der Hausverwaltung avisiert, sonst wird der Verwalter normalerweise keine Auskunft geben (Datenschutz). Ein solches Gespräch ist sehr wichtig, da die Hausverwaltung die Gesamtimmobilie wesentlich besser kennt als die jeweiligen Eigentümer.

Auch kann Ihnen die Hausverwaltung konkret Zahlen zu den vorhandenen Rücklagen, sowie zu durchgeführten und geplanten Instandhaltungsmaßnahmen geben.
Da Sie ja auch bereits im Besitz der Protokolle der Eigentümerversammlungen sind, lassen Sie sich darin enthaltene für Sie unverständliche oder nicht nachvollziehbare Passagen erklären.

9. Da es bei Einfamilienhäusern im Regelfall keine Haus-verwaltung gibt, müssen sie sich diese Informationen vom Eigentümer beschaffen. Lassen Sie sich detailliert Auskunft geben, über in der Vergangenheit durchgeführte Maßnahmen am Haus. Jeder Eigentümer sollte Ihnen dazu etwas sagen können, zumindest über die Zeit, seit dem sich die Immobilie in seinem Besitz befindet. Die meisten wissen auch sehr viel über die Zeit davor, denn sie haben sich, als sie das Haus seinerzeit erworben haben, ja ebenfalls beim damaligen Eigentümer erkundigt. Ob sie Ihnen diese Informationen dann auch immer weitergeben, ist natürlich nicht garantiert.

10. Anhand dieser Unterlagen und Informationen sollte es Ihnen nun möglich sein in die Entscheidungsphase zu treten.

Zweite Besichtigung

Auch wenn Sie sich innerlich schon für eine Immobilie entschieden haben, empfiehlt es sich immer noch eine zweite Besichtigung durchzuführen.

Hierbei müssen/sollten Sie nicht nochmals das gesamte Procedere der Erstbesichtigung wiederholen. Konzentrieren Sie sich nur auf die Dinge, die Sie bei Ihrer Entscheidungsfindung am meisten bewegt haben bzw. bei denen Sie noch unsicher waren/sind.

Überprüfen Sie nochmals die zu machenden oder bereits eingegangenen Kompromisse hinsichtlich der Immobilie.

Eine zweite Besichtigung soll Sie in erster Linie in Ihrer Entscheidung bestärken und Ihnen eventuelle Zweifel nehmen.

Kurz und bündig ist hier die Devise.

Entscheidung

Jetzt wird es ernst.

Welche Immobilie nun letztendlich die für Sie Beste ist, können nur Sie selbst entscheiden. Je nach Typ legen Sie mehr Gewicht auf die harten Faktoren, wie z.B. Kaufpreis, laufende Betriebskosten und Funktionalität der Immobilie oder Sie entscheiden mehr emotional, aus dem Bauch heraus. Verbiegen Sie sich hier nicht, entscheiden Sie so, dass Sie sich mit Ihrer Entscheidung überwiegend wohl fühlen.

Ein überwiegend gutes Gefühl als Basis für Ihre Entscheidung ist dabei sehr wichtig, denn wenn Sie dies nicht haben, werden Sie auch nach dem Kauf meist vieles ständig wieder in Frage stellen. Somit werden Sie sich nie wirklich mit Ihrer neuen Immobilie identifizieren.

Selbst bei einer überwiegenden Bauchentscheidung werden Sie ohnehin die harten Faktoren nie wirklich außer Acht lassen. Diese Faktoren sind in jeder sog. Bauchentscheidung meist immer enthalten und beeinflussen diese ohnehin sehr stark, wenn oft auch nur unbewusst.

Das Beste ist auch hier der goldene Mittelweg. Versuchen Sie einen Kompromiss zu finden, der Ihrer Idealvorstellung von einer Immobilie in allen Punkten möglichst nahe kommt.

Die Immobilie sollte zu Ihnen und Ihren derzeitigen Lebensumständen passen und Ihnen einfach auch gefallen. Sie sollte natürlich auch in Ihren finanziellen Rahmen passen, versteht sich. Nicht mehr und nicht weniger.

Wenn Sie das erreichen, haben sie nichts falsch gemacht.

Die perfekte 100%ig zu Ihnen passende Immobilie gibt es ohnehin nicht.

Selbst wenn Sie über unbegrenzte finanzielle Mittel verfügen und sich ein Haus selbst bauen, werden Sie fast nie das perfekte Grundstück finden und nach dem Hausbau feststellen, dass Sie das eine oder andere doch hätten anders oder besser machen können/sollen.

Es wird immer irgendwo eine Immobilie geben, die noch besser gewesen wäre und noch besser zu Ihnen gepasst hätte. Wenn das Ihre Philosophie ist, werden Sie Ihr ganzes Leben nach Ihrer perfekten Immobilie suchen, aber halt leider auch nie eine finden und besitzen☺.

Kaufpreisverhandlung/Endverhandlung

Da Sie sich nun für Ihre Immobilie entschieden haben, müssen Sie dies natürlich auch dem Verkäufer gegenüber endgültig kundtun und natürlich auch noch einen akzeptablen Endpreis aushandeln.

Neubauimmobilie

Bei kleineren Bauträgerfirmen verhandeln Sie hier meistens mit dem Geschäftsführer oder Inhaber direkt. Dies hat den Vorteil der kurzen Wege und der schnellen Entscheidungen.

Bei größeren Bauträgergesellschaften ist Ihr (erster) Ansprechpartner meist der Verkaufsbeauftragte des Bauträgers, den Sie ja schon von einer eventuellen Baustellenbesichtigung her kennen. Dies hat den Vorteil, dass man schon mal vorab raushören kann, was bezüglich des Kaufpreises noch machbar ist. Der Verkaufsbeauftragte hat diesbezüglich ja schon eine Vielzahl von Verhandlungen mit seinem "Chef" geführt und weiß worauf es ankommt.

Ein Indikator dafür, ob und wie viel Kaufpreisnachlass erzielt werden kann, ist bei Neubauimmobilien oft die Relation

Verkaufsstand : aktueller Bautenstand.

Bei einem planmäßigen Abverkauf und einer entsprechenden Marktsituation (Nachfrage gleich oder größer als das Angebot), sind die Bauträger in aller Regel nicht zu großen Preiszugeständnissen bereit.

Bei einer umgekehrten Konstellation kommt Ihnen dies dann natürlich bei Ihren Kaufpreisverhandlungen zu Gute.

Sind kurz vor Fertigstellung z.B. immer noch z.B. 50% der Einheiten nicht verkauft, so haben Sie ganz gute Karten.

Das gleiche gilt, wenn das Objekt bereits fertig gestellt und zum Großteil auch schon von vielen Eigentümern bezogen ist, d.h. wenn nur noch die sog. Restanten vorhanden sind.

Restanten heißt nicht zwangsläufig, dass diese Einheiten schlecht sind, aber oft verfügen diese Einheiten über die klassischen "Mängel" wie z.B.

falsche Himmelsrichtung, Ausrichtung zur lauten Straße, Lage eventuell über der Tiefgarageneinfahrt etc..

Argumentieren sollten Sie auch hier nur mit den wirklich wichtigen und objektiven Kriterien, wie sie nachfolgend unter **"Strategie Kaufpreisverhandlung"** aufgeführt sind.

Gebrauchtimmobilie

Hier haben Sie es so gut wie immer direkt mit dem Verkäufer/Eigentümer der Immobilie zu tun. In Ausnahmefällen auch mal mit dem Makler. Sie sollten, sofern Sie die Immobilie über einen Makler angeboten bekommen haben, den Makler auf jeden Fall in die Kaufpreisverhandlungen mit einbinden.

Der Makler kennt den Verkäufer wesentlich besser und weiß oft auch, wo dessen "Schmerzgrenze" liegt. Also keine Hemmungen, lassen Sie den Makler für sich aktiv werden, Sie bezahlen ihn ja auch dafür.

Der Makler wird diesbezüglich fast immer auf Ihrer Seite stehen, denn er will das Geschäft ja zum Abschluss bringen. Nur dann verdient er auch seine Provision, die im Regelfall ja auch Sie bezahlen.

Strategie Kaufpreisverhandlung

Je besser Ihre bisherige **"Teambildung"** war, umso leichter werden Sie es jetzt haben.

Bereiten Sie sich eingehend auf die Kaufpreisverhandlungen vor, es lohnt sich etwas Zeit zu investieren und verhandeln Sie immer persönlich nie telefonisch oder per E-Mail!!!

Erstellen Sie sich eine Liste mit den für Sie wesentlichen Kriterien, aber wirklich nur mit den Wesentlichen. Es sollte schon eine Relation zum Kaufpreis der Immobilie vorhanden sein.

Zwei zu erneuernde Rollladengurte oder der Austausch von $12m^2$ Teppichboden sind hier die falschen Argumente. Wenn die Immobilie wirklich umfangreich renovierungsbedürftig ist, dann weiß der Verkäufer das auch und hat es normalerweise auch bei der Festlegung seiner Kaufpreisvorstellung bereits berücksichtigt oder bietet einen entsprechenden Nachlass hierfür von selbst an.

Argumentieren Sie mit den wirklich wichtigen Kriterien, die objektiv nicht von der Hand zu weisen sind, wie z. B.:

- **Lärmbeeinträchtigung**
- **Alterswertminderung**
- **Nicht optimale bzw. funktionale Grundrissgestaltung**
- **Ungünstige Anbindung an öffentliche Verkehrsmittel**
- **Relativ schlechte Nahversorgungsmöglichkeiten**
- **Fehlende Freizeitmöglichkeiten**
- **Suboptimale Himmelsrichtung (Nord- bzw. Ostseite) und Lichtverhältnisse**
- **Fehlender Lift**
- **Bereits anstehende/geplante größere Reparaturen (z.B. Heizung)**
- **Zu erwartende Reparaturen in den nächsten Jahren**
- **Fehlender Garagenplatz**
- **Überproportional hohes Wohngeld bzw. Betriebskosten**
- **Störendes Kleingewerbe in der unmittelbaren Umgebung**
- **Bodenbelags-, Baderneuerung, Malerarbeiten, sofern im Vergleich zu anderen Objekten noch nicht im Kaufpreis berücksichtigt**

All dies sind Argumente, die kein Verkäufer persönlich nimmt, da er darauf entweder keinen Einfluss hat oder diese Argumente ja auch kennt und somit nicht von der Hand weisen kann und auch nicht wird.

Führen Sie Kaufpreisverhandlungen wenn möglich **immer** persönlich durch, nie telefonisch. Telefonische Kaufpreisverhandlungen passen nicht wirklich zu einem Produkt, dessen Wert meist viele Hundert Tausend Euro oder mehr ausmacht.

Sie werden immer die Möglichkeit finden, sich mit dem Makler/Privatverkäufer oder Bauträger (seinem Beauftragten) mal kurz persönlich zu treffen.
Als einzige Ausnahme gilt hier, wenn die räumliche Trennung zwischen Ihnen und dem Verkäufer zu groß ist, um sich schnell mal persönlich zu

treffen. Dies dürfte aber beim Kauf einer Immobilie zur Eigennutzung eher die Ausnahme sein.

Höhe des Kaufpreisnachlasses

Gehen wir jetzt mal von einem Angebotspreis von z.B. € 350.000,00 aus. Es gibt viele sog. Verhandlungs-Spezialisten, die dann erst mal damit beginnen, ich übertreibe jetzt mal ein bisschen, € 250.000,00 anzubieten.

Mit so einer Verhandlungstaktik werden Sie nicht nur wenig Erfolg haben, sondern den Verkäufer auch schon zu Beginn der Verhandlungen verärgern, weil er davon ausgehen muss, dass Sie sich aus dem Ganzen nur einen Spaß machen wollen. Unabhängig davon, dass so etwas nicht gerade seriös wirkt und auch nicht von ernsthaftem Interesse zeugt.

Preisnachlass ja, aber bleiben Sie realistisch.

Es gibt zwar keine aussagekräftigen Statistiken über die Höhe der jeweils erzielten Nachlässe bei Kaufpreisverhandlungen, aus meiner fast 30jährigen Erfahrung kann man aber von nachstehenden Orientierungswerten ausgehen.

Bei Neubauimmobilien vom Bauträger sind die gewährten Nachlässe oft relativ gering. Dies liegt an der meist ohnehin bereits sehr marktgerechten Festsetzung der offiziellen Verkaufspreise.
Ausnahmen bestätigen auch hier die Regel.

Auch sind die Kaufpreise einer Neubauimmobilie ziemlich transparent, da man den Grundstückswert und die Baukosten/Baunebenkosten etc. relativ leicht nachvollziehen kann. Für den Laien ist dies natürlich nicht so einfach, hier sollten Sie sich ggfs. von einem Fachmann beraten lassen. Ein Nachlass von ca. 3% ist bei Neubauimmobilien und einem ausgeglichenen Markt schon als gut zu bezeichnen.

Ein weiterer Grund für die augenscheinlich relativ niedrigen Nachlässe liegt darin, dass die Bauträger auch zu einer relativ stabilen Kaufpreispolitik quasi gezwungen sind.
Stellen Sie sich mal das Szenario vor, bei einem Bauvorhaben von ca. 50 Einheiten, würde jede vergleichbare Einheit zu einem signifikant anderen Preis verkauft werden. Die einzelnen Käufer tauschen sich durchaus untereinander aus, auch über den Kaufpreis. Der Bauträger würde hier ganz schnell seine Reputation verlieren.

Tipp: Oft erhalten Sie bei Bauträgern leichter einen höheren Nachlass in Form einer hochwertigeren Ausstattung, als einen monetären Nachlass.

Bei Gebrauchtimmobilien sind die erzielbaren Nachlässe meist höher, aber eine genaue Definition der jeweiligen Höhe ist auch hier relativ schwierig.

Hier kommt Ihnen nun auch eventuell, die bei der Immobiliensuche bereits erwähnte **"Marktbeobachtung"** zu Gute.
Bis zu 10% sind hier durchaus machbar, manchmal auch mehr, in einigen Fällen aber auch weniger.

Mit ein entscheidender Faktor ist hier, wie lange die Immobilie schon auf dem Markt ist und ob während dieser Zeit auch schon Kaufpreisreduzierungen erfolgt sind und in welcher Höhe. Sofern eine Immobilie zu einem nahezu unveränderten Kaufpreis bereits 6 Monate oder länger auf dem Markt ist, können Sie getrost davon ausgehen, dass hier die Relation von Angebotspreis zu Marktwert nicht stimmt und der Verkäufer wahrscheinlich auch ein bisschen unbelehrbar ist.

Auch ständige Kaufpreisanpassungen nach unten über einen längeren Zeitraum zeugen eindeutig von der bereits erwähnten, etwas marktfernen Erstfestsetzung des Angebotspreises durch einen Privatanbieter.

Ein wichtiger Faktor bei all diesen Werten und Aussagen ist immer auch die aktuelle allgemeine Marktsituation, die diese Werte erhöhen oder aber auch reduzieren kann.

Marktsituation

Die aktuelle Marktsituation wird überwiegend von folgenden vorhandenen Marktformen bestimmt und hat nicht unerheblichen Einfluss auf die Kaufpreise und/bzw. die Höhe des zu erzielenden Kaufpreisnachlasses.

Käufermarkt

Von einem Käufermarkt spricht man, wenn einer bestimmten Nachfragemenge eine wesentlich größere Angebotsmenge gegenüber steht.

Angebot > Nachfrage

Bei einem Käufermarkt haben Sie relativ gute Karten bei den Kaufpreisverhandlungen.

Verkäufermarkt

Von einem Verkäufermarkt spricht man, wenn einer bestimmten Angebotsmenge eine wesentlich größere Nachfragemenge gegenüber steht.

Nachfrage > Angebot

Bei einem Verkäufermarkt sind die Chancen auf einen größeren Kaufpreisnachlass eher bescheiden.

Ausgeglichener Markt

Von einem ausgeglichenen Markt spricht man, wenn einer bestimmten Angebotmenge eine nahezu gleichgroße Nachfragemenge gegenüber steht.

Angebot = Nachfrage

Bei einem ausgeglichenen Markt kommt es meist auf Ihre Argumente und Ihr Verhandlungsgeschick an.

Neben den oben genannten Kriterien hängt die Höhe des Nachlasses natürlich auch immer viel von Ihrem persönlichen Verhandlungsgeschick ab.

Abschließend folgende Empfehlung, bleiben Sie sachlich, objektiv und wenn möglich rational bei den Verhandlungen. Wenn man sich dann trotzdem partout nicht einigt, wird es schon seinen Grund haben und Sie werden eine vergleichbare Immobilie finden, bei der Sie dann auch einen für Sie akzeptablen Kaufpreis erreichen werden.

Wir gehen jetzt einfach mal davon aus, dass Sie sich auf einen für Sie akzeptablen Kaufpreis geeinigt haben und dabei auch ein gutes Gefühl haben.

Kaufpreisfälligkeit/Kaufpreiszahlung

Dieser Punkt ist vorab sehr wichtig und sie sollten Ihn, nachdem Sie sich grundsätzlich mit dem Verkäufer geeinigt haben auch unbedingt ansprechen bzw. die Modalitäten festlegen.

Die Kaufpreisfälligkeit und Kaufpreiszahlung ist in der Regel nach erfolgter Eintragung der Auflassungsvormerkung für den Käufer im Grundbuch. Übliches Zahlungsziel ab erfolgter Eintragung der Auflassungsvormerkung ist dann zwischen 10 und 14 Tagen. Sofern noch sonstige Bedingungen vereinbart wurden (Freimachungs- bzw. Fertigstellungstermin der Immobilie etc.), so müssen diese Bedingungen ebenfalls bereits erfüllt sein.

Bei einer Immobilie die noch vom Eigentümer selbst bewohnt oder noch vermietet ist und eine Freimachung bis zur Eintragung der Auflassungsvormerkung nicht vorgesehen bzw. realisierbar ist, sollten Sie die Kaufpreisfälligkeit/ Kaufpreiszahlung immer analog dem Freimachungs-/Räumungstermin vereinbaren.

Dies ist absolut üblich, andererseits würden Sie den Kaufpreis zwar bereits bezahlt haben, aber noch keine Nutzungsmöglichkeit/ Verfügungsgewalt über die Immobilie haben.

Viele Verkäufer sind hier oft etwas uneinsichtig oder stellen sich bewusst dumm und versuchen so den Kaufpreis bereits zu bekommen, obwohl die

Immobilie noch bis zum vereinbarten Übergabe-/Räumungstermin von ihnen genutzt wird.

Einige Verkäufer schlagen oft auch als Alternativlösung die Vereinbarung einer Mietzahlung bis zur Übergabe vor. Dies macht jedoch nicht wirklich Sinn, da die Höhe dieser Mietzahlung dann in etwa den Zinsnachteil kompensieren sollte, der Ihnen durch die vorzeitige Kaufpreiszahlung entsteht. Damit hätte dann wiederum niemand einen wirklichen Vorteil bzw. Nachteil und man kann gleich Kaufpreiszahlung bei Übergabe vereinbaren.
Nehmen sie diesen Passus unbedingt in den Kaufvertrag mit auf. Wenn Sie dies vergessen oder übersehen, müssen Sie bei der üblichen Kaufpreisfälligkeit (nach erfolgter Eintragung der Auflassungsvormerkung) den vollen Kaufpreis bezahlen, unabhängig davon, wann die Immobilie übergeben wird und Sie diese nutzen können.

Teilungserklärung

Sofern Sie eine Immobilie kaufen, die nach WEG (Wohnungseigentumsgesetz) geteilt bzw. gebildet wurde, müssen Sie sich nun noch die sog. **Teilungserklärung** bzw. eine Kopie davon beschaffen.

Ohne Kennen des Inhalts der Teilungserklärung sollten Sie keine Immobilie erwerben!!!

In der Regel hat der Verkäufer diese, da er sie als er die Immobilie erworben hat, ebenfalls ausgehändigt bekommen hat. Sollte dies nicht der Fall sein, hat die Teilungserklärung in jedem Falle die Hausverwaltung, fordern Sie oder besser der Verkäufer dort eine Kopie an. Die Hausverwaltungen verlangen hierfür fast immer Kopiergebühren, da die Teilungserklärungen oft sehr umfangreich sind.

Achten Sie auf jeden Fall auch darauf, dass Sie eventuelle Nachträge zur Teilungserklärung ebenfalls bekommen. Ob Nachträge gemacht wurden, können Sie dem Grundbuchauszug entnehmen bzw. weiß dies die Hausverwaltung und die entsprechenden Nachträge liegen der Hausverwaltung auch vor.

Eventuelle Nachträge sind oft essentiell, da darin auch grundlegende Dinge gegenüber der Ur-Teilungserklärung geändert worden sein können.

Die Teilungserklärung nebst eventuellen Nachträgen sollten Sie immer bereits einige Zeit vor der Beurkundung in Händen haben, gelesen und auch verstanden haben. Der Notar verweist im Kaufvertrag nur noch auf die Teilungserklärung und Sie bestätigen mit Ihrer Unterschrift unter den Kaufvertrag, dass Sie diese auch erhalten haben.

Kurz vorab: Die Teilungserklärung regelt neben Ihrem Anteilsverhältnis an der Eigentümergemeinschaft auch mit der sog. Gemeinschaftsordnung, die Pflichten und Rechte der einzelnen Eigentümer untereinander und noch vieles mehr.

Die wesentlichen Punkte einer Teilungserklärung werden unter **"Begriffserklärung"** auch noch detailliert besprochen.

Ferner finden Sie im Anhang den Abdruck einer **kompletten Standard-Teilungserklärung,** so dass Sie schon mal den Aufbau und Inhalt einer solchen kennen lernen.

Notarauswahl

Grundsätzlich bestimmt der Käufer einen Notar seiner Wahl, da der Käufer auch üblicherweise die Erwerbsnebenkosten trägt (Notar, Grunderwerbssteuer, eventuelle Maklergebühren, Grundbucheintragungs-gebühren). Anfallende Löschungsgebühren für noch im Grundbuch eingetragene Grundschulden des Verkäufers, gehen immer zu Lasten des Verkäufers.

Sofern Sie noch nie mit einem Notar zu tun hatten und deshalb auch keinen Notar kennen, schauen Sie einfach ins Internet oder fragen Sie Freunde und Bekannte, ob man Ihnen einen empfehlen kann. Jeder erfahrene Makler kennt auch einige Notare mit denen er zusammenarbeitet.

Grundsätzlich spricht aber auch nichts dagegen einen Notar zu nehmen den der Verkäufer vorschlägt.

Die Gebühren sind bei allen Notaren gleich. Die Notarkosten sind in der Kostenordnung bundeseinheitlich festgelegt. Den Notaren ist es verboten, höhere als die gesetzlich vorgeschriebenen Gebühren zu verlangen. Es ist ihnen aber auch umgekehrt nicht gestattet, auf die gesetzlich vorgesehenen Gebühren ganz oder teilweise zu verzichten.

Ausnahme: Sofern Sie eine Neubauimmobilie vom Bauträger erwerben, steht der Notar jedoch bereits fest bzw. ist vom Bauträger bestimmt worden. Dies macht durchaus Sinn und erleichtert die gesamte weitere Abwicklung auch wesentlich.
Der beurkundende Notar hat hier in der Regel auch bereits die Teilungserklärung (sofern zutreffend), sowie eventuelle Verweisungsurkunden (z.B. die Baubeschreibung) die Immobilie betreffend, erstellt und beurkundet.
Auch liegen eventuelle Aufteilungspläne im Original bei diesem Notar vor und können somit dort auch vor oder bei der Beurkundung eingesehen werden.

Kaufvertrag

Grundsätzlich können die Parteien im Kaufvertrag fast alles frei vereinbaren, sofern man nicht gegen bestehende Gesetze und Rechtsvorschriften verstößt.
Die Standard-Kaufverträge einzelner Notare sind vom Aufbau und inhaltlich alle sehr ähnlich und unterscheiden sich meist nur durch die Art der Formulierung.

Bei sog. Bauträgerkaufverträgen kann es größere objektspezifische Unterschiede geben, diese Kaufverträge sind auch wesentlich umfangreicher und komplizierter.
Vom Aufbau und vom allgemeinen Inhalt sind Bauträgerverträge zwar den normalen Standardverträgen sehr ähnlich, jedoch kommen hier noch wesentliche und wichtige Punkte hinzu, wie z.B.:

- **Bauverpflichtung**
- **Baubeschreibung**
- **Sonderwünsche**
- **garantierter Fertigstellungstermin**
- **Schadenersatzklausel bei Überschreitung des Fertigstellungstermins**
- **Recht zur Änderung der Teilungserklärung durch den Bauträger**

- **Recht des Bauträgers zur eventuellen notwendigen Änderung der Materialen und der Bauausführung**
- **detaillierter Kaufpreiszahlungsplan (Raten nach MaBV)**
- **eventuell Bürgschaftsstellung durch den Bauträger**

All diese Punkte werden unter dem jeweiligen Begriff (siehe Begriffserklärungen) umfassend erläutert.
Beim Kauf einer Immobilie vom Bauträger sollten Sie den Kaufvertrag immer von einem Fachmann überprüfen lassen. Dies kann ein auf diesem Gebiet erfahrener Rechtsanwalt sein, aber auch ein erfahrener Makler Ihres Vertrauens.

Auf jeden Fall sollte es jemand mit echter Kenntnis und Erfahrung in diesem Bereich sein. Der Freund oder Bekannte, der zwar schon mal eine Immobilie, ob nun vom Bauträger oder von Privat gekauft hat, ist hier in den meisten Fällen nicht der Richtige. Sie haben jedoch auch die Möglichkeit sich vorab im Notariat den Kaufvertrag erklären zu lassen.

Außerdem erklärt der Notar im Beurkundungstermin alle wichtigen Punkte des Kaufvertrages und geht auch auf alle Ihre Fragen ein. Sie sollten allerdings auch fragen, wenn Ihnen etwas unklar ist. Es empfiehlt sich jedoch, sich über die grundlegenden Dinge vorab zu informieren bzw. aufklären zu lassen. Sonst kann ein Beurkundungstermin unendlich lange dauern.

Im Allgemeinen sorgt der Notar dafür, dass alles Wesentliche für eine ordnungsgemäße Abwicklung im Kaufvertrag enthalten ist. Ferner auch dafür, dass keine der Parteien benachteiligt ist bzw. wird.

Die Standardkaufverträge und die Grundstruktur eines Bauträgerkaufvertrags sind inhaltlich meist nach folgendem Muster aufgebaut, sind jedoch bezüglich der Gliederung und formal von Notar zu Notar unterschiedlich (jeder Notar hat halt seinen eigenen Stil).

Einleitung
Feststellung und Aufführung welcher Notar beurkundet, sowie der erschienenen beteiligten Parteien (Käufer und Verkäufer)

1. Vorbemerkung – Grundbuchstand

Hier werden der aktuelle Grundbuchstand und die genaue B
der Immobilie wiedergegeben.
Bestandsverzeichnis (Beschreibung der Immobilie)
Eigentümer in Abteilung I
Belastungen in Abteilung II (Belastungen/Dienstbarkeiten)
Belastungen in Abteilung III (Grundschulden)

ACHTUNG: Lesen Sie unbedingt bezüglich der eingetragenen Grundschulden unter **Begriffserklärung** den Punkt **"Freistellungserklärung/Löschungsbewilligung"** !

2. Verkauf
Wer verkauft an wen (Verkäufer/Käufer), sowie genaue Objektbezeichnung gemäß Grundbuch.

3. Auflassungsvormerkung
Die sog. Auflassungsvormerkung sichert Ihren Anspruch auf Eigentumsumschreibung.

3. Auflassung
Einigung zwischen Verkäufer und Käufer das Eigentum umschreiben zu lassen, wenn die Bestätigung vorliegt, dass der Kaufpreis vollständig bezahlt wurde.

4. Bauverpflichtung – Sonderwünsche
Nur bei Bauträgerkaufverträgen wenn die Immobilie noch nicht fertig gestellt ist.

Beim Kauf einer Neubauimmobilie vom Bauträger werden Sie meist auch Sonderwünsche haben, z.B. qualitativ höherwertige Ausstattung, Änderung der Raumaufteilung etc. etc..
Die meisten größeren Bauträger haben in Ihren Kaufverträgen bereits entsprechende Klauseln, die die Erteilung und Abwicklung der Sonderwünsche regeln. Meist hat der Käufer die Sonderwünsche direkt an die ausführenden Handwerksfirmen zu erteilen und mit diesen direkt abzuwickeln. Da der Bauträger bezüglich der Sonderwünsche dann nicht mehr Ihr Vertragspartner ist, haben Sie diesbezüglich auch keinerlei Gewährleistungsansprüche mehr an ihn, sondern nur an die ausführenden Handwerksbetriebe. Die Gewährleistung für "Sonderwünsche" beträgt dann meist nur noch 2 Jahre. Dies kann aber natürlich auch entsprechend abweichend geregelt werden.

Die Bauträger übernehmen aber meist die Koordination und Überwachung der Ausführung dieser Sonderwünsche und sind auch bei eventuellen Unstimmigkeiten und Reklamationen behilflich.

Verantwortlich für die korrekte Ausführung von solchen Sonderwünschen sind letztendlich aber immer Sie selbst.
Deshalb, Vertrauen ist gut, Kontrolle ist besser.
Optimal ist es natürlich, jegliche Art von Sonderwünschen direkt mit dem Bauträger zu vereinbaren. Dies hat den Vorteil, dass Sie nur einen Ansprechpartner haben und die Sonderwünsche im Rahmen des Gesamtauftrages der gesetzlichen Gewährleistung nach BGB (5 Jahre) unterliegen. Hier lohnt sich oft hartnäckiges verhandeln.

5. Kaufpreis
Einzelkaufpreisbestandteile und / bzw. Gesamtkaufpreis.

6. Besitzübergang/Übergang von Nutzen und Lasten
Vereinbarung und Angabe wann Besitzübergang/Übergang von Nutzen und Lasten erfolgen, dies ist in der Regel Zug um Zug mit Kaufpreiszahlung. Ein Übergabetermin der Immobilie kann angegeben werden und sollte zeitnah zum Übergang von Nutzen und Lasten und der Kaufpreiszahlung sein.

7. Teilungserklärung, Gemeinschaftsordnung, Verwalter
Regelt den Eintritt in die Bedingungen der Teilungserklärung und des Verwaltervertrages. Meist ein Hinweis, dass dem Käufer die Teilungserklärung bekannt ist, er eine Kopie davon erhalten hat und er vollinhaltlich in diese eintritt, mit allen Rechten und Pflichten.

8. Erschließungskosten
Hier wird die Übernahme der bisherigen, laufenden und der zukünftigen Erschließungskosten der Immobilie festgelegt. Üblich ist, dass der Verkäufer alle bis zum Beurkundungsdatum erfolgten und abgerechneten Beiträge übernimmt und der Käufer alle ab Beurkundungstermin anfallenden Beiträge.

9. Gewährleistung für Rechtsmängel
Dieser Passus sorgt dafür, dass das Kaufobjekt frei von jeglichen vom Käufer nicht übernommenen grundbuchmäßigen Belastungen (z.B. Grundschulden des Verkäufers, eventuelle Vorkaufsrechte, nicht übernommenen Dienstbarkeiten etc.) auf den Käufer übergeht.

10. Gewährleistungen für Sachmängel

Gebrauchtimmobilien werden fast immer verkauft .....wie es liegt und steht, ohne jegliche Gewährleistung.
Bekannte und vom Verkäufer bewusst verschwiegene Mängel fallen natürlich nicht darunter, jedoch ist die Beweisführung hier oft äußerst schwierig.
Bei Neubauimmobilien vom Bauträger gelten die gesetzlichen Gewährleistungen nach BGB (5 Jahre).

11. Kaufpreisfinanzierung/Belastungsmitwirkung
Um die Eintragung einer Grundschuld zur Kaufpreisfinanzierung vor Eigentumsumschreibung zu ermöglichen, wirkt der Verkäufer hier mit und erteilt dem Käufer Vollmacht, die Immobilie bereits jetzt entsprechend zu belasten, obwohl dieser noch nicht selbst Eigentümer der Immobilie ist. Die einzutragende Grundschuld darf jedoch nur zur Begleichung des Kaufpreises verwendet werden.

12. Notarermächtigung/Vorkaufsrechte
Hier wird der Notar ermächtigt und beauftragt alle für die Wirksamkeit und den Vollzug erforderlichen Dinge durchzuführen. Ferner weist er auf die gesetzlichen und eventuell bestehenden privaten Vorkaufsrechte hin.

13. Dienstbarkeiten / Änderung der Teilungserklärung
Gibt die bereits bestehenden Dienstbarkeiten die auf dem Grundstück lasten wieder. Bei Bauträgerkaufverträgen für Neubauimmobilien werden hier für den Bau notwendige, eventuell noch erforderliche Eintragungen von weiteren Dienstbarkeiten geregelt.
Vollmacht für den Verkäufer (Bauträger) die Teilungserklärung noch zu ändern, sofern dies erforderlich ist. Zusätzliche Kosten für den Käufer oder eine Beeinträchtigung der vertragsgegenständlichen Immobilie dürfen dadurch jedoch nicht entstehen.

14. Kosten
Hier wird geregelt wer welche Kosten des Vertrages übernimmt.
Üblicherweise trägt der Käufer die Grunderwerbssteuer und alle mit dem Kaufvertrag verbundenen Kosten, mit Ausnahme der Lastenfreistellungskosten (Löschung vorhandener Grundschulden), die der Verkäufer trägt.

15. Ausfertigungen und Abschriften
Hier wird festgelegt wer wie viele Abschriften bzw. Ausfertigungen der Kaufvertragsurkunde erhält.

16. Wirksamkeitsklausel
Erklärung, dass alle zwischen den Parteien getroffenen Vereinbarungen richtig und vollständig erfasst wurden, sowie die übliche "Salvatoresche Klausel".

17. Sonstiges
Hier können zusätzliche individuelle Vereinbarungen zwischen Käufer und Verkäufer vereinbart werden.

18. Hinweise
Der Notar macht hier noch allgemeine und rechtliche Hinweise.

19. Zahlungsplan
Der Zahlungsplan enthält die zwischen den Parteien vereinbarten Zahlungsmodalitäten.

Bei Neubauimmobilien die nach der MaBV (Makler- und Bauträgerverordnung) erworben werden, ist hier die gesetzliche Regelung, nach der die einzelnen Kaufpreisraten bezahlt werden, aufgeführt. **Einen Zahlungsplan nach MaBV finden Sie im Anhang.**

Da jede Immobilie unterschiedlich ist und auch grundsätzlich individuelle Vereinbarungen in den Kaufvertrag mit aufgenommen werden, können zu den oben genanten Basispunkten noch weitere individuell vereinbarte oder objektspezifische Punkte hinzukommen.

Bei Bauträgerkaufverträgen sind dies z.B. u.a. noch folgende Punkte:

- **Bauverpflichtung**
- **Baubeschreibung**
- **Sonderwünsche**
- **Garantierter Fertigstellungstermin**
- **Schadenersatzklausel bei Überschreitung des Fertigstellungstermins**
- **Recht zur Änderung der Teilungserklärung durch den Bauträger**
- **Recht des Bauträgers zur eventuellen notwendigen Änderung der Materialen und der Bauausführung**
- **Detaillierter Kaufpreiszahlungsplan (Raten nach MaBV)**
- **Eventuell Bürgschaftsstellung durch den Bauträger**

Anlagen zum Kaufvertrag
Auf jeden Fall sollten dem Kaufvertrag immer vollständige Grundrisspläne der verkauften Immobilie beigefügt sein. Auch Grundrisspläne einer eventuellen Tiefgarage und des Kellers gehören hierzu.

Die oben erwähnten Punkte eines Kaufvertrages werden unter der jeweiligen **"Begriffserklärung"** sehr ausführlich erklärt.

Zur besseren Anschauung finden Sie im Anhang auch einen Abdruck eines kompletten Standard-Kaufvertrags.

Finanzierung

Die Finanzierung einer Immobilie erfolgt in der Regel über eine Bank, eine Versicherung oder eine Bausparkasse bzw. aus einer Kombination von diesen Instituten.

Eine generelle Aussage welches dieser Finanzierungsinstitute normalerweise die besseren Konditionen anbietet gibt es nicht, hier hilft nur ein detaillierter Angebotsvergleich.

Auch wenn die Hypothekenzinsen derzeit auf einem sehr niedrigen Niveau sind, lohnt sich ein detaillierter Vergleich auf alle Fälle. Hier können Sie schnell mal, je nach Höhe Ihres Finanzierungsbedarfs, viele Euro sparen. Das summiert sich über die Gesamtlaufzeit Ihrer Finanzierung oft zu einem beachtlichen Betrag.

Beispielrechnung Ersparnis bei 0,25% Zinsdifferenz:

Darlehensbetrag: € 300.000,00
Zinsbindung: 10 Jahre
Zinsdifferenz: 0,25%

ergibt eine Ersparnis von € 750,00 pro Jahr
ergibt eine Gesamtersparnis von € 7.500,00 in 10 Jahren

Sie sehen es lohnt sich.

Sie sollten sich mindestens 3 konkrete Angebote einholen.

Eins davon sollte immer von Ihrer Hausbank sein. Dies hat den Vorteil, dass Ihre Hausbank Sie und Ihre privaten Verhältnisse auf Grund der langjährigen Geschäftsbeziehung nicht nur kennt, sondern auch entsprechend schnell und detailliert einwerten kann.

Ein Vergleich der aktuellen Hypothekenzinsen ist heutzutage relativ einfach und schnell via Internet zu erstellen. Nehmen Sie auch die Dienste von großen Finanzierungsvermittlern in Anspruch, die haben oft den besseren und umfangreicheren Marktüberblick.

Z.B. unter **www.interhyp.de** .

Den Darlehensvertrag schließen Sie ja trotzdem immer direkt mit der finanzierenden Bank ab. Die großen Finanzierungsvermittler verlangen so gut wie nie extra Gebühren für Ihre Vermittlungstätigkeit, sie werden von den Banken bzw. Versicherungen, mit denen Sie dann den Darlehensvertrag abschließen, bezahlt.

Trotzdem bitte immer auch das Kleingedruckte lesen.

Da Sie beim Kauf einer Eigengenutzten Immobilie normalerweise auch einen recht hohen Eigenkapitaleinsatz haben werden und somit mit der bei Versicherungsunternehmen primär üblichen Beleihungsgrenze von 60% wohl meistens zu recht kommen werden, lohnt es sich auch Angebote von Versicherungen einzuholen. Die sind oft mehr als marktfähig. Aber lassen Sie sich dabei nicht auch gleich noch eine Lebensversicherung mit verkaufen, außer Sie haben Bedarf bzw. hatten ohnehin vor in dieser Richtung etwas zu tun.

Gegen den Abschluss einer Risikolebensversicherung um Ihre "Liebsten" für den Fall der Fälle abzusichern, ist nichts einzuwenden bzw. dies ist durchaus zu empfehlen.

Finanzierungsdauer - 5.....10.....oder 15 Jahre?

Bei der Festlegung der Laufzeit Ihrer Finanzierung spielen viele Faktoren eine Rolle:

- **Ihre private Lebens- und Berufsplanung (bestimmt Ihre zukünftig zur Verfügung stehenden Mittel)**

- **Feststehende Mittelzuflüsse bzw. zukünftig verfügbare Mittel (fällig werdende Lebensversicherungen, Bausparverträge, sonstige Sparverträge, zu erwartende Zuschüsse aus der Familie etc.). Kalkulieren Sie aber bitte nicht mit bevorstehenden Erbschaften.**
  Sie müssen lachen, ich auch, aber habe ich alles schon gehört.
  Je mehr Mittel Sie zur Tilgung zur Verfügung haben oder Einsetzen wollen, desto kürzer können Sie die Laufzeit wählen – aber bleiben Sie realistisch, gehen Sie niemals ans Limit.

- **Zu erwartende Gehaltserhöhungen auf Grund Ihrer beruflichen Karriere sind zwar schön und gut, sofern Sie eintreffen, sind aber keine "feststehenden Mittelzuflüsse" in den nächsten Jahren.**

- **Die Höhe der aktuellen Hypothekenzinsen. Dies ist der wohl wichtigste Faktor bei der Festlegung der Laufzeit eines Darlehensvertrages. Sofern der aktuelle Zinssatz niedrig ist, was derzeit definitiv der Fall ist, sollten Sie relativ langfristig finanzieren. Es ist eher nicht anzunehmen, dass sich, selbst bei einer Laufzeit über 15 Jahren, der sich dann ergebende Durchschnittszinssatz zu Ihrem Nachteil verändern wird.**

- **Wenn Sie sich privat und beruflich in relativ stabilen Verhältnissen befinden, spricht derzeit absolut nichts gegen eine so langfristige Finanzierung. Im Gegenteil, Sie haben dadurch eine langfristige Planungssicherheit.**

- **Von einem Spekulieren auf niedrigere Zinssätze in der Zukunft, zu Lasten der Laufzeit, ist eher abzuraten. Außer Sie lieben das Risiko.**

- **Die Übernahme einer bestehenden Finanzierung auf eine Folgeimmobilie, sofern Sie z.B. wegen Familienzuwachs eine größere Immobilie benötigen, ist in fast allen Fällen problemlos möglich und auch nicht groß mit Zusatzkosten verbunden.**

Wählen Sie die Laufzeit, die Ihrer momentanen und zukünftigen Lebenssituation am ehesten entspricht. Der wichtigste Aspekt für die Laufzeitwahl sollte jedoch immer der aktuelle Hypothekenzinssatz sein.

Je historisch niedriger er ist, desto länger sollten Sie ihn festschreiben!

Bei Eigengenutzten Immobilien ist unter normalen Umständen eigentlich immer eine 10jährige Zinsfestschreibung zu empfehlen. Ausnahme ist hier nur, wenn man sich in einer Hochzinsphase befindet.

Bereiten Sie Ihre Finanzierungsanfragen detailliert vor, dass spart Zeit und Nerven. In der Regel verlangen die finanzierenden Banken oder Versicherungen folgende Unterlagen:

- **Expose` (Grundriss) der Immobilie**
- **Bilder der Immobilie**
- **Wohnflächenberechnung sofern nicht aus dem Grundriss ersichtlich**
- **Lageplan (bei Häusern)**
- **Kubatur-Berechnung (bei Häusern)**
- **Kopie der Brandversicherungsurkunde (bekommen Sie vom Makler, der Hausverwaltung oder dem Eigentümer)**
- **Baubeschreibung**
- **Selbstauskunft über Ihre Vermögens- und Einkommensverhältnisse**
- **Eventuell Gehaltsnachweise bzw. Steuerbescheide/Bilanzen**
- **Angabe des monatlichen Wohngelds bei Eigentumswohnungen bzw. jährliche Betriebskosten bei Häusern**
- **Kopie des Kaufvertrags, sofern dieser noch nicht abgeschlossen wurde, Angabe des vereinbarten Kaufpreises**
- **Eigenkapital (Angabe der Höhe und einen entsprechenden Nachweis über das Vorhandensein der Eigenmittel)**

Worauf Sie bei einem Vergleich der Zinskonditionen achten sollten:

- **Effektiv-Zinssatz** – nur diesen sollten Sie vergleichen, der Nominalzinssatz hat keine wirkliche Aussagkraft, da Sie nicht wissen, welche Gebühren darin enthalten oder nicht enthalten sind und somit noch hinzukommen können.

- **Schätzgebühr** - viele Banken/Versicherungen verlangen oft auch noch eine sog. Schätzgebühr – diese sollten Sie bei einer normalen Wohnimmobilie nicht bezahlen. Die meisten Banken/Versicherungen schätzen, wenn überhaupt nur "Pi mal Daumen" oder stellen einen simplen Internetvergleich an. Das Risiko hierbei ist für die Banken/Versicherungen ohnehin relativ gering, da bei Eigengenutzten Immobilien die Beleihungsgrenzen in Regelfall nur zwischen 60% und maximal 80% liegen.

- **Bearbeitungsgebühr** – auch hiermit verdienen sich die Finanzierungsunternehmen gerne mal etwas dazu – einfach verhandeln, funktioniert meistens.

- **Sowohl** die Schätz- als auch die Bearbeitungsgebühren sollten normalerweise in dem Ihnen angebotenen Effektivzinssatz bereits mit einkalkuliert sein – dennoch gibt es nach wie vor viele Kunden, die diese Gebühren anstandslos bezahlen, dies ist auch der Grund, warum viele Banken/Versicherungen sie noch verlangen. Seien wir ehrlich, würden wir auch machen, wenn es funktioniert.

- **Bereitstellungszinsen** – fast alle Banken und Versicherungen verlangen sog. Bereitstellungszinsen, meistens ab dem 3.ten oder 6.ten Monat. Dies ist nur bei einem Kauf relevant, bei dem Sie den Kaufpreis in Raten (Neubauimmobilie vom Bauträger, die sich gerade oder noch nicht im Bau befindet) oder wenn Sie den Kaufpreis erst zu einem späteren Zeitpunkt bezahlen (wenn die erworbene Immobilie z.B. erst in 9 Monaten frei gemacht und übergeben wird).

Auch hier kann man durchaus über die Höhe und/oder den Beginn verhandeln. Die ersten 3 Monate sind bei fast allen finanzierenden Instituten ohnehin frei.

- **Sondertilgung** – Sie sollten auf jeden Fall versuchen eine oder mehrere Sondertilgungen zu vereinbaren. Dass dies nicht immer einfach ist, versteht sich von selbst. Da Sie eine Zinsbindung über die gesamte

Laufzeit Ihrer Finanzierung vereinbaren, garantiert Ihnen die Bank/Versicherungen den vereinbarten Zinssatz ja auch und braucht demzufolge natürlich auch eine gewisse Sicherheit bezüglich der festgeschriebenen Konditionen, um sich entsprechend refinanzieren zu können.
Erwarten Sie also nicht zu viel. Aber selbst 1-2 Sondertilgungen in vernünftiger Höhe während einer Darlehenslaufzeit von z.B. 10 Jahren, machen durchaus Sinn und Sie flexibler.

- **Bank oder Versicherung**

Ob Sie nun bei einer Bank oder Versicherung finanzieren, sollte in erster Linie von den Konditionen abhängen. Beachten Sie jedoch, dass fast alle Versicherungen versuchen werden, Ihnen zur Absicherung des Darlehens auch noch den Abschluss einer Lebensversicherung nahe zu legen. Dies ist nicht immer sinnvoll, da Sie vielleicht schon entsprechend abgesichert sind oder dies einfach auch nicht wollen. Gegen den Abschluss einer reinen Risikolebensversicherung zur Absicherung Ihrer Familie für den Fall der Fälle ist jedoch nichts einzuwenden. Die Prämien hierfür sind in der Regel relativ gering und überschaubar.
Die sog. Tilgungsaussetzung mittels einer Kapitallebensversicherung macht bei einer Eigengenutzten Immobilie aus meiner Sicht absolut keinen Sinn.

Tilgungsaussetzung über eine Kapitallebensversicherung bedeutet vereinfacht ausgedrückt, Sie bezahlen die vereinbarte Tilgungsrate in eine Lebensversicherung ein und tilgen mit Fällig werden der Lebensversicherung das Darlehen in einem Betrag. Somit bezahlen Sie über die gesamte Laufzeit Ihrer Finanzierung immer die Zinsen aus dem Gesamtdarlehensbetrag. Sie bekommen zwar für Ihre Lebensversicherung einen garantierten Mindestzins, der ist in aller Regel aber immer niedriger als der zu bezahlende Hypothekenzins.

Außerdem bringt Ihnen bei einer Eigengenutzten Immobilie eine gleich bleibend hohe Zinsbelastung steuerlich nichts.

Beim Kauf einer Immobilie zur Kapitalanlage (Vermietung), kann dies in Einzelfällen sinnvoll sein, da Sie die Zinsbelastung hier steuerlich geltend machen können. Ob dies dann letztendlich steuerlich relevant ist, sollten Sie von einem Steuerfachmann überprüfen lassen.

- **Bausparvertrag**

Sofern Sie über einen zuteilungsreifen Bausparvertrag verfügen, so können/sollten Sie diesen selbstverständlich auch in Ihre Finanzierung mit einbauen.

Grundsätzlich sollten Sie Ihre Finanzierung dort abschließen, wo Sie die günstigsten Gesamtkonditionen bekommen.

Falls die Zinsunterschiede der Ihnen vorliegenden Angebote wirklich nur marginal sind, empfiehlt es sich oft bei seiner Hausbank zu finanzieren. Dies hat den Vorteil, dass, sollten Sie ein Mal unerwartet Probleme bei der Bedienung Ihres Darlehens bekommen, man in aller Regel zur Hausbank einen besseren Kontakt hat. Diese ist dann oft eher bereit und flexibel genug, Ihnen entsprechend entgegen-zukommen.

Man kennt Sie und Ihre Vita dort halt.

Zusammen mit der Beurkundung des Kaufvertrages über die Immobilie, sollten Sie beim Notar auch gleich die entsprechende Grundschuld zu Gunsten der finanzierenden Bank mit bestellen.

Dies erspart Ihnen ein wenig Gebühren und Zeit. Deshalb sollte man sich rechtzeitig um eine endgültige Finanzierungszusage einer Bank oder Versicherung kümmern und sich entscheiden.

Notartermin

Beurkundung des Kaufvertrags

Wählen Sie als Beurkundungstermin einen Tag an dem Sie auch genügend Zeit haben.

Ein normaler Kaufvertrag über eine bereits bestehende Immobilie dauert im Normalfall ca. 1 bis maximal 1,5 Stunden.

Sofern Sie ein noch unfertiges Objekt vom Bauträger kaufen, ist der Kaufvertrag wesentlich umfangreicher und auch komplizierter. Hier sollten Sie um sicher zu gehen bis zu 2 Stunden und mehr einrechnen.

Berücksichtigen Sie auch, dass es bei den Notaren ähnlich wie beim Zahnarzt ist, d.h. wenn sich ein vorangegangener Termin verzögert oder verlängert hat, verschieben sich auch zwangsläufig alle nachfolgenden Termine. Somit kann es passieren, dass Sie trotz eines festen Termins warten müssen. Eine halbe Stunde oder mehr kann schon mal vorkommen.

Was müssen Sie zum Notartermin mitnehmen:

- **einen gültigen Personalausweis oder Reisepass**

- **Ihre Grundschuldbestellungsunterlagen (diese wurden Ihnen entweder vorab von der finanzierenden Bank/Versicherung ausgehändigt oder aber die Bank/Versicherung übermittelt alle dafür relevanten Daten vorab direkt an den Notar).**
  Sollten Sie sich bis zum Notartermin noch nicht entschieden haben, bei welcher Bank/Versicherung Sie letztendlich finanzieren wollen, bedenken Sie bitte, dass viele Verkäufer, insbesondere Bauträger vor der Beurkundung eine Finanzierungsbestätigung sehen wollen. Diese sollten Sie dem Verkäufer dann bereits vorab zukommen haben lassen.

- **Ihren Kaufvertragsentwurf (den Sie hoffentlich vorab bekommen, gelesen und auch verstanden haben).**

- **Markieren Sie sich in Ihrem Kaufvertragsentwurf alle noch unklaren und erklärungsbedürftigen Punkt.**

Klären Sie unbedingt vor dem Notartermin mit dem Verkäufer alle relevanten Punkte:

Über einen der nachstehenden Punkte erst beim Notar während der Beurkundung zu diskutieren macht absolut keinen Sinn und bringt nur Stress und Ärger.

- **Einzugstermin bzw. Räumungstermin durch den Verkäufer. Fixieren Sie unbedingt einen fixen Termin**

- **Fertigstellungstermin bei Neubauten**

- **Fälligkeit und Zahlung des Kaufpreises**
  Sofern die Immobilie bereits geräumt ist, sind dies üblicherweise ca. 10 – 14 Tage nach Eintragung der Auflassungsvormerkung. Sollten Sie einen späteren Räumungs- bzw. Übergabetermin

vereinbart haben, weil die Wohnung eventuell noch vermietet ist bzw. der Verkäufer noch einige Zeit braucht um seinen Auszug/Räumung durchzuführen, sollten Sie auch die Kaufpreisfälligkeit bzw. Kaufpreiszahlung auf diesen Termin legen.
In der Regel gilt immer Zahlung erst bei Übergabe, auch wenn viele Verkäufer den Kaufpreis natürlich gerne schon früher haben wollen (bei Auflassungsvormerkung).

Dies ist aber absolut unüblich.

Hier sollten Sie auch beachten, dass eine Kaufpreiszahlung vor Räumung, für Sie ein durchaus nicht zu unterschätzendes Risiko darstellt.

Was machen Sie denn, wenn der Verkäufer nicht rechtzeitig auszieht, gleich aus welchen Gründen. Ihr Anspruch auf die Immobilie ist zwar im Grundbuch durch die eingetragene Auflassungsvormerkung abgesichert, aber Sie wollen die Immobilie ja nutzen und nicht nur besitzen.

Im Klartext heißt dies, dass Sie im schlimmsten Falle auf Übergabe klagen müssen. Dies ist zwar rechtlich relativ einfach, da Sie einen rechtskräftigen Kaufvertrag haben, aber in der Praxis kostet Sie dies auf jeden Fall eine Menge Zeit, Ärger, Stress und Geld.

Dies ist zwar nicht der Regelfall und ich will Ihnen hier auch nicht unnötig Angst machen, aber absichern muss man nun mal immer nur den "worst case". Erlebt habe ich solche Fälle schon mehr als ein Mal.

Besonders sollten Sie hier darauf achten, wenn die Immobilie zum Zeitpunkt des Kaufs noch vermietet ist, d.h. nicht vom Eigentümer selbst bewohnt wird.

Unbedingt die Freimachung durch den Verkäufer zu einem fixierten Zeitpunkt im Kaufvertrag garantieren lassen. Dass garantiert dann zwar immer noch nicht, dass der Mieter auch auszieht, aber Sie haben dann zumindest klar geregelte Regressansprüche gegen den Verkäufer.

Rechtlich dazu verpflichtet auszuziehen, ist ein Mieter bei einem Verkauf einer Immobilie übrigens nicht. Sie kaufen quasi immer den derzeitigen Mieter und den bestehenden Mietvertrag mit.

Mündliche Zusagen seitens des Verkäufers oder Mieters sind zwar nett gemeint, helfen Ihnen aber im Ernstfall nicht wirklich weiter.

Deshalb einfach Kaufpreiszahlung bei Übergabe vereinbaren. D.h. der Verkäufer zeigt Ihnen die Räumung der Immobilie an, Sie vergewissern sich, dass die Immobilie geräumt/frei ist und bezahlen dann den Kaufpreis. Nach Kaufpreiseingang beim Verkäufer machen Sie dann die offizielle Übergabe. Ist zwar etwas umständlicher, aber dafür der sicherste Weg.

- Welche beweglichen Gegenstände werden mitverkauft? Dies sind normalerweise die Küche, Einbauschränke, Markisen, Garten-/Balkonmöbel usw. usw.. Fügen Sie am besten eine kleine Inventarliste bei. Diese Gegenstände sollten Sie wertmäßig erfassen, auch wenn sie bereits im vereinbarten Kaufpreis enthalten sind, da auf diesen Betrag im Normalfall keine Grunderwerbssteuer anfällt.

- Beim Kauf einer Eigentumswohnung/Haus die nach WEG geteilt ist, sollten Sie ebenfalls darauf achten, dass die vorhandene anteilige Instandhaltungsrücklage dieser Wohnung/Haus betragsmäßig im Kaufvertrag vermerkt ist. Auch hierauf fällt keine Grunderwerbssteuer an. Den Betrag erfahren Sie problemlos von der jeweiligen Hausverwaltung.

Grundsätzlich bekommen Sie vom Notar immer eine Kopie der endgültigen Fassung des zu beurkundenden Kaufvertrages, zum mitlesen.

Dann gilt es nur noch zuhören und fragen.

Fragen Sie, lieber zu viel als zu wenig. Keiner erwartet, dass Sie als Laie alles verstehen, zumal die Kaufverträge in klassischem Juristendeutsch verfasst sind.

Also kein falscher Stolz, der ist hier völlig fehl am Platze.

Und Sie werden lachen, viele Käufer hindert immer auch noch die sog. "Obrigkeitshörigkeit" daran viel zu fragen. Hier verhält es sich ähnlich wie beim Arzt, der wird wie der Notar schon alles wissen und richtig machen. Hab ich schon X-mal erlebt, ist also keine Ausnahme.

Sie bezahlen den Notar für seine Arbeit gut, demzufolge können Sie seine Zeit und Leistung auch voll in Anspruch nehmen.

Jeder Notar wird Ihnen alles, wirklich alles, genau und für Sie verständlich erklären. Aber natürlich nur wenn Sie auch fragen.

Die wichtigen und relevanten Punkte eines Kaufvertrages erklärt ein guter Notar jedoch immer von sich aus und weist Sie auch auf alle eventuellen Risiken hin.

Nach abgeschlossener Beurkundung des Kaufvertrages müssen Sie sich dann nur noch auf Ihre neue Immobilie freuen.

Der Notar erledigt alle weiteren und erforderlichen Dinge.

Kaufpreiszahlung

Hier müssen Sie wieder unterscheiden zwischen Gebraucht- und Neubauimmobilie.

Folgendes trifft auf die Kaufpreiszahlung bei einer Gebraucht- und einer bereits fertig gestellten Neubauimmobilie zu.

Sie werden im Regelfall ca. 3 bis 6 Wochen nach dem Beurkundungstermin vom Notar ein Schreiben erhalten, in dem er Ihnen mitteilt, dass die Auflassungsvormerkung zu Ihren Gunsten im Grundbuch eingetragen ist. Mit diesem Schreiben wird Ihnen auch die Kaufpreisfälligkeit angezeigt.

Zahlen Sie **nur** auf das Konto, das Ihnen der Notar in seinem Schreiben benennt. Sofern die Immobilie noch mit einer Grundschuld belastet war, geht der noch abzulösende Betrag dieser Grundschuld auf ein Konto der entsprechenden Gläubigerbank, also nicht automatisch der gesamte Kaufpreis an den Eigentümer/Verkäufer. Nur wenn Sie diesen Betrag, den die Gläubigerbank fordert auch auf deren Konto überweisen, ist die Lastenfreistellung (Löschung der bestehenden Grundschuld) zu 100% gesichert.

Den Rest des Kaufpreises zahlen Sie direkt auf das Konto des Verkäufers. Beide Konten werden Ihnen vom Notar in diesem Schreiben mitgeteilt.

Wenn Sie sich strikt an die Vorgaben des Notars halten, sind Sie auf der absolut sicheren Seite.

Sollte Ihnen der Notar versehentlich ein falsches Konto mitteilen, was so gut wie nie vorkommt, aber man kann ja nie wissen, brauchen Sie trotzdem keine Angst zu haben, dass Ihr Geld weg ist. Wenn Sie sich strikt an die Vorgaben des Notars halten, haftet der Notar auch bei einem von Ihm verursachten Fehler. Die Notare sind gut versichert.

Sollten die Kontonummern aus dem Kaufvertrag von den Ihnen durch den Notar mitgeteilten Konten abweichen, fragen Sie beim Notar nach, nie beim Verkäufer direkt. Es kann schon mal vorkommen, dass der Verkäufer nachträglich seine Bankverbindung ändert.

Dies hat er dann dem Notar aber mitzuteilen und der Notar wird Ihnen dies auch mitteilen und bestätigen.
Alle Abweichungen/Änderungen nach Abschluss des Kaufvertrags nur über den Notar vornehmen und sich vom Notar bestätigen lassen.

Kaufpreiszahlung bei einer "noch nicht" fertiggestellten Neubauimmobilie.

Da die Immobilie ja noch nicht fertig gestellt ist, müssen Sie auch noch nicht den gesamten Kaufpreis bezahlen. Die Kaufpreiszahlung bei sich im Bau befindlichen Immobilien richtet sich nach der MaBV (Makler- und Bauträgerverordnung).

Vorab heißt das in Kurzform und vereinfacht ausgedrückt, Sie bezahlen immer erst im Nachhinein für eine bereits vom Bauträger erbrachte Leistung. Die einzelnen Kaufpreisraten werden Ihnen hier, einzeln bezüglich der jeweils bereits fertig gestellten Bauabschnitte, direkt vom Bauträger in Rechnung gestellt. Die Höhe der entsprechenden Raten ist in der MaBV geregelt.

Einen Musterzahlungsplan nach MaBV finden Sie im Anhang.

Erwerbsnebenkosten

Neben dem Kaufpreis müssen Sie als Käufer normalerweise auch noch die üblichen Erwerbsnebenkosten bezahlen.

Dies sind:

- **Grunderwerbssteuer** – Die Grunderwerbsteuer fällt beim Erwerb eines Grundstücks/Immobilie an. Der Steuersatz beträgt in Deutschland mindestens 3,5 %, kann aber von den einzelnen Bundesländern abweichend festgelegt werden. In vielen Bundesländern wurde die Grunderwerbsteuer mittlerweile signifikant erhöht auf 5% und mehr. Informieren Sie sich vorab bei Ihrem zuständigen Finanzamt. Hierüber bekommen Sie automatisch ca. 4 Wochen nach dem Beurkundungstermin vom zuständigen Finanzamt einen Bescheid und haben dann 4 Wochen Zahlungsziel.

- **Notargebühren** – Über die anfallenden Gebühren des Notars für die Beurkundung des Kaufvertrags, der Grundschuldbestellung und für die weitere Abwicklung erhalten Sie direkt vom Notariat eine Gebührenrechnung.

- **Grundbuchgebühren** – Gebühren für Eintragungen, Löschungen, Umschreibungen etc. im Grundbuch. Diese Gebühren sind durch eine Gebührenordnung festgelegt und werden Ihnen von den zuständigen behördlichen Stellen direkt, meist über die Justizkassen in Rechnung gestellt.

Als Richtwert für Notar- und Grundbuchgebühren können Sie ca. 1,5 % nehmen.

Übergabe der Immobilie

Nachdem Sie nun Ihren Teil des Kaufvertrages (Bezahlung des Kaufpreises) erfüllt haben, vereinbaren Sie mit dem Verkäufer den Übergabetermin für die Immobilie.

Entsprechende Checklisten worauf Sie achten müssen und was Sie überprüfen sollten finden Sie im Anhang.

Hier muss man nun unterscheiden zwischen der Übergabe einer gebrauchten Immobilie und einer Neubauimmobilie.

Gebrauchtimmobilie

Die Übergabe einer Gebrauchtimmobilie ist relativ einfach und problemlos. Da Sie die Immobilie in aller Regel gekauft haben….**wie sie liegt und steht**….und eine allgemeine Mängelhaftung normalerweise ausgeschlossen wurde, brauchen und können Sie nicht viel kontrollieren. Vom Verkäufer bewusst verschwiegene Mängel fallen natürlich nicht unter den Mangelausschluss.

Der Zustand der Immobilie darf sich in dem Zeitraum vom Erwerb bis zur Übergabe dieser nur soweit verändert haben, als dies im Rahmen einer gebrauchsmäßigen Abnutzung liegt.

Da dieser Zeitraum normalerweise sehr kurz ist, wird sich am Zustand der Immobilie in der Regel auch nicht großartig was geändert haben. Eine übliche Verwendung der Immobilie während dieser Zeit vorausgesetzt.
Ob eine gravierende Veränderung vorliegt, sollte aber in der Regel sehr leicht feststellbar sein.

Grundsätzlich sollten Sie jedoch mindestens folgendes prüfen und kontrollieren:

- **sind alle mitverkauften Gegenstände vorhanden und funktionsfähig (z.B. Küche, Markisen, Geräte etc.)**
- **Funktionsprüfung aller beweglichen Teile (Türen, Fenster, Rollläden)**

- **Fenster hinsichtlich Glasschäden, dies wird so gut wie nie gemacht, bedenken Sie, der Austausch eine Glasscheibe ist nicht gerade billig.**
- **Funktionsfähigkeit der Heizkörper/Heizungsanlage bei Häusern**
- **Funktionsfähigkeit der Elektrik (Steckdosen, Schalter etc.)**
- **Wenn vereinbart wurde, dass die Immobilie frisch gestrichen übergeben wird, sollten Sie auch kontrollieren, ob diese Arbeiten fachmännisch ausgeführt wurden.**

Fertigen Sie auf jeden Fall ein Übergabeprotokoll an, das von beiden Parteien zu unterschreiben ist und mindestens folgendes enthalten sollte:

- **Anzahl und Bezeichnung der übergebenen Schlüssel**
- **Zählerstände und Zählernummer (Heizung, WW, Gas, Strom)**
- **Übernahmebestätigung/Zustand der mitverkauften Gegenstände**
- **Festgestellte Mängel, sofern sie über das normale Maß der gebrauchsmäßigen Abnutzungen hinausgehen**

Auch wenn Sie und der Verkäufer unterschiedlicher Meinung sind, was nun ein Mangel ist oder nicht, nehmen Sie erst Mal alles zu Protokoll. Wie Sie dann weiter vorgehen und ob Sie sich einigen oder nicht, ist wieder eine andere Sache. Somit haben Sie aber schon mal auf alle Fälle den Sachverhalt schriftlich dokumentiert.

Sofern Sie ein Haus erworben haben empfiehlt es sich die Außenschlösser auszutauschen. Nicht aus Misstrauen dem Verkäufer gegenüber, sondern aus reinen Sicherheitsaspekten.

Bei einer Wohnimmobilie sollten Sie sich vom Verkäufer sein damaliges Übergabeprotokoll zeigen lassen, um die Anzahl der damals übergebenen Schlüssel und der jeweiligen Schlüsselnummern zu kontrollieren. Ist die Anzahl der damals übergebenen Schlüssel mit den Ihnen übergeben Schlüsseln identisch und handelt es sich um Schlüssel einer sog. Schließanlage, sollte alles in Ordnung sein. Solche Schlüssel sind normalerweise nur gegen Vorlage eines Sicherungsscheins nachzumachen. Sie können sich auch noch bei der Hausverwaltung erkundigen, ob diesbezüglich irgendwann ein Mal Schlüssel nachgemacht wurden.

Im Anhang finden Sie eine detaillierte Checkliste mit allem worauf Sie bei der Übergabe einer Gebrauchtimmobilie achten müssen!

Neubauimmobilie

Bei einer Neubauimmobilie die Sie von einem Bauträger erworben haben, gilt eine gesetzliche Gewährleistungsfrist von 5 Jahren nach BGB.

Das heißt aber nicht automatisch, dass Sie bei der Übergabe der Immobilie auf nichts achten müssten. Die Übergabe/Abnahme einer Neubauimmobilie ist wesentlich schwieriger und umfangreicher als bei einer Gebrauchtimmobilie.

Das Übergabe/Abnahmeprotokoll erstellt in diesem Fall der Bauträger bzw. der von ihm damit Beauftragte. Dies ist im Normalfall der jeweilige Bauleiter. Neben der üblichen Schlüsselübergabe und dem Festhalten der Zählerstände gilt es noch auf vieles zu achten.

Im Anhang finden Sie eine Checkliste mit allem worauf Sie bei der Übergabe einer Neubauimmobilie achten müssen!

Was ist weiter zu tun?

Nachdem Sie nun stolzer Besitzer Ihrer eigenen Immobilie sind, müssen Sie nur noch Einziehen und sich Wohlfühlen.

Sofern Sie eine Immobilie gekauft haben, die von einer Hausverwaltung verwaltet wird, sollten Sie der Hausverwaltung noch Ihre Kontaktdaten mitteilen, sowie eine Bankverbindung zur Abbuchung der monatlichen Wohngeldzahlungen.

Ferner auch das Datum für die erste Abbuchung. Dies ist normalerweise der Beginn des nächsten Monats nach Übergabe, sprich nach Übergang von Nutzen und Lasten.

Sollte die Übergabe der Immobilie vor oder nach dem ersten eines Monats erfolgt sein, müssen Sie eventuell entstehende Differenzen bezüglich des anteiligen Wohngelds direkt mit dem Verkäufer abrechnen und ausgleichen.

Ebenso verhält es sich mit der Grundsteuer. Auch diese müssen Sie untereinander abrechnen und ausgleichen. Die Grundsteuer-Erhebungsstellen der Gemeinden führen diese Abrechungen nicht durch. Den Grundsteuerbescheid erhält immer noch derjenige, der zu Zeitpunkt der Erstellung des Grundsteuerbescheids im Grundbuch als Eigentümer eingetragen ist. Hier wird es immer zu zeitlichen Überschneidungen kommen.

Weiter sollten Sie sich bei den entsprechenden Versorgungsunternehmen an bzw. ummelden.

Beim Kauf einer Wohnung brauchen Sie sich um die entsprechenden Gebäudeversicherungen nicht zu kümmern, diese werden über die Hausverwaltung abgeschlossen bzw. sind es bereits. Ob Sie nun eine weitergehende Versicherung für die Wohnung selbst abschließen, steht Ihnen frei. Da Sie ja wahrscheinlich bereits über eine entsprechende Hausratversicherung verfügen, sollten Sie diese jedoch auf alle Fälle an die Gegebenheiten Ihrer neuen Immobilie anpassen.

Beim Erwerb eines Hauses steht es Ihnen frei, welche Versicherungen Sie abschließen. Ausnahme die gesetzlich vorgeschriebene Brandversicherung. Sie können entweder die bestehenden Versicherungen des Verkäufers übernehmen, diese anpassen oder auch alle Versicherungen komplett bei einem anderen Versicherungsunternehmen abschließen.

Mit dem Erwerb einer Immobilie "kaufen" Sie die Wohngebäudeversicherung automatisch mit. Dies ist im Versicherungsvertragsgesetz (VVG) geregelt, damit für den Erwerber keine Versicherungslücke entsteht. Sie können diese Versicherungen aber innerhalb eines Monats, nachdem Sie als neuer Eigentümer ins Grundbuch eingetragen worden sind, kündigen.

Noch ein kleiner Tipp.

Stellen Sie sich bei Ihren Nachbarn nach Ihrem Einzug in Ihre neue Immobilie kurz vor. Tut nicht weh, kostet nicht viel Zeit und ist die beste Basis für eine gute nachbarschaftliche Beziehung. Auch erfährt man so oft auch gleich einiges über das Haus/Wohnung oder die Nachbarschaft.

Ist zwar oft nur Tratsch und Gerede, aber manchmal auch ganz interessant und hilfreich und schaden tut es bestimmt nicht.

Bedeutung gängiger Abkürzungen:

AFA (Abschreibung)
AGB (Allgemeine Geschäftsbedingungen)
AV (Auflassungsvormerkung)
BGF (Bruttogeschossfläche)
BK (Betriebskosten)
BRW (Bodenrichtwert)
DG (Dachgeschoss)
DHH (Doppelhaushälfte)
DT (Dachterrasse)
EBK (Einbauküche)
EFH (Einfamilienhaus)
EK (Eigenkapital)
EG (Erdgeschoss)
ETW (Eigentumswohnung)
FBH (Fußbodenheizung)
FK (Fremdkapital)
GA (Gutachterausschuss)
GFZ (Geschossflächenzahl)
GRZ (Grundflächenzahl)
HK (Heizkosten
HZG (Heizung)
KG (Kellergeschoss)
KP (Kaufpreis)
KT (Kaution)
KV (Kaufvertrag)
LBK (Lokalbaukommission)
MFH (Mehrfamilienhaus)
MV (Mietvertrag)
NFL (Nutzfläche)
NK (Nebenkosten
OG (Obergeschoss)
PROV (Maklerprovision)
REH (Reiheneckhaus)
RH (Reihenhaus)
RMH (Reihenmittelhaus)
SD (Satteldach)
TE (Teilungserklärung)
UG (Untergeschoss, oft auch Kellergeschoss)
WEG (Wohnungseigentumsgesetz)
WFL (Wohnfläche)
WGH (Wohn- und Geschäftshaus)
ZFH (Zweifamilienhaus)
ZWIFI (Zwischenfinanzierungszinsen)

Anhang

Nachfolgend finden Sie jeweils einen Abdruck folgender Verträge und Dokumente:

- **Kaufvertrag**
- **Teilungserklärung**
- **Grundbuchauszug**

- **Wirtschaftsplan**
- **Kaufpreisratenzahlungsplan nach MaBV**

- **Checklisten Besichtigung**
- **Checklisten Übergabe**

Bitte beachten Sie, dass jeder Kaufvertrag, Teilungserklärung sowie Grundbuchauszug von den hier dargestellten Dokumenten inhaltlich und formal entsprechend dem jeweiligen Sachverhalt abweichen kann.

Anhang - Kaufvertrag

Bei nachstehendem Kaufvertrag handelt es sich um ein Muster über den Verkauf einer gebrauchten Immobilie.

Beim Kauf einer Neubauimmobilie vom Bauträger sind die Kaufverträge inhaltlich wesentlich umfangreicher und spezifizierter. Sie enthalten u.a die entsprechende Bauverpflichtung, Sonderwünsche, Fertigstellungstermin etc. etc.). Lassen Sie sich einen Bauträgervertrag unbedingt von einem Fachmann erklären und/bzw. prüfen.

Das Kaufvertragsmuster wurde von einem renommierten Münchner Notariat erstellt.

URNr.xxxx/2011

K A U F V E R T R A G

Heute, den ....(Datum in Worten)

- (Datum)-

errichtete ich,

Notar ,.............Dr. xxxxxxxxxxxxxxxxxx

mit dem Amtssitz in München, in der Geschäftsstelle in 80333 München, xxxxxxx Straße

diese Urkunde.

Dabei waren anwesend:

.................................(Käufer)

und

.................................(Verkäufer)

Die Erschienenen wiesen sich durch Vorlage ihrer gültigen amtlichen Personalpapiere aus, die mit ihrem Einverständnis der Urschrift dieser Urkunde in Kopie beigefügt werden.

Die Vertragsteile erklären, dass sie diesen Vertrag nicht in Ausübung einer gewerblichen oder selbständigen beruflichen Tätigkeit abschließen und für eigene Rechnung handeln.

Kaufvertrag

Auf Ansuchen der Erschienenen beurkunde ich ihren vor mir bei gleichzeitiger Anwesenheit abgegebenen Erklärungen entsprechend nach Unterrichtung über den Grundbuchinhalt folgenden

K a u f v e r t r a g:

I. Grundbuchstand

Im Grundbuch des Amtsgerichts xxxxxxxxxxxfür
xxxxxxxxxx Blatt 1399
ist vorgetragen der Grundbesitz
Gemarkung xxxxxx

Flst. xxxxxx, xxxxxxxstraße, Gebäude- und Freifläche zu xxxx m^2.

(bei einem Wohnungskauf erscheint hier noch der entsprechende Miteigentumsanteil xx,xx / 1.000 verbunden mit dem Sondereigentum an Wohnung Nr.x samt Kellerabteil laut Aufteilungsplan)

Als Eigentümer ist bzw. als Miteigentümer (hier z.B. je zur Hälfte) sind eingetragen:

Herr xxxxxxxxxxxxxxx, geb. am 04.11.1966 und
Frau xxxxxxxxxxxxxx, geb. xxxxx, geb. am 09.09.1967.

Der vorbezeichnete Grundbesitz ist belastet wie folgt:

Abteilung II:
unbelastet oder Aufführung aller im Grundbuch eingetragenen Dienstbarkeiten bzw. Lasten.

Abteilung III:
z.B. 100.000,00 € Buchgrundschuld hier z.B. für die Bayerische Vereinsbank AG, München, nunmehrige Gläubigerbezeichnung:
Bayerische Hypo- und Vereinsbank AG, München;

z.B. 111.400,00 € Briefgrundschuld für die BHW Allgemeine Bausparkasse AG, Hameln.
Dieser Grundbesitz ist Vertragsgegenstand des nachstehend vereinbarten Kaufes.

II. Verkauf, Vormerkung und Auflassung

1. Verkauf

(Verkäuferdaten)..................................

-im folgenden "der Verkäufer" genannt -

v e r k a u f e n

den in Abschnitt I. bezeichneten Grundbesitz mit allen Rechten und dem gesetzlichen Zubehör

a n

(Käuferdaten)....................................

-im folgenden "der Käufer" genannt-.

2. Eigentumsvormerkung

Der Verkäufer bewilligt, zur Sicherung des vorstehend begründeten Anspruchs des Käufers auf Übertragung des Eigentums an dem Vertragsbesitz eine

Kaufvertrag

V o r m e r k u n g

gemäß § 883 BGB in das Grundbuch einzutragen. Der Käufer bewilligt, diese Vormerkung bei Eigentumsumschreibung wieder zu löschen, wenn seit Eintragung der Vormerkung keine Zwischeneintragungen ohne seine Zustimmung erfolgt sind.

3. Auflassung

Die Vertragsteile sind über den vereinbarten Eigentumsübergang an dem Vertragsgegenstand nach Abschnitt II. 1. dieser Urkunde **e i n i g.**

Diese Erklärung der

Auflassung

enthält jedoch ausdrücklich weder die Eintragungsbewilligung noch den Eintragungsantrag.

Der Verkäufer

b e v o l l m ä c h t i g t

den Notar, seinen amtlich bestellten Vertreter oder Nachfolger unwiderruflich und über den Tod hinaus, diese Bewilligung abzugeben.

Von dieser Vollmacht darf jedoch nur Gebrauch gemacht werden, wenn der Verkäufer die Zahlung des geschuldeten Kaufpreises schriftlich bestätigt oder den Notar zur Abgabe der Bewilligung schriftlich ermächtigt hat oder dem Notar die Bezahlung des in dieser Urkunde vereinbarten Kaufpreises sonst nachgewiesen worden ist.

Der Verkäufer verpflichtet sich, diese Bestätigung unaufgefordert abzugeben; mehrere Verkäuferteile bevollmächtigen sich hierzu gegenseitig.

III. Kaufpreis

Der Kaufpreis beträgt **€ [KAUFPREIS IN ZAHLEN:»**
- i.W. Euro [KAUFPREIS IN WORTEN:».

Vom Kaufpreis entfällt ein Teilbetrag von € [BETRAG ANGEBEN:» auf die Berechtigung des Verkäufers an der Instandhaltungsrücklage.

Dieser Kaufpreis ist entsprechend den Bestimmungen der

K a u f p r e i s a u s w e i s u n g,

die dieser Urkunde als Anlage und Bestandteil beigefügt ist, zu bezahlen.

Zahlt der Käufer bei Fälligkeit nicht, hat er die gesetzlichen Verzugszinsen in Höhe von 5 Prozentpunkten über dem jeweiligen Basiszinssatz pro Jahr zu zahlen.

Der Käufer unterwirft sich wegen seiner Verpflichtung zur Zahlung des Kaufpreises der sofortigen Zwangsvollstreckung aus dieser Urkunde in sein gesamtes Vermögen.

Mehrere Käufer haften als Gesamtschuldner.

Der Notar wird angewiesen, eine vollstreckbare Ausfertigung auf Antrag des Verkäufers nach Absendung seiner notariellen Fälligkeitsmitteilung, im Übrigen aber ohne Nachweise zu erteilen.

IV.
Übergang von Besitz, Nutzen und Lasten, Erschließungsbeiträge, Eintritt in die Gemeinschaftsordnung

1. Besitz und Lasten

Der Verkäufer hat dem Käufer den Besitz Zug um Zug gegen Kaufpreiszahlung zu übergeben. Mit dem Besitz gehen Nutzen, die Lasten, insbesondere die Verpflichtung zur Zahlung des Wohngeldes an den Verwalter, die Verkehrssicherungspflicht und die Gefahr der unverschuldeten Zerstörung oder Beschädigung des Vertragsobjektes, insbesondere durch Brand, Wasser, Sturm, Hagel oder Blitzschlag auf den Käufer über, spätestens jedoch bei Eintritt der Kaufpreisfälligkeit.

Bis zur Übergabe hat der Verkäufer den bisherigen Zustand und die bisherige Verwendbarkeit des Vertragsobjektes mit der erforderlichen Sorgfalt aufrechtzuerhalten.
Wegen seiner Übergabeverpflichtung unterwirft sich der Verkäufer der sofortigen Zwangsvollstreckung aus dieser Urkunde. Der Notar wird angewiesen, eine vollstreckbare Ausfertigung auf Antrag des Käufers nach Absendung seiner notariellen Fälligkeitsmitteilung zu erteilen.

Spätestens bei Besitzübergabe wird der Verkäufer dem Käufer die Hauspapiere wie Einheitswertbescheid, Grundrisspläne und Bedienungsanleitungen übergeben, soweit sie vorhanden sind.
Bedingt durch vollständige Kaufpreiszahlung tritt der Verkäufer an den Käufer alle Schadensersatz- und sonstigen Ansprüche, insbesondere auch Versicherungsansprüche ab, soweit sie ab Gefahrübergang für das Vertragsobjekt bestehen.

Das Vertragsobjekt ist nicht vermietet. Der Verkäufer ist nicht verpflichtet, noch Räumungsarbeiten auszuführen.

(Sofern das Objekt vermietet ist gilt **XII**. dieser Urkunde)

2. Anlieger- und Erschließungsbeiträge

Der Verkäufer garantiert, dass die **gesamte öffentlich rechtliche Erschließung** des Vertragsbesitzes gemäß BauGB und Kommunalabgabengesetz mit Straßenausbau, Wasserversorgung und Entwässerung durchgeführt, endabgerechnet und bezahlt ist.

Sollten wider Erwarten noch Zahlungen für den derzeitigen Ausbauzustand verlangt werden, hat sie der Verkäufer zu tragen.

Hinsichtlich der vorhandenen **privatrechtlichen Versorgungsanlagen**, wie z. B. Elektrizität und Wasser sowie - sofern vorhanden - Gas etc. hat der Käufer ab Lastenübergang Vereinbarungen mit den Versorgern zu treffen.

3. Eintritt in die Eigentümergemeinschaft

a) Der Käufer hat ein Exemplar der Teilungserklärung mit Gemeinschaftsordnung erhalten. Der Notar hat darauf hingewiesen, dass sich Rechte und Pflichten der Wohnungs- und Teileigentümer auch aus den Beschlüssen der Eigentümerversammlung ergeben können, und empfohlen, sich hierüber zu informieren.
Der Verkäufer versichert, den Käufer über den Inhalt aller wichtigen Beschlüsse der Eigentümerversammlung unterrichtet zu haben, insbesondere über die Höhe des Wohngeldes und Bestellung des Verwalters.
Er garantiert auch, mit Wohngeldzahlungen und sonstigen Leistungen gegenüber der Eigentümergemeinschaft nicht im Rückstand zu sein. Der

Käufer wurde vom Notar darauf hingewiesen, dass er für etwaige Wohngeldrückstände des Verkäufers haftet, wenn dies in der Gemeinschaftsordnung bestimmt worden ist.
Der Verkäufer erklärt weiter, dass die Eigentümergemeinschaft keine Maßnahmen beschlossen hat, die zu Sonderumlagen führen werden, und dass nach seiner Kenntnis derartige Beschlüsse auch nicht unmittelbar bevorstehen. Sollte wider Erwarten noch bis zum Eigentumsübergang eine Sonderumlage beschlossen werden, hat diese der Käufer zu tragen.

b) Mit Besitzübergang tritt der Käufer in alle Rechte und Pflichten des Verkäufers gegen die Eigentümergemeinschaft und den Verwalter ein. Das laufende Wirtschaftsjahr soll zwischen den Vertragsteilen zeitanteilig entsprechend der in vorstehender Ziffer 1. getroffenen Lastenverteilungsabrede abgerechnet werden.

Der Notar hat darüber belehrt, dass unabhängig von dieser Vereinbarung der Verkäufer nach den gesetzlichen Bestimmungen bis zur Eigentumsumschreibung gegenüber der Eigentümergemeinschaft für die Kosten und Lasten des gemeinschaftlichen Eigentums und seiner Verwaltung ebenfalls haftet, danach allein der Käufer. Wird einer der Vertragsbeteiligten für Schulden der Eigentümergemeinschaft gegenüber Dritten nach § 10 Abs. 8 WEG in Anspruch genommen, trifft dies im Innenverhältnis den Verkäufer für die vor Lastenübergang fällig gewordenen, den Käufer für danach fällig werdende Verbindlichkeiten. Wechselseitige Absicherungen, etwa durch Bürgschaften, halten die Beteiligten nicht für erforderlich.
Der Käufer hat den Verwalter vom Besitzübergang zu verständigen.

c) Der Verkäufer bevollmächtigt den Käufer, ihn ab Besitzübergang als Mitglied der Wohnungseigentümergemeinschaft zu vertreten. Insbesondere ist er zur Stimmabgabe bei allen künftigen Wohnungseigentümerversammlungen berechtigt. Bei Unwirksamkeit der vereinbarten Stimmrechtsübertragung verpflichtet sich der Verkäufer, nach Weisung des Käufers abzustimmen.

V.
Verkäuferpflichten, Rechte des Käufers bei Mängeln

1. Besitz und Eigentumsverschaffung, Lastenfreistellung

Der Verkäufer ist verpflichtet, Besitz und Eigentum am Vertragsobjekt frei von Rückständen an öffentlichen Abgaben und Lasten, frei von im Grundbuch eingetragenen Belastungen und Beschränkungen und frei von Miet-, Pacht- und sonstigen Nutzungsverhältnissen zu verschaffen, soweit diese vom Käufer nicht ausdrücklich übernommen oder mit seiner Zustimmung eingeräumt werden.
Das Vertragsobjekt darf keiner Wohnungsbindung oder Bindung aufgrund sozialer Wohnraumförderung unterliegen.

Der Käufer übernimmt die derzeit in Abteilung II eingetragenen und in Abschnitt I. dieser Urkunde aufgeführten Belastungen mit den zugrunde liegenden Verpflichtungen.

Der Notar wird beauftragt, zur vereinbarten Lastenfreistellung für die Grundschulden zu [BETRAG ANGEBEN:» für die [GLÄUBIGER ANGEBEN:» die Löschungsbewilligung zu entwerfen, den Entwurf dem Gläubiger zu übersenden und die von ihm abgegebene Löschungsbewilligung für beide Vertragsteile und die an der Kaufpreisfinanzierung beteiligten Gläubiger entgegenzunehmen und zu verwenden und im Zusammenhang damit vom Gläubiger gemachte Treuhandaufträge zu übernehmen.

Bedingt durch vollständige Kaufpreiszahlung überträgt der Verkäufer sicherungshalber alle seine Rechte und Ansprüche für die zu löschenden Grundschulden auf den Käufer.

Die Übertragung entfällt, sobald die vereinbarte Lastenfreistellung im Grundbuch durchgeführt ist.

2. Beschaffenheitsvereinbarungen

Bei dem Vertragsobjekt handelt es sich um eine Gebrauchtimmobilie.

Der Verkäufer erklärt, dass er keine Kenntnis hat
- von versteckten wesentlichen Mängeln, die ohne besondere Sachkunde nicht erkennbar sind;
- von Umständen, aus denen sich ein baurechtswidriger Zustand ergibt.

Er erklärt weiter:

- Die Ver- und Entsorgungseinrichtungen wie Heizung, Wasser- und Abwasseranlagen, die Stromversorgung und die vorhandenen Elektroanlagen sind funktionstauglich;
- der Zustand des Vertragsobjektes hat sich vom Tag der letzten Besichtigung durch den Käufer bis heute nicht verschlechtert
- der Vertragsbesitz liegt nicht im förmlich festgelegten Sanierungsgebiet nach § 142 BauGB.

Weitere Beschaffenheits- oder Garantieerklärungen werden vom Verkäufer nicht abgegeben.

3. Ausschluss von Mängelansprüchen

a) Der Käufer erklärt, hinreichend Gelegenheit zur eingehenden Besichtigung des Vertragsobjektes gehabt zu haben. Es wird im derzeitigen altersbedingten Zustand verkauft. Soweit nicht wegen Unrichtigkeit der vorstehend in Ziffer 2. abgegebenen Verkäufer-erklärungen Mängelansprüche bestehen, werden alle Rechte und Ansprüche des Käufers wegen heute vorhandener offener oder versteckter Sachmängel am Sonder- und Gemeinschaftseigentum ausgeschlossen, insbesondere wegen des Flächenmaßes der Wohnung und der Beschaffenheit und des Bauzustandes des Gebäudes. Schadensersatzansprüche hat der Käufer nur bei vorsätzlichem Verhalten des Verkäufers.

b) Wegen etwaiger ab heute bis zu dem in Abschnitt IV. 1. vereinbarten Zeitpunkt des Gefahrüberganges entstandener Verschlechterungen hat der Käufer gegen den Verkäufer nur insoweit Mängelansprüche, als sie das Maß der gewöhnlichen Abnutzung übersteigen und allein das verkaufte Sondereigentum betreffen. Die Verjährungsfrist der Ansprüche des Käufers deswegen wird auf drei Monate ab Übergabe verkürzt.

c) Soweit dem Verkäufer noch Rechte und Ansprüche wegen Mängeln gegen Handwerker oder sonstige Unternehmer wegen der von ihnen am Gemeinschaftseigentum oder am hier verkauften Sondereigentum durchgeführten Reparaturen zustehen, tritt er diese Mängelansprüche - bedingt durch vollständige Kaufpreiszahlung - an den Käufer ab, der diese Abtretung annimmt. Der Verkäufer haftet nicht dafür, dass diese abgetretenen Mängelansprüche durchsetzbar sind und schließt seine eigene Haftung dafür aus.

VI.
Hinweise

Die Beteiligten wurden insbesondere über Folgendes belehrt:

Kaufvertrag

1. Das Eigentum geht erst mit der Eigentumsumschreibung im Grundbuch auf den Käufer über.

   Die Umschreibung kann erst erfolgen, wenn
   a) die geschuldete Kaufpreiszahlung dem Notar nachgewiesen ist,
   b) die Unbedenklichkeitsbescheinigung des Finanzamtes wegen der Grunderwerbsteuer erteilt ist
   c) die Verwalterzustimmung vorliegt, sofern erforderlich.

2. Für den Umfang des gemeinschaftlichen Eigentums und des Sondereigentums, die Rechtsverhältnisse der Miteigentümer untereinander, die Gebrauchsregelung und die Verwaltung gelten die Bestimmungen des Wohnungseigentumsgesetzes und die Gemeinschaftsordnung, die bindenden Beschlüsse der Eigentümergemeinschaft und der mit dem Verwalter abgeschlossene Vertrag.

3. Unabhängig von den in dieser Urkunde getroffenen Vereinbarungen haftet der Käufer für etwaige Rückstände an öffentlichen Abgaben und Erschließungsbeiträgen.

4. Alle zwischen den Vertragsteilen getroffenen Vereinbarungen, insbesondere die vom Käufer zu erbringenden Gegenleistungen, müssen richtig und vollständig beurkundet werden, anderenfalls sind die nicht beurkundeten Vereinbarungen und auch der beurkundete Kaufvertrag unwirksam.

5. Auch private Veräußerungsgeschäfte können der Einkommensteuer nach § 23 EStG unterliegen.

6. Das Verwaltungsvermögen gehört der Wohnungseigentümergemeinschaft. Jeder Wohnungseigentümer haftet für die während seiner Zugehörigkeit zur Gemeinschaft entstandenen oder fällig gewordenen Verbindlichkeiten quotal entsprechend seinem Miteigentumsanteil.

VII.
Notarermächtigung

Die Vertragsteile beauftragen und bevollmächtigen den Notar unter Befreiung von den Beschränkungen des § 181 BGB, den Vollzug dieser Urkunde im Grundbuch herbeizuführen sowie alle dazu erforderlichen oder zweckdienlichen Erklärungen abzugeben und in Empfang zu nehmen.

Die zur Wirksamkeit dieser Urkunde erforderlichen Genehmigungen sollen mit ihrem Eingang beim Notar allen Beteiligten gegenüber als mitgeteilt gelten und damit rechtswirksam sein.

VIII.
Kosten und Abschriften

Die Kosten für die Beurkundung und den Vollzug dieses Vertrages sowie die Grunderwerbsteuer trägt der Käufer.
Etwaige Kosten für die Lastenfreistellung trägt der Verkäufer.

Der Notar hat darauf hingewiesen, dass die Vertragsteile für die Grunderwerbsteuer und alle Kosten als Gesamtschuldner haften.

Von dieser Urkunde erhalten:

Ausfertigungen:
- der Verkäufer,
- der Käufer,
- das Grundbuchamt,

einfache Abschriften:
- das Finanzamt -Grunderwerbsteuerstelle-,
- der zuständige Gutachterausschuss.

Beglaubigte Abschrift:
- der Verwalter, [NAME VERWALTER ANGEBEN:»,
- der Finanzierungsgläubiger des Käufers,
- der in Abschnitt I. genannte Grundpfandrechtsgläubiger des Verkäufers.

IX.
Inventar

Mitverkauft und im Kaufpreis mit einem Betrag von € (BETRAG ANGEBEN) enthalten ist sind:

.............Angabe der mitverkauften Gegenstände und Einrichtungen

Eine nachträgliche andere Bewertung dieses mitverkauften Inventars soll den vereinbarten Gesamtkaufpreis nicht verändern.

Das mitverkaufte Inventar ist gleichzeitig mit der Immobilie zu übergeben. Die Vertragsteile sind darüber einig, dass das Eigentum hieran übergeht, wenn der gesamte Kaufpreis gezahlt ist.
Das mitverkaufte Inventar befindet sich in einem seinem Alter entsprechenden Zustand. Dieser wird als vertragsgerecht vereinbart.

X.
Mitwirkung bei der Finanzierung

2. Der Verkäufer verpflichtet sich, zur Erleichterung der Kaufpreisfinanzierung bereits vor Umschreibung des Eigentums an dem Vertragsobjekt Grundpfandrechte nebst Zinsen und Nebenleistungen in beliebiger Höhe zu bestellen und den Grundbesitz der sofortigen Zwangsvollstreckung nach § 800 ZPO zu unterwerfen. Die Kosten hierfür trägt der Käufer unbeschadet dessen, dass der Verkäufer hierfür gesetzlich als Zweitschuldner mithaftet.

Die Grundpfandrechte dürfen nur zugunsten von Kreditinstituten oder Versicherungen, die der deutschen Kreditaufsicht unterliegen, und zugunsten von staatlichen Darlehensgebern bestellt werden.

3. Die Grundpfandrechte dürfen bis zur Kaufpreiszahlung, längstens bis zur Eigentumsumschreibung, ausschließlich zur Sicherung von Darlehen dienen, die dem Käufer zur Zahlung des Kaufpreises für das von ihm in dieser Urkunde erworbene Objekt gewährt werden. Die Gläubiger dürfen daher die Grundpfandrechte bis dahin nur insoweit als Sicherheit verwerten oder behalten, als sie für den Käufer Zahlungen aus diesem Kaufvertrag an den Verkäufer oder seine abzulösenden Gläubiger leisten. Alle weiteren Sicherungsabreden gelten erst ab vollständiger Kaufpreiszahlung, spätestens aber ab Eigentumsumschreibung auf den Käufer.

   Die Gläubiger sind daher unwiderruflich anzuweisen, die Darlehensvaluta nur nach Maßgabe der in diesem Kaufvertrag getroffenen Vereinbarungen auszuzahlen. Der Notar wird beauftragt, den Gläubigern diese Zweckerklärung mitzuteilen.

4. Der Verkäufer erteilt dem Käufer Vollmacht zur Abgabe aller Erklärungen, zu denen er nach dem Vorstehenden verpflichtet ist.

   Die Vollmacht berechtigt dazu, Bewilligungen und Anträge abzugeben, um den Grundpfandrechten die gewünschte Rangstelle zu verschaffen. Sie ist beschränkt auf Beurkundungen vor dem amtierenden Notar, seinem Sozius oder seinem amtlich bestellten Vertreter oder Nachfolger. Sie ist dem Grundbuchamt gegenüber unbeschränkt und gilt auch vor Erteilung der zur Wirksamkeit des Vertrages eventuell notwendigen Genehmigungen.

   Der Käufer übernimmt die so bestellten Grundpfandrechte mit Eigentumsumschreibung.

Kaufvertrag

Alle Eigentümerrechte und -ansprüche werden aufschiebend bedingt mit der Kaufpreiszahlung an den Käufer abgetreten.

Mehrere Käufer werden je einzeln bevollmächtigt und bevollmächtigen sich auch untereinander in gleicher Weise einzeln und gegenseitig.

Jeder Käuferteil bevollmächtigt hiermit den anderen, auch Erklärungen zur Übernahme der persönlichen gesamtschuldnerischen Haftung für die Zahlung eines Geldbetrages in Höhe des Grundschuldbetrages (abstraktes Schuldbekenntnis) abzugeben und ihn deswegen der sofortigen Zwangsvollstreckung in das gesamte Vermögen zu unterwerfen und alle Erklärungen, Bewilligungen und Anträge zur Beschaffung der bedungenen Rangstelle abzugeben, insbesondere auch den Rangrücktritt der Vormerkung hinter die bestellten Grundpfandrechte zu erklären.

Der Notar hat über die Bedeutung des abstrakten Schuldbekenntnisses und die Zwangsvollstreckungsunter-werfung belehrt.

XI.
Eintragungsanträge

Zur Eintragung im Grundbuch wird b e a n t r a g t:

Vom **Käufer**

- die Eigentumsvormerkung für ihn;

- die Eigentumsumschreibung auf ihn in dem in Abschnitt II. 1. angegebenen Erwerbsverhältnis und die Löschung der Eigentumsvormerkung Zug um Zug mit Eigentumsumschreibung.

Vom **Verkäufer**
- der Vollzug der vom Notar vorgelegten Freigaben und Löschungen.

XII.
Mietvertrag

Entweder: Das vertragsgegenständliche Objekt ist wie hier nicht vermietet, dann entfällt XII. Mietvertrag

oder

falls die Immobilie vermietet ist, gilt folgendes:

5. Der Vertragsbesitz ist vermietet.

   a) Der Verkäufer garantiert jedoch, dass die vermieteten Wohnräume nach der Überlassung an den Mieter nicht in Wohnungseigentum umgewandelt wurden.

   b) Die Vertragsteile wurden darauf hingewiesen, dass der Käufer nach § 566 Abs. 1 BGB anstelle des Verkäufers in alle Rechte und Pflichten aus dem Mietverhältnis in seinem jetzigen Bestand eintritt. Die Mieterverständigung werden die Beteiligten unverzüglich vornehmen.

   c) Der Verkäufer garantiert, dass dem Mieter bei Beendigung des Mietverhältnisses keine Verwendungsersatz- oder Wegnahmeansprüche zustehen.

6. Der Notar hat darauf hingewiesen, dass eine Kündigung von Mietverhältnissen wegen gesetzlicher Kündigungsschutzbestimmungen rechtlich schwierig ist. Eine Beratungspflicht hierzu hat er nicht übernommen.

Der Verkäufer erteilt hiermit dem Käufer Vollmacht, ihn in allen das Mietverhältnis betreffenden Angelegenheiten ab dem Zeitpunkt des Besitzüberganges zu vertreten.

7. Der Verkäufer wurde darauf hingewiesen, dass er nach § 566 Abs. 2 BGB für die vom Käufer zu erfüllenden vertraglichen Vermieterpflichten wie ein selbstschuldnerischer Bürge haftet. Von dieser Haftung wird er befreit, wenn er dem Mieter den Eigentumsübergang mitteilt und der Mieter das Mietverhältnis nicht zum nächstzulässigen Termin kündigt.

8. Der Käufer tritt ab dem Zeitpunkt des Besitzüberganges in die Rechte und Pflichten aus dem Mietverhältnis ein.

   Die Miete steht ihm für die Zeit ab dem Tage des Besitzüberganges zu. Der Verkäufer tritt ihm ab diesem Zeitpunkt die Mietansprüche gegen den Mieter ab.
   Der Käufer nimmt diese Abtretung an.
   Garantien über die Höhe des Mietertrages oder den Mieteingang werden nicht vereinbart.

   Der Verkäufer garantiert, dass er keine Mietvorauszahlungen für die Zeit nach dem Besitzübergang erhalten hat und auch nicht entgegennehmen wird und dass er keine Vorausverfügung über die Miete getroffen hat.

   Vom Mieter geleistete Vorauszahlungen auf die Nebenkosten sollen zwischen den Vertragsteilen zum Zeitpunkt des Besitzübergangs abgerechnet werden.

9. Der Käufer kennt den Mieter und den Mietvertrag.

   Eine Kopie des Vertrages wurde ihm bereits übergeben. Das Original wird unverzüglich nach Kaufpreiszahlung übergeben.

   Der Verkäufer versichert, dass er mit dem Mieter keine anderen Vereinbarungen als die darin niedergelegten getroffen hat.

10. Der Mieter hat eine Mietsicherheit in Form einer [ANGEBEN: BÜRGSCHAFT ODER KAUTION:» in Höhe von € [BETRAG ANGEBEN:») geleistet.

Der Käufer tritt mit Besitzübergang in die Rechte und Pflichten aus der dazu getroffenen Vereinbarung ein.

Die Mietsicherheit wird dem Käufer nach Kaufpreiszahlung übertragen.

Der Verkäufer wurde darauf hingewiesen, dass er ohne zeitliche Beschränkung für die Rückgabe der Sicherheit bei Beendigung des Mietverhältnisses weiterhaftet, wenn der Mieter diese vom Käufer nicht erlangen kann, bis er vom Mieter aus dieser Verpflichtung entlassen wird. Der Notar wird nicht beauftragt, hierzu tätig zu werden.

Bei Bauträgerkaufverträgen kommen u.a. z.B. noch folgende Absätze/Inhalte hinzu:

- Bauverpflichtung
- Baubeschreibung
- Sonderwünsche
- garantierter Fertigstellungstermin
- Schadenersatzklausel bei Überschreitung des Fertigstellungstermins
- Recht zur Änderung der Teilungserklärung durch den Bauträger
- Recht des Bauträgers zur eventuellen notwendigen Änderung der Materialen und der Bauausführung
- detaillierter Kaufpreiszahlungsplan (Raten nach MaBV)
- eventuell Bürgschaftsstellung durch den Bauträger

(all diese Punkte sind unter dem jeweiligen Begriff (siehe Begriffserklärungen) umfassend erläutert.

Kaufvertrag

Die Urkunde samt Anlagen wurde vom Notar vorgelesen, von den Erschienenen genehmigt und eigenhändig unterschrieben

Anlage

Kaufpreisausweisung

Der Kaufpreis ist **innerhalb von (üblich sind 10 - 14 Tage)** zu bezahlen, nachdem der amtierende Notar den Beteiligten schriftlich mitgeteilt hat, dass folgende Voraussetzungen vorliegen:

11. Die **Eigentumsvormerkung** ist für den Käufer im Grundbuch im unmittelbaren Rang nach den derzeit eingetragenen Belastungen **eingetragen,** wobei im Interesse des Käufers bestellte Finanzierungsgrundpfandrechte der Vormerkung im Rang auch vorgehen dürfen.

12. Dem Notar liegen alle Unterlagen in grundbuchtauglicher Form für die Freistellung des Vertragsbesitzes von den nicht übernommenen Belastungen und Beschränkungen vor, die der Vormerkung des Käufers vorgehen oder gleichstehen, und zwar entweder auflagenfrei oder unter Auflagen, zu deren Erfüllung der vereinbarte Kaufpreis ausreicht.

    Der Käufer ist berechtigt und verpflichtet, die von den Gläubigern für die Lastenfreistellung verlangten Beträge bis zur Höhe des Kaufpreises unmittelbar mit schuldbefreiender Wirkung an diese Gläubiger zu bezahlen, ohne dass sie zuvor vom Verkäufer anerkannt wurden. Insoweit richtet sich der Kaufpreisanspruch nur auf Erfüllung der Gläubigerforderungen, nicht auf Zahlung an den Verkäufer oder sonstige Dritte. Dies wird hiermit vertraglich bindend vereinbart.

    Der Notar hat darauf hingewiesen, dass die Löschung der eingetragenen Grundschulden nicht sichergestellt ist, wenn abweichend von den Auflagen der Gläubiger gezahlt wird.

Der Notar hat darauf hingewiesen, dass bei vorzeitiger Kündigung eines Darlehens eine Vorfälligkeitsentschädigung entstehen kann.

Der Notar wird beauftragt, die Vertragsteile vom Vorliegen dieser Voraussetzungen durch einfachen Brief zu verständigen.

Maßgebend für den Beginn der vorbezeichneten Frist ist der Zugang der Notarmitteilung beim Käufer. Die Frist beginnt auch dann, wenn der Käufer vom Vorliegen der Fälligkeitsvoraussetzungen auf andere Weise als durch die Notarmitteilung Kenntnis erlangt.

Maßgebend für die Rechtzeitigkeit der Zahlung ist die Gutschrift des Geldbetrages auf dem Empfängerkonto.

Der Kaufpreis ist auf folgendes Konto des Verkäufers zu überweisen:

Bank: [BANK EINFÜGEN:»
BLZ: [BLZ EINFÜGEN:»
Konto-Nr.: [KONTO-NR. EINFÜGEN:»,

soweit er nicht entsprechend dem Mitteilungsschreiben des Notars zur Kaufpreisfälligkeit für die Lastenfreistellung auf Konten von eingetragenen Grundschuldgläubigern zu überweisen ist.

Bei Bauträgerverträgen über eine noch nicht fertig gestellte Immobilie erscheint hier der Kaufpreisratenzahlungsplan nach der MaBV, sowie entsprechende Klauseln und Hinweise über die Kaufpreisfälligkeitsvoraussetzungen.

Anhang - Teilungserklärung

Diese Muster-Teilungserklärung wurde von einem renommierten Münchner Notariat erstellt.

URNr.xxxx/2011

Teilungserklärung nach § 8 WEG

Heute, am.................... (Datum in Worten)

erschien vor mir,

Dr. xxxxxxxxxxxxxxxx ,

Notar mit dem Amtssitz in München, an der Geschäftsstelle in 80333 München, xxxxxxxx Str. xxxxx:

..............(Daten des/der Eigentümer)

Auf Ansuchen der Erschienenen beurkunde ich den vor mir abgegebenen Erklärungen entsprechend, was folgt:

TEIL B.
AUFTEILUNG IN WOHNUNGS- UND TEILEIGENTUM

§ 1
Grundbuchstand

Herr _____ und Frau ______(Eigentümernamen)
sind (hier z.B.) je zur Hälfte als Miteigentümer des im Grundbuch des Amtsgerichts München für

Blatt xxxxx

vorgetragenen Grundbesitzes
Gemarkung (xxxxxxxx)

(Grundbuchbeschreibung)

eingetragen.

Die eingetragenen Belastungen sind bekannt. Eine Wiedergabe wird nicht gewünscht.

§ 2

EINRÄUMUNG VON SONDEREIGENTUM

Der Eigentümer teilt das Eigentum an dem vorbezeichneten Grundstück gemäß § 8 Abs. 1 WEG in der Weise auf, dass mit jedem Miteigentumsanteil an diesem Grundstück, das Sondereigentum an zu Wohnzwecken oder an nicht zu Wohnzwecken dienenden Räumen in dem auf dem Grundstück errichteten Gebäude verbunden ist.

Diese Aufteilung wird wie in der Anlage I beschrieben durchgeführt.

Zu jeder Wohnung gehört auch das Sondereigentum an einem Kellerraum welcher mit derselben Nummer wie die Wohnung im Kellergeschossplan gekennzeichnet ist.

Hinsichtlich der Nummerierung, Lage und des Umfanges des Sondereigentums der einzelnen Einheiten wird auf die dieser Urkunde als Anlage II beigefügten bestätigten Aufteilungspläne Bezug genommen.

Die für die Aufteilung maßgebliche Abgeschlossenheitsbescheinigung der Landeshauptstadt München vom _________, samt der bestätigten Aufteilungspläne (xxx Pläne, Nr. xxx), liegen bei Beurkundung vor und werden dem Grundbuchamt zusammen mit einer Ausfertigung dieser Urkunde mit eingereicht.

Teilungserklärung

Eine Kopie der Abgeschlossenheitsbescheinigung ist dieser Urkunde als Beilage beigefügt. Auf eine Mitausfertigung der bestätigten Aufteilungspläne wird verzichtet.

§ 3

GEGENSTAND DES WOHNUNGSEIGENTUMS

1.
Begriffsbestimmungen

a) Wohnungseigentum und Teileigentum
Wohnungseigentum ist das Sondereigentum an einer Wohnung in Verbindung mit dem Miteigentumsanteil an dem gemeinschaft-lichen Eigentum, zu dem es gehört.

Teileigentum ist das Sondereigentum an nicht zu Wohnzwecken dienenden Räumen oder an einem Kfz.-Abstellplatz in der Tiefgarage in Verbindung mit dem Miteigentumsanteil an dem gemeinschaftlichen Eigentum, zu dem es gehört.

b) Gemeinschaftliches Eigentum
Gemeinschaftliches Eigentum sind das Grundstück, sowie die Teile, Anlagen und Einrichtungen der Gebäude, die nicht im Sondereigentum oder im Eigentum eines Dritten stehen.

c) Sondernutzungsrecht
Sondernutzungsrecht ist die Regelung des Gebrauchs des gemeinschaftlichen Eigentums an bestimmten Grundstücks- oder Gebäudeteilen dahingehend, dass bestimmte Grundstücks- oder Gebäudeteile einem oder mehreren Miteigentümern zur alleinigen Nutzung unter Ausschluss der übrigen Miteigentümer zugewiesen werden.

2.
Gegenstand des Sondereigentums

Gegenstand des Sondereigentums sind die in § 2 der Teilungserklärung bezeichneten Räume sowie die zu diesen Räumen gehörenden Bestandteile der Gebäude, die verändert, beseitigt oder eingefügt werden können, ohne dass dadurch gemeinschaftliches Eigentum oder ein auf Sondereigentum beruhendes Recht eines anderen Wohnungseigentümers über das nach § 14 WEG zulässige Maß hinaus beeinträchtigt oder die äußere Gestaltung verändert wird.

In Ergänzung dieser Bestimmung wird festgelegt, dass zum Sondereigentum gehören:

a) der Fußbodenbelag und der Deckenputz der im Sondereigentum stehenden Räume,
b) die nichttragenden Zwischenwände innerhalb der Sondereigentumseinheiten,
c) der Wandputz und die Wandverkleidung sämtlicher zum Sondereigentum gehörenden Räume, auch soweit die putztragenden Wände nicht zum Sondereigentum gehören,
d) die Innentüren, die Innenfenster, die inneren Fensterbänke, sowie die Innenseiten der Wohnungseingangstüren, etwaiger Sonnen-schutz, innenliegende Treppen, die Rollläden,
e) Anlagen und Einrichtungen innerhalb der im Sondereigentum stehenden Räume soweit sie nicht dem gemeinschaftlichen Gebrauch der Wohnungseigentümer dienen.

Danach stehen im Sondereigentum:

Die in jeder Einheit befindlichen Heizkörper, Wasch- und Badeinrichtungen, die elektrischen Lüfter in innenliegenden Bädern und WC's, die Gartenwasserhähne im Bereich von Sondernutzungsrechten - soweit vorhanden - sowie die Zu- und Ableitungen der Versorgungs- und Entwässerungsanlagen jeder Art von den Hauptsträngen an, soweit diese Gegenstände wesentliche Bestandteile des Grundstücks i. S. der §§ 93 und 94 BGB sind, z.B. Sicherungskästen, Sprechanlage, Anschlüsse für Rundfunk- und Fernsehen (Sattelitenanlage), jeweils von dem Punkt, an dem die

Leitungen von den Steigleitungen in ein Sondereigentum abzweigen, die WC-Anlagen.

3.
Gegenstand des gemeinschaftlichen Eigentums

Gegenstand des gemeinschaftlichen Eigentums sind die Räume und Gebäudeteile, die nicht nach vorstehend Nr. 2 zum Sondereigentum erklärt sind.

Hierzu zählen insbesondere:

a) Grund und Boden,
b) die Fundamente, die Kellermauern einschließlich der Kellereingänge, die Kellerböden, die Lichtschächte und deren Roste, die Abtrennungen der Kellerabteile,
c) die tragenden und konstruktiven Teile der Tiefgarage wie Umfassungswände, Stützen, Unterzüge, Decken samt Isolierungsaufbau, Fußbodenkonstruktion, Tiefgaragentor,
d) die Umfassungsmauern, die tragenden Zwischenwände und die Mauern oder sonstigen Bestandteile der Häuser, die die Wohnung oder den Raum/die Räume eines Miteigentümers von der/dem eines anderen oder von gemeinschaftlichen Räumen abgrenzen, die Kamine (im Bereich des Sondereigentums ohne Verputz), die Geschossdecken, ferner Trennwände, Geländer der Terrassen, der Balkone sowie die Kragplatten und Brüstungen der Balkone und Hauseingangsvordächer,
e) die Dachkonstruktion sowie die Dachhaut,
f) die Fenster (einschließlich der Glasscheiben), die äußeren Fensterbleche und Rollladenkästen,
g) die Hauseingänge und die Treppenhäuser, die Treppen (soweit sie sich nicht innerhalb eines Sondereigentums befinden), Treppenflure und -fenster, die Wohnungsabschlusstüren mit Ausnahme des innenseitigen Anstriches, die Kellerraumtüren, Balkon- und Terrassenabschlusstüren,
h) der Hausmeisterkeller, sowie einzelne, dem gemeinsamen Gebrauch dienenden Räume, wie z.B. Hausanschluss- und Zählerräume, der Heizraum, der Waschraum, die für die Eigentümergemeinschaft angeschafften Müllbehälter,

i) die Installationen, die allen oder mehreren Miteigentümern dienen, wie z.B. die Sattelitenanlagen nebst Verstärker/Verteiler und allen Leitungen hierfür, sämtliche Steig- und Falleitungen für Strom, Wasser, Fernwärme, jeweils von dem Übergabepunkt bzw. vom Haus- oder Kesselanschluss bis zu dem Punkt, an dem die Leitungen von den Steigleitungen in ein Sondereigentum abzweigen bzw. von dort einmünden, die Leerrohre für Telefon und die vorbezeichneten Leitungen,

j) die Heizungs-, Entlüftungs- und Be-/Entwässerungsrohre und -anlagen sowie die Verbrauchserfassungsgeräte, außer den in Teil A § 3 Ziff. 2. beschriebenen Installationsteilen, die Wasser-, Strom- und Kanalanschlussleitungen, soweit sie nicht im Eigentum der jeweiligen Versorgungsinstitute verbleiben,

k) die baulichen Teile der Lüftungsanlagen für die Bäder und WC's, jedoch ohne die Lüfter selbst - soweit vorhanden -,

l) die Außenanlagen wie z.B. die Grünflächen, Anpflanzungen, Hofanlage, Wege, Gartenplatten, Ruhebänke,

m) alle für die Betreuung der Anlage vorhandenen oder anzu-schaffenden Geräte oder Verbrauchsmaterialien.

4.
Gegenstand der Sondernutzungsrechte

a) Die im Erdgeschoss befindlichen Terrassen der Wohnungen Nr. 1, 2, 9 und 10, die in dem dieser Urkunde als **Anlage III** und Bestandteil beigefügten Sondernutzungsrechtsplan rot umrandet und mit der Bezeichnung zu welcher Wohnung sie gehört, bezeichnet sind, werden dem jeweiligen Eigentümer der entsprechend bezeichneten Einheit als Sondernutzungsrecht unentgeltlich zugewiesen und zur alleinigen Nutzung überlassen.
Die Nutzung dieser Terrassen wird durch den Bestand und die Benutzung der in diesem Bereich befindlichen Licht- und Luftschächte eingeschränkt.

b) Die Übertragung von Sondernutzungsrechten auf andere Wohnungseigentümer ist ohne Zustimmung des Verwalters oder der Gemeinschaft der Eigentümer zulässig und zwar ganz oder teilweise.

c) Soweit bestimmten Wohnungs- und Teileigentümern Teile des Gemeinschaftseigentums als Sondernutzungsrecht zum ausschließlichen Gebrauch zugewiesen werden, tragen diese jeweils auch allein alle Lasten sowie die Kosten der Instandhaltung und Instandsetzung dieses Gemeinschaftseigentums, soweit diese ausscheidbar und mit zumutbarem Aufwand für das betreffende Gemeinschaftseigentum festgestellt werden können und soweit vorstehend nichts anderes vereinbart ist.

d) Diese Vereinbarungen werden jedoch insoweit eingeschränkt, als sich gemeinschaftlich benutzte Anlagen für die Ver- und Entsorgung im Bereich der Sondernutzungsflächen befinden oder nur von diesen aus erreichbar sind oder soweit sich Gebäudeteile unter den Sondernutzungsflächen befinden. Der jeweils sondernutzungsberechtigte Eigentümer hat alle Maßnahmen für deren Gebrauch, Instandhaltung, Instandsetzung, Erneuerung und Kontrolle insbesondere den Zugang hierzu zu dulden und ist verpflichtet, alles zu unterlassen, was den Gebrauch dieser Anlagen beeinträchtigen würde.

e) Soweit nichts anderes bestimmt ist, gelten für die vorstehenden Sondernutzungsrechte die Bestimmungen für die Wohnungs- und Teileigentumseinheiten entsprechend.

Teil C.
BESTIMMUNGEN ÜBER DAS VERHÄLTNIS DER WOHNUNGSEIGENTÜMER UNTEREINANDER UND ÜBER DIE VERWALTUNG

§ 1
GRUNDSATZ

Die Wohnungseigentümergemeinschaft trägt die Bezeichnung:

„xxxxxxx“.

Das Verhältnis der Wohnungs- und Teileigentümer

- alle nachstehend als „Wohnungseigentümer“ bezeichnet -

untereinander bestimmt sich nach den Vorschriften der §§ 10 - 29 WEG, soweit im Folgenden nicht etwas anderes bestimmt ist:

§ 2
UMFANG UND NUTZUNG

1.

Der Wohnungseigentümer hat das Recht der alleinigen Nutzung seines Sondereigentums, soweit sich nicht Beschränkungen aus dem Gesetz oder dieser Erklärung ergeben. Er hat ferner das Recht der Mitbenutzung der zum gemeinschaftlichen Gebrauch bestimmten Räume, Anlagen und Einrichtungen und der gemeinschaftlichen Grundstücksflächen.

2.

Außer zu Wohnzwecken dürfen Wohnungen auch zur Berufsausübung im Sinne einer freiberuflichen Tätigkeit sowie zur Ausübung von Gewerbeberufen, die einer freiberuflichen Tätigkeit gleichstehen, genutzt werden, soweit mit diesen Tätigkeiten keine Einwirkungen auf das gemeinschaftliche Eigentum oder auf fremdes Sondereigentum verbunden sind, die über das sonst zulässige Maß hinausgehen.
Schilder (Firmenschilder) dürfen von diesen Eigentümern jedoch nur mit Zustimmung des Verwalters bzw. der Wohnungseigentümergemeinschaft angebracht werden, wobei das architektonische Ansehen und die ästhetische Gesamtwirkung zu berücksichtigen sind.

3.

Jeder Wohnungseigentümer hat sein Verhalten und das seiner Angehörigen, Mieter, Besucher usw. so zu gestalten, dass keine Gefährdung, Belästigung oder Behinderung anderer eintreten kann.

4.

In Ergänzung des § 14 Ziff. 2 WEG wird bestimmt, dass der Wohnungseigentümer im Falle der Vermietung seiner Wohnungs- oder Teileigentumseinheit den Mieter durch Vertrag (Mietvertrag) verpflichtet, dass dieser den Pflichten des Wohnungseigentümers nachkommt, die sich aus dem Gesetz, dieser Gemeinschafts- und Verwaltungsordnung sowie der Hausordnung ergeben, soweit sie mit der Benutzung der Wohnung oder der übrigen im Sonder- und/oder Gemeinschaftseigentum stehenden Räume etc. (Besitztum) zusammenhängen. Der Wohnungseigentümer wird durch diese mietvertragliche Regelung mit seinem Mieter von seinen Pflichten und Verpflichtungen gegenüber der Wohnungseigentümergemeinschaft aber nicht entbunden.
Er haftet für Verstöße des Mieters oder sonstiger Nutzungsberechtigter wie für eigene Verstöße.

5.

Der Wohnungseigentümer ist verpflichtet, eine dauernde Vermietung oder Überlassung seines Sondereigentums und der damit verbundenen Rechte an Dritte dem Verwalter unverzüglich schriftlich, unter genauer Angabe des/der Nutzungsberechtigten, mitzuteilen und auf Verlangen den Nachweis bezüglich der Übertragung der Pflichten (siehe vorstehend) zu erbringen.

6.

Die Wohnungseigentümer können die Teilnahme an den Gemeinschaftsanlagen wie Heizung-, Warmwasseraufbereitung und Hausrufanlage, sowie einem etwa vorhandenen Kabelanschluss oder einer gemeinschaftlichen SAT-Anlage nicht verweigern.

7.

Balkone, die die darunter liegenden Räume als „Dach“ abdecken, dürfen mit Rücksicht auf die Dachabdichtung keinerlei Eingriffe in die so genannte Dachfläche erfahren. Insbesondere dürfen keine Bepflanzungen durchgeführt werden, deren Wurzeln die Dachabdichtung gefährden könnte; ebenso dürfen keine sonstigen mechanischen Eingriffe in die Dachfläche vorgenommen werden.

8.

Markisen und Balkonbespannungen dürfen, um die ästhetische

Außengestaltung der Wohnanlage zu erhalten, nur mit vorheriger Zustimmung des Verwalters bzw. mit einfacher Mehrheit der Wohnungseigentümergemeinschaft angebracht werden.

9.

Soweit sich in Kellerräumen, die im Sondereigentum stehen, Wasser- und/oder Heizungs-Absperrventile befinden, ist der jeweilige Eigentümer dieses Kellerraumes verpflichtet, den Zugang zu diesen Absperrventilen zur Wartung und für Notfälle zugänglich zu halten.

10.

Die Zugangswege zu den Hauseingängen und die Rampe zur Tiefgarage müssen stets frei begeh- und befahrbar bleiben.

§ 3
ÜBERTRAGUNG DES WOHNUNGSEIGENTUMS

Das Wohnungs- und Teileigentum ist frei veräußerlich.
Der veräußernde Eigentümer ist jedoch verpflichtet, die Veräußerung und den Erwerber mit Namen und Anschrift binnen zwei Wochen ab Beurkundung des Veräußerungsvertrages dem Verwalter schriftlich anzuzeigen.

Dies gilt auch im Falle einer Veräußerung im Wege der Zwangsvollstreckung oder durch den Insolvenzverwalter sowie für die Veräußerung durch einen Grundpfandrechtsgläubiger, wenn dieser ein von ihm erworbenes Wohnungs-/Teileigentum weiterverkauft.

Der veräußernde Eigentümer haftet neben dem Erwerber für alle Verbindlichkeiten des Erwerbers gegenüber der Gemeinschaft (Hausgeld, Umlagen etc.), die bis zur Erfüllung der Anzeigepflicht entstanden sind.

§ 4
INSTANDHALTUNG

1.
Die Instandhaltung der zum gemeinschaftlichen Eigentum gehören-den Teile der Gebäude einschließlich der äußeren Fenster und des Grundstücks obliegt der Gemeinschaft der Wohnungseigentümer, sofern diese Teile des Gebäudes und des Grundstücks nicht der Sondernutzung einzelner Wohnungseigentümer zugewiesen sind und in dieser Urkunde diesbezüglich nichts anderes vereinbart wurde. Die Instandhaltung ist vom Verwalter durchführen zu lassen.

2.
Der Wohnungseigentümer ist verpflichtet, die dem Sondereigentum und dem Sondernutzungsrecht unterliegenden Teile des jeweiligen Gebäudes und des Grundstücks so instand zu halten, dass dadurch keinem der anderen Wohnungseigentümer über das bei einem geordneten Zusammenleben unvermeidliche Maß hinaus ein Nachteil erwächst.

3.
Die Behebung von Glasschäden an Fenstern und Türen, insbesondere der Wohnungseingangstüren sowie von Schäden an den Kellerabtrennungen im räumlichen Bereich des Sondereigentums, auch wenn sie zum gemeinschaftlichen Eigentum gehören, obliegt ohne Rücksicht auf die Ursache des Schadens dem jeweiligen Wohnungseigentümer. Die rechtzeitige Vornahme von Schönheitsreparaturen ist Sache des Wohnungseigentümers.

§ 5
VERPFLICHTUNG ZUM WIEDERAUFBAU

1.
Wird das Gebäude ganz oder teilweise zerstört, so sind die Wohnungseigentümer untereinander verpflichtet, den vor Eintritt des

Schadens bestehenden Zustand wieder herzustellen, wenn die Kosten der Wiederherstellung durch Versicherung oder sonstige Ansprüche gedeckt sind.

2.

Sind die Kosten der Wiederherstellung nicht gemäß Abs. 1 gedeckt, so kann die Wiederherstellung des früheren Zustandes nur verlangt werden, wenn die zur Wiederherstellung erforderlichen Mittel innerhalb angemessener Frist zu zumutbaren Bedingungen aufgebracht werden können.

3.

Besteht die Pflicht zur Wiederherstellung nicht, so ist jeder Wohnungseigentümer berechtigt, die Aufhebung der Gemeinschaft zu verlangen. Der Anspruch auf Aufhebung der Gemeinschaft ist ausgeschlossen, wenn sich einer der anderen Wohnungseigentümer oder ein Dritter bereit erklärt, das Wohnungseigentum des die Aufhebung verlangenden Wohnungseigentümers zum Schätzwert zu übernehmen und gegen die Übernahme durch ihn keine begründeten Bedenken bestehen.

§ 6

MEHRHEIT VON BERECHTIGTEN AN EINEM WOHNUNGSEIGENTUM

Geht das Eigentum auf mehrere Personen über, so haben diese auf Verlangen des Verwalters einen Bevollmächtigten zu bestellen und dem Verwalter zu benennen, der berechtigt ist, für sie Willenserklärungen und Zustellungen, die im Zusammenhang mit dem Wohnungseigentum stehen, entgegenzunehmen und abzugeben.

§ 7

ENTZIEHUNG DES WOHNUNGSEIGENTUMS

Abweichend und ergänzend zu der gesetzlichen Regelung wird bestimmt:

1. Die Voraussetzungen zur Entziehung des Wohnungseigentums liegen auch vor, wenn ein Wohnungseigentümer mit der Erfüllung seiner Verpflichtung zur Lasten- und Kostentragung länger als drei Monate in Verzug ist.

2. Steht das Wohnungseigentum mehreren Personen gemeinschaftlich zu, so kann die Entziehung des Eigentums zu Lasten sämtlicher Mitberechtigter verlangt werden, sofern in der Person auch nur eines Mitberechtigten die Voraussetzung für das Ent-ziehungsverlangen begründet ist.

§ 8

LASTEN UND KOSTEN

1.

In Ergänzung und teilweiser Abänderung des § 16 WEG wird folgendes bestimmt:

a) Kapitaldienstlasten (Zins-, Tilgungs- und Nebenkosten) sind Sache des jeweiligen Wohnungseigentümers.
b) Jeder Wohnungseigentümer ist den anderen Wohnungseigentümern gegenüber zur Tragung der Lasten des gemeinschaft-lichen Eigentums sowie der Kosten der Instandhaltung, Instand-setzung, der sonstigen Verwaltung und des gemeinschaftlichen Gebrauchs des gemeinschaftlichen Eigentums nach den Be-stimmungen des § 16 WEG im Verhältnis seines Miteigentums-anteils verpflichtet, sofern in dieser Urkunde für einzelne

Lasten und Kosten keine hiervon abweichende Regelung getroffen wird.

ba) Betriebskosten

Die Kosten der Beheizung und des Warmwasserverbrau-ches werden nach der Verordnung über die verbrauchsab-hängige Abrechnung der Heiz- und Warmwasserkosten zu 70 % nach dem jeweiligen Verbrauch und zu 30 % nach der Fläche der beheizten Räume berechnet. Der Wasser- und Abwasserverbrauch wird nach den in den Wohnungen angebrachten Zählern für Wasser umgelegt. Die Zähler werden durch die WEG gemietet.

Die Betriebskosten, die durch Mess- bzw. Verteilergeräte erfasst werden können, werden -soweit hiervon keine in der Praxis abweichende Regelung getroffen ist- dem jeweiligen Wohnungseigentümer zur alleinigen Zahlung auferlegt, da diese Kosten die weiteren Wohnungseigentümer nicht betreffen.

bb) Verwaltungskosten

Verwaltungskosten sind für jedes Wohnungseigentum gleich zu bemessen. Einzelheiten werden im Verwaltervertrag geregelt.

c) Versicherungen

Für das Sondereigentum und das gemeinschaftliche Eigentum als Ganzes wurden folgende Versicherungen abgeschlossen:

- Versicherungen gegen Inanspruchnahme aus der gesetzlichen Haftpflicht der Gemeinschaft der Wohnungseigentümer aus dem gemeinschaftlichen Eigentum am Grundstück;
- Gebäudebrandversicherung;
- Sturmschadenversicherung;
- Leitungswasserschadenversicherung;
- Elementarversicherung.

d) Instandhaltungsrücklage
Die Wohnungseigentümer sind zur Ansammlung einer Instandhaltungsrücklage für das gemeinschaftliche Eigentum verpflichtet. Zu diesem Zweck ist ein angemessener jährlicher Betrag, der sich nach dem jeweiligen Miteigentumsanteil errechnet, auf das Hauskonto zu entrichten. Der Verwalter hat diese Rücklage einem gesonderten Sparkonto zuzuführen.

2.

Die auf die einzelnen Wohnungseigentümer entfallenden Kostenanteile sind Teile der Belastung und mit dem Wohngeld an den Verwalter zu bezahlen.

3.

Eine Änderung des in vorstehender Ziffer 1. vorgesehenen Verteilungsschlüssel kann von der Wohnungseigentümerversammlung mit Drei-Viertel Mehrheit beschlossen werden.

4.

Soweit einzelne Wohnungseigentümer die Empfangsmöglichkeiten eines etwa vorhandenen Kabelanschlusses oder einer gemeinsamen SAT-Anlage nicht nutzen wollen, sind sie gleichwohl verpflichtet, die auf sie entfallenden einmaligen und/oder laufenden anteiligen Kosten zu tragen, und zwar insoweit, als sie die Mindest-Empfangsmöglichkeiten nutzen könnten. Dies gilt nur, soweit Gebühren für nicht angeschlossene Wohnungen nicht erhoben werden bzw. Herstellungskosten für Anschlüsse nicht entstehen.

§ 9

EIGENTÜMERVERSAMMLUNG

1.

Angelegenheiten, über die nach dem Wohnungseigentumsgesetz oder nach dem Inhalt dieser Teilungserklärung die Wohnungseigentümer durch Beschluss entscheiden können, werden durch Beschlussfassung in einer Versammlung der Wohnungseigentümer geordnet.

2.

Der Verwalter hat mindestens einmal im Jahr die Wohnungseigentümerversammlung einzuberufen. Darüber hinaus muss der Verwalter die Wohnungseigentümerversammlung dann einberufen, wenn mehr als ein Viertel der Wohnungseigentümer die Einberufung unter Angabe des Grundes verlangen.

3.

Im Falle der Veräußerung einer Sondereigentumseinheit gilt der Erwerber vom Zeitpunkt des Besitzüberganges an gegenüber der Eigentümergemeinschaft als faktischer Eigentümer mit allen sich hieraus ergebenden Rechten und Pflichten, insbesondere

a) Verpflichtung zur Bezahlung des Hausgeldes;
b) Ausübung des Stimmrechts in Eigentümerversammlungen;
c) Recht zur Beschlussanfechtung.

Der jeweilige Veräußerer ist verpflichtet, dem jeweiligen Erwerber die entsprechenden Vollmachten zu vorstehend lit. a) und c) zu erteilen.

4.

Die Frist der Einberufung zur Eigentümerversammlung muss mindestens vierzehn Tage (Datum des Poststempels) betragen. Für die Ordnungsmäßigkeit der Einberufung genügt die Absendung an die Anschrift, die dem Verwalter von dem Wohnungseigentümer zuletzt mitgeteilt worden ist.

5.

Die ordnungsgemäß einberufene Versammlung der Wohnungseigentümer ist ohne Rücksicht auf die vertretenen Miteigentumsanteile beschlussfähig. Der Verwalter hat in der Einladung darauf hinzuweisen.
Ein Wohnungseigentümer kann sich nur durch den Verwalter, seinen Ehegatten, seinen Verwandten in gerader Linie und deren Ehegatten oder einen anderen Wohnungseigentümer der Gemeinschaft aufgrund schriftlicher Vollmacht vertreten lassen.

6.

Zu Beginn der Wohnungseigentümerversammlung ist vom Verwalter die ordnungsgemäße Einberufung festzustellen.

Bei der Feststellung der Stimmenmehrheit werden die Stimmen der nicht vertretenen Wohnungseigentümer nicht gerechnet.

7.

§ 18 Abs. 3 WEG (Entziehung des Wohnungseigentums) bleibt unberührt.

8.

In Ergänzung zu § 23 WEG wird bestimmt, dass zur Gültigkeit eines Beschlusses der Wohnungseigentümerversammlung außer den dort genannten Bestimmungen die Protokollierung des Beschlusses erforderlich ist. Das Protokoll ist vom Verwalter zu erstellen und von dem Versammlungsvorsitzenden sowie zwei Wohnungseigentümern zu unterzeichnen.
Der Verwalter ist verpflichtet, das Protokoll zur Wahrung der gesetzlichen Anfechtungsfrist innerhalb von drei Wochen (Datum des Poststempels) an alle Eigentümer zu versenden.

9.

Jedes volle Tausendstel eines Miteigentumsanteils gewährt eine Stimme.

§ 10

WIRTSCHAFTSPLAN

1.

Der Verwalter hat jeweils für ein Kalenderjahr einen Wirtschaftsplan aufzustellen, der von den Wohnungseigentümern zu beschließen ist.

2.

Die in § 8 der Teilungserklärung aufgeführten Kosten sind im Wirtschaftsplan in der zu erwartenden Höhe einzusetzen. Bei den Instandhaltungskosten ist zu berücksichtigen, dass ein angemessener Betrag zur Vornahme späterer großer Instandsetzungsarbeiten der Bauerneuerungsrückstellung zuzuführen ist.

§ 11

VERWALTER

1.

Der Verwalter wird noch vom aufteilenden Eigentümer bestellt.
Die Bestellung wird auf die Dauer von maximal zwei Jahren erfolgen, gerechnet ab dem Ersten des Monats, der der Besitzübergabe einer Sondereigentumseinheit auf einen Erwerber eines Wohnungs- und/oder Teileigentums folgt.

2.

Nur beim Vorliegen eines wichtigen Grundes können die Wohnungseigentümer jederzeit mit Mehrheit die Abberufung des Verwalters beschließen.

3.

Die Rechte und Pflichten ergeben sich aus § 27 WEG, sowie aus dem, mit dem Verwalter abzuschließenden Vertrag.

§ 12

SONSTIGE BESTIMMUNGEN

1.

Alle Bestimmungen dieser Teilungserklärung gelten entsprechend für Teileigentumsrechte und Teileigentümer.

2.

Falls eine Bestimmung dieser Erklärung unwirksam sein sollte, wird dadurch die Wirksamkeit der übrigen Bestimmungen nicht berührt.

Teil D.

GRUNDBUCHANTRÄGE UND VOLLZUGSAUFTRAG

1.

Der Eigentümer bewilligt und

b e a n t r a g t

die Eintragung der Aufteilung mit den Bestimmungen der Gemeinschaftsordnung als Inhalt des Sondereigentums in das Grundbuch einzutragen.

2.

Der amtierende Notar und dessen amtlich bestellter Vertreter oder Amtsnachfolger werden hiermit ermächtigt und beauftragt, die Beteiligten im Grundbuchverfahren zu dieser Urkunde umfassend zu vertreten.

Teil E.

ANLAGEN

Dieser Urkunde sind als Anlagen und Bestandteil beigeheftet:

Anlage I - Aufstellung der aufzuteilenden Miteigentumsanteile samt Angaben über das Sondereigentum; (Beispiel: Miteigentumsanteil von 25/1.000 verbunden mit dem Sondereigentum an sämtlichen im Aufteilungsplan bezeichneten Räumen mit Nr.1 (Wohnung mit Kellerabteil).....usw.) Aufgeführt werden alle zu schaffenden Wohnungen und Kfz-Stellplätze.

Anlage II - bestätigte Aufteilungspläne (Grundrisse, Schnitte, Ansichten und Lageplan);

Anlage III- Plan hinsichtlich der Sondernutzungsrechte (z.B. Gartenanteil etc.) zu vorstehend Teil A. § 3 Ziffer 4.

Auf sie wird verwiesen. Die als Anlage II und III beigefügten Pläne wurden zur Durchsicht vorgelegt und von den Erschienenen genehmigt. Die Anlage I wurde mit verlesen.

Teil F.

KOSTEN UND AUSFERTIGUNGEN

Die Kosten dieser Urkunde und ihres grundbuchamtlichen Vollzuges trägt der Eigentümer.

Von dieser Urkunde erhalten:

1. das Grundbuchamt,
   eine einfache Ausfertigung,
2. der Eigentümer,
   eine beglaubigte und eine einfache Abschrift je im Auszug ohne Anlage II.

Vorgelesen vom Notar samt Anlage I, von den Erschienenen genehmigt und eigenhändig unterschrieben wie folgt:

Teilungserklärungen von größeren Wohnbauanlagen können wesentlich umfangreicher sein, da dort oft mehrere Grundstücke miteinander verschmolzen werden und entsprechend notwendige Dienstbarkeiten begründet werden etc.. Solche Teilungserklärungen bzw. die darin enthaltenen relevanten und wichtigen Passagen sollten Sie sich von einem Fachmann erklären lassen.

Anhang - Original Grundbuchauszug

Aus Datenschutzgründen wurden die Namen der Eigentümer und des Notars geschwärzt.

Amtsgericht München

Grundbuch

von

Unterhaching

Blatt 22187

(Wohnungs- und Teileigentumsgrundbuch)

Grundbuchauszug

Amtsgericht München
Grundbuch von Unterhaching
Blatt 22187 **Bestandsverzeichnis**
Einlegebogen 1

Lfd. Nr. der Grund-stücke	Bisherige lfd. Nr. d. Grund-stücke	Bezeichnung der Grundstücke und der mit dem Eigentum verbundenen Rechte: Gemarkung Flurstück a/b	Wirtschaftsart und Lage c	Größe ha	a	m²
1	2	3		4		
1	-	44,40/1.000 Miteigentumsanteil an dem Grundstück				
		1602/103	~~Nähe Putzbrunner Str., Gebäude- und Freifläche~~		15	21
		verbunden mit Sondereigentum an Wohnung mit Kellerabteil Nr. 14 lt. Aufteilungsplan; das Miteigentum ist durch die Einräumung der zu den anderen Miteigentumsanteilen gehörenden Sondereigentumsrechte beschränkt (eingetragen Bl. 22174 mit 22193). Sondernutzungsrechte sind vereinbart. Wegen Gegenstand und Inhalt des Sondereigentums Bezugnahme auf Bewilligung vom 01.02.1996 -URNr. 230- und Nachtrag vom 22.04.1996 -URNr. 1053- je Notar Dr. Dr. [redacted] -; Übertragen aus Bl. 22173; eingetragen am 19.08.1996. Baier				
			Lt. VN 3431 neu beschrieben: Ottobrunn Putzbrunner Str. 147 und 147a Gebäude- und Freifläche eingetragen am 19.03.1997 Hofmann			

Grundbuchauszug

Amtsgericht München
Grundbuch von Unterhaching

Blatt 22187 **Erste Abteilung** Einlegebogen 1

Lfd. Nr. der Eintragungen	Eigentümer	Lfd. Nr. der Grundstücke im Bestandsverzeichnis	Grundlage der Eintragung
1	2	3	4
1	[redacted]	1	Teilung gemäß § 8 WEG; eingetragen am 19.08.1996. Baier
2	[redacted] Sabine, geb. [redacted] geb. 134.08.1964 Zu 2: Geburtsdatum richtig: 13.08.1964; berichtigt am 07.07.1997 Braunmiller	1	Auflassung vom 27.12.1996; eingetragen am 04.07.1997. Braunmiller

Amtsgericht	München			Einlegebogen
Grundbuch von	Unterhaching	**Blatt** 22187	**Zweite Abteilung**	1

Lfd. Nr. der Eintragungen	Lfd. Nr. der betroffenen Grundstücke im Bestandsverzeichnis	Lasten und Beschränkungen
1	2	3
1	1	Auflassungsvormerkung für [redacted] Sabine, geb. [redacted] geb. 13.08.1964; gemäß Bewilligung vom 27.12.1996 -URNr. 3850/Notar Dr. Dr. [redacted]; eingetragen am 16.01.1997. Braunmiller

Grundbuchauszug

Amtsgericht	München		
Grundbuch von	Unterhaching	Blatt 22187	Dritte Abteilung — Einlegebogen 1

Lfd. Nr. der Eintragungen	Lfd. Nr. der belasteten Grundstücke im Bestandsverzeichnis	Betrag	Hypotheken, Grundschulden, Rentenschulden
1	2	3	4
1	1	1.415.000 DM	Grundschuld ohne Brief zu eine Million vierhundertfünfzehntausend Deutsche Mark; für Münchner Bank eG, München; 18 % Zinsen jährlich; 5 % Nebenleistung einmalig; vollstreckbar nach § 800 ZPO; gemäß Bewilligung vom 01.03.1996 -URNr. 569/Notar Dr. Dr. [redacted]; eingetragen am 12.03.1996; hierher sowie auf die für die übrigen Miteigentumsanteile angelegten Blätter übertragen am 19.08.1996. Gesamthaft: Bl. 22174 mit 22193 Baier
2	1	815.000 DM	Grundschuld ohne Brief zu achthundertfünfzehntausend Deutsche Mark; für Münchner Bank eG, München; 18 % Zinsen jährlich; 5 % Nebenleistung einmalig; vollstreckbar nach § 800 ZPO; gemäß Bewilligung vom 02.05.1996 -URNr. 1205/Notar Dr. Dr. [redacted]; eingetragen am 22.07.1996; hierher sowie auf die für die übrigen Miteigentumsanteile angelegten Blätter übertragen am 19.08.1996. Gesamthaft: Bl. 22174 mit 22193 Baier
3	1	165.000 DM	Grundschuld ohne Brief zu einhundertfünfundsechzigtausend Deutsche Mark; für Bayerische Vereinsbank AG, München; 18 % Zinsen jährlich; vollstreckbar nach § 800 ZPO; gemäß Bewilligung vom 20.02.1997 -URNr. 358/Notar [redacted]; Rang vor Abt. II/1; eingetragen am 27.02.1997. Braunmiller

Kaufpreisratenzahlungsplan nach MaBV

(Makler- und Bauträgerverordnung)

Dieser Zahlungsplan ist bindend beim Kauf einer noch nicht fertig gestellten Immobilie vom Bauträger!

Der Bauträger kann den Kaufpreis in **bis zu sieben Teilbeträgen (Kaufpreisraten)** entsprechend dem Bauablauf abrechnen. Die Teilbeträge können aus den nachfolgenden % - Sätzen zusammengesetzt werden:

1. 30 % des Kaufpreises nach Beginn der Erdarbeiten, in den Fällen, in denen Eigentum an einem Grundstück übertragen werden soll, bei Erbbaurechtsbestellung 20%

2. von der restlichen Kaufpreissumme (=70% des Gesamtkaufpreises)

   40 % nach Rohbaufertigstellung, einschließlich Zimmererarbeiten

   8 % für die Herstellung der Dachflächen und Dachrinnen

   3 % für die Rohinstallation der Heizungsanlagen

   3 % für die Rohinstallation der Sanitäranlagen

   3 % für die Rohinstallation der Elektroanlagen

   10 % für den Fenstereinbau, einschließlich der Verglasung

   6 % für den Innenputz, ausgenommen Beiputzarbeiten

   3 % für den Estrich

   4 % für die Fliesenarbeiten im Sanitärbereich

   12 % nach Bezugsfertigkeit und Zug um Zug gegen Übergabe

   3 % für die Fassadenarbeiten

   5 % nach vollständiger Fertigstellung

Wirtschaftsplan

Wirtschaftsplan [redacted]

für den Zeitraum vom [redacted] Wohnungs-Nr.: [redacted]

Wirtschaftseinheit: WEG [redacted]

Nummern lt. Teilungserklärung : Wohnung [redacted]

	Verteiler-Schlüssel	Insgesamt EUR	Ihr Anteil EUR
Umlagefähige Kosten			
Müllabfuhr	10000,00-stel Wohnung	1.002,00 -	53,01 -
Strom	10000,00-stel Wohnung	650,00 -	34,39 -
Abfluß-/Kanalkosten	10000,00-stel Wohnung	200,00 -	10,58 -
Gebäudeversicherung	10000,00-stel Wohnung	1.161,00 -	61,42 -
Haftpflichtversicherung	10000,00-stel Wohnung	360,00 -	19,04 -
Kabelgebühr	14 Wohnungen	1.700,00 -	121,43 -
Hausmeister	10000,00-stel Wohnung	4.720,00 -	249,69 -
Gartenpflege	10000,00-stel Wohnung	200,00 -	10,58 -
Heizungskosten	Heizkosten lt.WP	13.085,38 -	926,23 -
Summe umlagefähige Kosten		23.078,38 -	1.486,37 -

	Verteiler-Schlüssel	Insgesamt EUR	Ihr Anteil EUR
Nicht umlagefähige Kosten			
Verwaltergebühren	14 Wohnungen	3.959,00 -	282,79 -
Kontoführungsgebebühr	10000,00-stel Wohnung	230,00 -	12,17 -
Kapitalertragsteuer	10000,00-stel Wohnung	150,00 -	7,94 -
Solidaritätszuschlag	10000,00-stel Wohnung	10,00 -	0,53 -
Laufende Instandhaltung	10000,00-stel Wohnung	5.000,00 -	264,50 -
Instandhaltung Heizung	10000,00-stel Wohnung	1.000,00 -	52,90 -
Zuweisung Instandh.Rücklage	10000,00-stel Wohnung	2.500,00 -	132,25 -
Zuweisung IRL Zinsen	10000,00-stel Wohnung	450,00 -	23,81 -
Summe nicht umlagefähige Kosten		13.299,00 -	776,89 -

Zusammenfassung		
Summe umlagefähige Kosten	23.078,38 -	1.486,37 -
Summe nicht umlagefähige Kosten	13.299,00 -	776,89 -
Ergebnis	36.377,38 -	2.263,26 -

	EUR
Ihre Wohnlastvorauszahlung ab 01.01.2008 errechnet sich wie folgt:	
Veranschlagter anteiliger Betrag jährlich	2.263,26
:12 = monatlich	188,61
Neue Wohnlast monatlich	189,00

Checkliste – Abnahme/Übergabe einer gebrauchten Wohnung

Zu übergeben sind:

- Schlüssel für Wohnung und Briefkasten
- Schlüssel für Nebenräume/Innentüren/Keller
- Garagen/Tiefgaragenschlüssel (evtl. auch Sender für Fernbedienung)
- Schlüssel für Hebebühne bei Duplexparkern
- Zählerstände (Strom/Heizung/Gas/Wasser)
- Bedienungsanleitungen z.B. für mit gekaufte Geräte (Küche etc.)

Zu überprüfen sind:

- Bodenbeläge (auf größere Beschädigungen die bei der Besichtigung nicht vorhanden waren)
- Malerarbeiten (Wände, Decken, Türen, Heizkörper, Fenster innen sofern eine diesbezügliche Renovierung vereinbart wurde)
- Heizkörper auf Funktion
- Türen (auf Schließbarkeit)
- Fenster (auf Schließbarkeit)
- Fensterglas auf Beschädigung
- Mit gekaufte Geräte (Küche) auf Vollständigkeit/Funktionsfähigkeit
- Mit gekaufte Gegenstände (z.B. Schränke, Balkonmöbel etc.) auf Zustand und Funktionsfähigkeit
- Rollläden auf Funktionsfähigkeit
- Markisen auf Funktionsfähigkeit
- Elektroausstattung auf Funktionsfähigkeit
- Badfliesen auf evtl. neu entstandene Beschädigungen (Löcher/Sprünge)
- Keller (ob leer geräumt)

Checkliste – Abnahme/Übergabe einer Neubauwohnung

Zu übergeben sind:

- Schlüssel für Wohnung und Briefkasten
- Schlüssel für Nebenräume/Innentüren/Keller
- Garagen/Tiefgaragenschlüssel (evtl. auch Sender für Fernbedienung)
- Schlüssel für Hebebühne bei Duplexparkern
- Zählerstände (Strom/Heizung/Gas/Wasser)
- Bedienungsanleitungen z.B. für mit gekaufte Geräte (Küche etc.)
- Handwerkerliste

Zu überprüfen sind:

- Bodenbeläge in der Wohnung (auch Sockelleisten)
- Bodenbeläge auf Balkonen und Terrassen
- Malerarbeiten (Wände, Decken, Türen, Heizkörper, Fenster)
- Heizkörper auf Funktion
- Türen (auf Beschädigungen, leichtgängige Schließbarkeit und Passform)
- Fenster (auf Beschädigungen, leichtgängige Schließbarkeit und Passform)
- Fensterglas auf Beschädigung
- Mit erworbene Geräte (z.B. Küche) auf Vollständigkeit, Zustand und Funktionsfähigkeit
- Rollläden/Fensterläden auf Zustand und Funktionsfähigkeit
- Markisen auf Zustand und Funktionsfähigkeit
- Badfliesen auf Beschädigungen (Löcher/Sprünge)
- Badarmaturen auf Zustand und Gängigkeit
- Verfugungen (Fenster/Bad/Türen etc.)
- vereinbarte Sonderwünsche (auf Vollständigkeit, Materialien, Farben, Ausführung, richtige Positionierung, Zustand und Funktionsfähigkeit)

- Anzahl und Positionierung der Elektroausstattung (Steckdosen, Telefondosen, TV-Anschlüsse, Lichtauslässe, Schalter) gemäß dem von Ihnen erstellten Elektroplan
- Elektroausstattung auf Funktionsfähigkeit
- Keller (Licht und Steckdose) und sonstige mit erworbene Nebenräume
- Außenwasseranschluss sofern vorhanden

Bei der Abnahme einer Neubauwohnung geht es primär um optische Mängel, deren Verursacher nach der Abnahme nicht mehr ermittelt werden kann. Also lieber etwas mehr Zeit nehmen und genau hinschauen, nach der Abnahme ist es in der Regel zu spät.

Später festgestellte optische Mängel sind logischerweise nur noch sehr schwer bzw. gar nicht mehr Geltend zu machen. Normalerweise sind bei der Übergabe von Neubauwohnungen auch meistens noch die entsprechenden Handwerker im Haus und so kann vieles gleich erledigt werden.
Für die ordnungsgemäße, vollständige und funktionsfähige generelle Bauausführung haftet der Bauträger gemäß Kaufvertrag auch später noch.

Bei Meinungsverschiedenheiten darüber ob etwas ein Mangel ist oder nicht, trotzdem mit einem entsprechenden Vermerk ins Protokoll mit aufnehmen.

Checkliste – Abnahme/Übergabe eines gebrauchten Hauses

Zu übergeben sind:

- Schlüssel für Hauseingangstüre, alle Außentüren und Briefkasten
- Schlüssel für Nebenräume/Innentüren/Gartenhäuschen/ Gartentüre
- Garagenschlüssel (evtl. auch Sender für Fernbedienung)
- Schlüssel für Hebebühne bei Duplexparkern
- Zählerstände (Strom/Heizung/Gas/Öl/Wasser)
- Bedienungsanleitungen z.B. für mit gekaufte Geräte (Küchenausstattung, Rasenmäher, Alarmanlage etc.)
- Bedienungsanleitung und letzten Prüfbericht der Heizungsanlage
- Sonstige zum Haus gehörige Unterlagen (z.B. Wartungsverträge, Lieferverträge etc.)

Zu überprüfen sind:

- Bodenbeläge (auf größere Beschädigungen die bei der Besichtigung nicht vorhanden waren)
- Malerarbeiten (Wände, Decken, Türen, Heizkörper, Fenster innen sofern eine diesbezügliche Renovierung vereinbart wurde)
- Heizkörper auf Funktion
- Türen (auf Schließbarkeit)
- Fenster (auf Schließbarkeit)
- Fensterglas auf Beschädigung
- Mit gekaufte Geräte (z.B. Küchenausstattung, Rasenmäher, Alarmanlage) auf Vollständigkeit, Zustand und Funktionsfähigkeit
- Mit gekaufte Gegenstände (z.B. Einbauten, Terrassen-/Gartenmöbel, Gartengeräte etc.) auf Vollständigkeit, Zustand und Funktionsfähigkeit
- Rollläden/Fensterläden auf Funktionsfähigkeit

- Markisen auf Funktionsfähigkeit
- Elektroausstattung auf Funktionsfähigkeit
- Badfliesen auf evtl. neu entstandene Beschädigungen (Löcher/Sprünge)
- offener Kamin/Kachelofen (Funktion bestätigen lassen)
- Keller, Gartenhäuschen und sonstige Nebenräume (ob leer geräumt)
- Außenwasseranschluss
- Antennen-/SAT-Anschluss sofern kein Kabelanschluss vorhanden
- Heizungsanlage auf sichtbare Undichtigkeiten
- sichtbare Versorgungsleitungen auf Undichtigkeiten
- Öltank auf sichtbare Undichtigkeiten sofern zugänglich
- Ölstandskontrolle sofern Übernahme vereinbart wurde
- Grundstückseinfriedung (Zaun etc.) auf Beschädigungen die offensichtlich bei der Besichtigung noch nicht vorhanden waren.
- sonstige Außenanlagen und Einrichtungen
- Garage (ob leer geräumt)
- Garagentor und evtl. Fernbedienung auf Funktion
- Gartenhäuschen auf Zustand und ob geräumt
- Gartentüre auf Funktion

Beim Kauf eines gebrauchten Hauses empfiehlt es sich generell, nach der Übergabe, das Schloss der Hauseingangstüre, der Garage und aller Außentüren auszuwechseln.

Checkliste – Abnahme/Übergabe eines Neubau – Hauses

Zu übergeben sind:

- Schlüssel für Hauseingangstüre, alle Außentüren und Briefkasten
- Schlüssel für Nebenräume/Innentüren/Gartenhäuschen/ Gartentüre
- Garagenschlüssel (evtl. auch Sender für Fernbedienung)
- Schlüssel für Hebebühne bei Duplexparkern
- Zählerstände (Strom/Heizung/Gas/Öl/Wasser)
- Bedienungsanleitungen z.B. für mit gekaufte Geräte (Küche etc.)
- Bedienungsanleitung der Heizungsanlage
- Bedienungsanleitung Alarmanlage (sofern vorhanden)
- Handwerkerliste

Zu überprüfen sind:

- Bodenbeläge auch Sockelleisten (Materialen, Farbe, Ausführung)
- Bodenbeläge Terrassen-/Balkone (Materialien, Farbe, Ausführung)
- Beläge der Außenzuwege (Materialien, Farbe, Ausführung)
- Malerarbeiten (Wände, Decken, Türen, Heizkörper, Fenster)
- Verfugungen (Fenster, Bad, Türen etc.)
- Heizkörper auf Funktion
- Türen (auf leichtgängige Schließbarkeit und Passform)
- Fenster (auf leichtgängige Schließbarkeit und Passform)
- Fensterglas auf Beschädigung
- Mit gekaufte Geräte (z.B. Küche) auf Vollständigkeit, Zustand und Funktionsfähigkeit
- Mit gekaufte Einrichtungsgegenstände (z.B. Einbauten) auf Vollständigkeit, Zustand und Funktion

- vereinbarte Sonderwünsche (auf Vollständigkeit, Materialien, Farben, Ausführung, richtige Positionierung, Zustand und Funktionsfähigkeit)
- Anzahl und Positionierung der Elektroausstattung (Steckdosen, Telefondosen, TV-Anschlüsse, Lichtauslässe, Schalter) gemäß dem von Ihnen erstellten Elektroplan
- Elektroausstattung auf Funktionsfähigkeit
- Rollläden/Fensterläden auf Funktionsfähigkeit
- Markisen auf Funktionsfähigkeit
- Badfliesen auf Beschädigungen (Löcher/Sprünge)
- Badarmaturen auf Funktion
- Hobbyräume auf vereinbarten Ausbaustandard hin
- Außenwasseranschluss auf Funktion
- Antennen-/SAT-Anschluss auf Funktion, sofern kein Kabelanschluss
- Heizungsanlage auf Funktion und sichtbare Undichtigkeiten
- sichtbare Versorgungsleitungen (Wasser, Heizung, Gas, Strom) auf Beschädigungen bzw. Undichtigkeiten
- Öltank und Leitungen auf sichtbare Undichtigkeiten, sofern zugänglich
- Grundstückseinfriedung (Zaun) auf Beschädigungen
- Gartenbepflanzung auf Vollständigkeit und Zustand
- Garage/Carport
- Garagentor und evtl. Fernbedienung auf Funktion
- Gartenhäuschen auf Beschädigungen
- Gartentüre auf Funktion

Bei der Abnahme eines Neubau-Hauses geht es primär um optische Mängel, deren Verursacher nach der Abnahme nicht mehr ermittelt werden kann.

Also lieber etwas mehr Zeit nehmen und genau hinschauen, nach der Abnahme ist es in der Regel zu spät. Später festgestellte optische Mängel sind logischerweise nur noch sehr schwer bzw. gar nicht mehr Geltend zu machen.

Für die ordnungsgemäße, vollständige und funktionsfähige generelle Bauausführung haftet der Bauträger gemäß Kaufvertrag auch später noch.

Bei Meinungsverschiedenheiten darüber ob etwas ein Mangel ist oder nicht, trotzdem mit einem entsprechenden Vermerk ins Protokoll mit aufnehmen.

Checkliste - Besichtigung einer gebrauchten Wohnung

Zu überprüfen sind:

- Bodenbeläge in der Wohnung (Fragen Sie nach erwähnenswerten Beschädigungen)
- Bodenbeläge Balkon oder Terrasse
- Malerarbeiten (Zustand Wände, Türen, Heizkörper, Fenster innen)
- Türen (Allgemeinzustand)
- Fenster (Alter, Wärmeschutz-, Schallschutzverglasung))
- Fensterglas auf Beschädigung
- Küche auf Vollständigkeit/Zustand, falls im Kaufpreis enthalten
- Zu erwerbende Gegenstände/ Einrichtungen (z.B. Einbauten, Balkonmöbel etc.) auf Zustand und Funktion
- Rollläden
- Markisen
- Elektroausstattung (Steckdosen, Lichtauslässe, Schalter, TV-Anschlüsse, Internetanschluss) auf Positionierung und ob ausreichende Stückzahl vorhanden
- Elektroabsicherung (zeitgemäß?)
- Badfliesen auf Beschädigungen (Löcher/Sprünge)
- Badausstattung (Wanne, Duschtasse, Armaturen) auf Beschädigungen und Funktion
- Verfugungen (Bad, Fenster etc.)
- Hobbyräume auf Feuchtigkeit
- Kellerabteil und Nebenräume (Größe/Feuchtigkeit)
- Tiefgarage (einfache/schwierige bzw. enge Zufahrt/Zustand der Plattform und Mechanik bei Duplexparkern)
- Treppenhaus
- Lift (Baujahr)
- Gartenanteil (Pflegezustand)
- Klingelschild (einheitlich oder macht jeder für sich was er will)
- Briefkastenanlage (Allgemeinzustand)

- Müllentsorgung
- Art der Wände die Sie evtl. versetzen wollen (Rigips Wand, Mauerwerk oder tragende Wand)
- Relation Eigentümer : Mieter
- Bei DG - Wohnungen (Isolierung des Daches)

Fragen Sie auch nach eventuellen Feuchtigkeitsschäden, auch in der Vergangenheit, die wenigsten Eigentümer werden Ihnen so etwas dann verschweigen.

Ein verschmierter bzw. verkratzter Lift, ungepflegte Gemeinschaftsflächen (Treppenhaus, Nebenräume etc.) und Außenanlagen lassen auf eine nicht gerade empfehlenswerte Grundeinstellung und auf das Niveau der Bewohner (Eigentümer oder Mieter) und des Verwalter schließen.

Benutzen die Bewohner den Treppenhausbereich vor der Wohnungseingangstüre als zweite Garderobe oder Abstellfläche?

Das Klingelschild ist die Visitenkarte eines Hauses. Ist es einheitlich und sauber oder macht jeder wie er will? Ebenso verhält es sich mit der Briefkastenanlage.

Auch wenn die Relation Eigentümer : Mieter in einem Haus eher mieterlastig ist, heißt das zwar noch nicht automatisch etwas, die Erfahrung zeigt jedoch, dass bei überwiegend Eigentümer ein anderer Bezug zu der Immobilie vorhanden ist. Dies wirkt sich letztendlich auf den allgemeinen Erhaltungszustand und die Werthaltigkeit einer Immobilie aus. Wie gesagt, muss nicht so sein, lässt sich aber nicht von der Hand weisen.

Checkliste - Besichtigung eines gebrauchten Hauses

Zu überprüfen sind:

- Bodenbeläge innerhalb des Hauses (Fragen Sie nach erwähnenswerten Beschädigungen)
- Bodenbeläge außen (Terrassen, Balkone, Zuwege, Zufahrten)
- Malerarbeiten (Zustand Wände, Decken, Türen, Heizkörper, Fenster)
- Türen (Zustand)
- Fenster auch von außen (Alter, Zustand, Wärmeschutz-, Schallschutzverglasung)
- Dachflächenfenster auf Dichtigkeit (oft eintretende Feuchtigkeit)
- Fensterglas auf Beschädigung
- Zu erwerbende Geräte (z.B. Küche, Rasenmäher, Alarmanlage) auf Zustand
- Zu erwerbende Einrichtungen/ Gegenstände (z.B. Einbauten, Terrassen-/Gartenmöbel, Gartengeräte etc.) auf Zustand
- Rollläden/Fensterläden
- Markisen
- Elektroausstattung (Steckdosen, Lichtauslässe, Schalter, TV-Anschlüsse, Internetanschluss) auf Positionierung und ob ausreichende Stückzahl vorhanden
- Elektroabsicherung (zeitgemäß?)
- Badfliesen auf Beschädigungen (Löcher/Sprünge)
- Badausstattung (Wanne, Duschtasse, Armaturen) auf Zustand
- Verfugungen (Bad, Fenster etc.)
- offener Kamin/Kachelofen (fragen Sie nach ob er auch funktioniert und benutzt wird, bestätigen lassen beim Kauf)
- Art der Wände die Sie evtl. versetzen wollen (Rigipswand, Mauerwerk oder tragende Wand)
- Feuchtigkeit generell, nicht nur im Kellerbereich (Fragen Sie nach Feuchtigkeitsschäden, auch in der Vergangenheit)

- Hobbyraum (Ausbaustandard, Belichtung, Isolierung, Feuchtigkeit, Elektroausstattung)
- Keller, Waschraum und sonstige Nebenräume (trocken?)
- Außenwasseranschluss
- Antennen-/SAT-Anschluss/Kabelanschluss
- Heizungsanlage (Baujahr, regelmäßige Wartung, Prüfbericht)
- sichtbare Versorgungsleitungen auf Undichtigkeiten
- Öltank auf sichtbare Undichtigkeiten sofern zugänglich (bei Erdtank Informationen über Art des Tanks)
- Grundstückseinfriedung (Zaun etc.) auf Zustand
- sonstige vorhandene Außenanlagen und Einrichtungen
- Garage und Garagentor (Fernbedienung)
- Gartenhäuschen auf Zustand
- Gartentüre auf Funktion
- Dachisolierung (Art)
- Dacheindeckung (Art und ob schon mal Instand gesetzt)
- Dachrinnen und Abläufe auf Zustand
- Außenputz auf Beschädigungen, Feuchtigkeit bzw. sichtbare Ausbesserungen
- Wärmeschutz (Art und seit wann vorhanden oder angebracht)
- Müllentsorgung
- Garten (Pflegezustand, Bepflanzung)
- Werfen sie auch einen Blick auf die unmittelbare Nachbarschaft (Pflegezustand der Häuser und Gärten)

Checkliste - Besichtigung einer Neubauwohnung (bereits fertig gestellt)

Zu überprüfen sind:

- Bodenbeläge in der Wohnung
- Bodenbeläge Balkon oder Terrasse
- Malerarbeiten (Zustand Wände, Türen, Heizkörper, Fenster innen)
- Türen (Allgemeinzustand)
- Fenster (Wärmeschutz-, Schallschutzverglasung)
- Fensterglas auf Beschädigung
- Küche auf Vollständigkeit/Zustand, falls vorhanden
- Zu erwerbende Gegenstände/ Einrichtungen (Einbauten etc.)
- Rollläden
- Markisen
- Elektroausstattung (Steckdosen, Lichtauslässe, Schalter, TV-Anschlüsse, Internetanschluss) auf Positionierung und ob ausreichende Stückzahl vorhanden
- Badfliesen auf Beschädigungen (Löcher/Sprünge)
- Badausstattung (Wanne, Duschtasse, Armaturen) auf Beschädigungen
- Verfugungen (Bad, Fenster etc.)
- Hobbyräume (Isolierung, Lichtverhältnisse, Elektroausstattung, Feuchtigkeit)
- Kellerabteil (Licht, Steckdose, Größe, Feuchtigkeit)
- Tiefgarage (einfache/schwierige bzw. enge Zufahrt/Abmessungen bei Duplexparkern)
- sonstige Räume (Waschraum etc.)
- Treppenhaus
- Lift
- Gartenanteil (wird bepflanzt oder unbepflanzt verkauft)
- Außenwasseranschluss
- Briefkastenanlage

- Müllentsorgung
- Art der Wände die Sie evtl. versetzen wollen (Rigipswand, Mauerwerk oder tragende Wand)
- Relation Eigentümer : Mieter (fragen wer gekauft hat)
- Bei DG - Wohnungen (Isolierung der Decken)

Da Sie hier in der Regel noch die laufende Bauträgergewährleistung haben, sollte Ihr Augenmerk primär auf optische Mängel und die vorhandene Ausstattung gerichtet sein.

Checkliste - Besichtigung eines Neubau-Hauses (bereits fertig gestellt)

Zu überprüfen sind:

- Bodenbeläge innerhalb des Hauses (Fragen Sie nach erwähnenswerten Beschädigungen)
- Bodenbeläge außen (Terrassen, Balkone, Zuwege, Zufahrten)
- Malerarbeiten (Wände, Decken, Türen, Heizkörper, Fenster)
- Türen (Zustand)
- Fenster auch von außen (Wärmeschutz-, Schallschutzverglasung)
- Dachflächenfenster auf Dichtigkeit (oft eintretende Feuchtigkeit)
- Fensterglas auf Beschädigung
- Zu erwerbende Geräte (z.B. Küche) auf Zustand
- Zu erwerbende Einrichtungen (z.B. Einbauten) auf Zustand
- Rollläden/Fensterläden
- Markisen
- Elektroausstattung (Steckdosen, Lichtauslässe, Schalter, TV-Anschlüsse, Internetanschluss) auf Positionierung und ob ausreichende Stückzahl vorhanden
- Badfliesen auf Beschädigungen (Löcher/Sprünge)
- Badausstattung (Wanne, Duschtasse, Armaturen) auf Zustand
- Verfugungen (Bad, Fenster etc.)
- offener Kamin/Kachelofen
- Art der Wände die Sie evtl. versetzen wollen (Rigips Wand, Mauerwerk oder tragende Wand)
- Kellerbereich (Feuchtigkeit)
- Hobbyraum (Ausbaustandard, Belichtung, Isolierung, Feuchtigkeit)
- Waschraum und sonstige Nebenräume
- Außenwasseranschluss
- Antennen-/SAT-Anschluss/Kabelanschluss
- Heizungsanlage
- sichtbare Versorgungsleitungen auf Undichtigkeiten

- Öltank auf sichtbare Undichtigkeiten sofern zugänglich (bei Erdtank Informationen über Art des Tanks)
- Grundstückseinfriedung (Zaun etc.) auf Zustand
- sonstige vorhandene Außenanlagen und Einrichtungen
- Garage
- Garagentor (Fernbedienung)
- Gartentüre und Gartenhäuschen auf Zustand
- Dacheindeckung und Dachisolierung (Art)
- Dachrinnen und Abläufe auf Zustand
- Außenputz auf Beschädigungen, Feuchtigkeit bzw. sichtbare Ausbesserungen
- Wärmeschutz (Art)
- Müllentsorgung
- Garten (Übergabe mit oder ohne Bepflanzung)
- Werfen sie auch einen Blick auf die unmittelbare Nachbarschaft (Pflegezustand der Häuser und Gärten)

Da Sie hier in der Regel noch die laufende Bauträgergewährleistung haben, sollte Ihr Augenmerk hier primär auf optische Mängel und die vorhandene Ausstattung gerichtet sein.

Besichtigung einer sich noch im Bau befindlichen Immobilie

Die Besichtigung einer sich noch im Bau befindlichen Immobilie macht ohnehin erst Sinn, wenn zumindest schon der erweiterte Rohbau steht und besser noch, die Zwischenwände schon gezogen sind. Sonst sehen Sie nicht wirklich viel.

Begutachten Sie lieber das unmittelbare Umfeld und lassen dies auf sich wirken.

Beachten Sie, dass unverputzte Wände immer drückend wirken und die einzelnen Räume auch kleiner erscheinen lassen, als weiße neu gestrichene Wände.

Betreten Sie die Baustelle nicht, ohne vorher mit dem Bauträger/Bauleiter/Verkaufsbeauftragten einen Termin vereinbart zu haben.

Bauträger reagieren ziemlich sensibel, wenn sich die einzelnen Interessenten oder Käufer ständig auf der Baustelle rumtreiben und Bauleiter oder Bauherr spielen. Dies verunsichert die Handwerker und stört den Baubetrieb.

Nicht zu unterschätzen sind hier auch noch die Unfallgefahr und die damit eventuell verbundene Haftung seitens des Bauträgers.

Fast alle Bauträger haben mittlerweile auch entsprechende Klauseln in den Kaufverträgen, die es den Käufern untersagen die Baustelle zu betreten und Weisungen egal welcher Art zu erteilen.

Natürlich können und sollten Sie den Baufortschritt Ihrer Immobilie verfolgen und auch mal die Baustelle betreten. Dies sollten Sie aber zu Ihrer eigenen Sicherheit, immer nur nach Absprache mit dem Bauleiter tun und auch nicht täglich.

Nachstehend finden Sie in alphabetischer Reihenfolge alle relevanten Begriffe und Ausdrücke von **"Abgeschlossenheit"** bis **"Zwischenfinanzierung"**. Zu den Begriffen erhalten Sie neben einer ausführlichen Erklärung auch viele hilfreiche Hinweise, Tipps und Tricks aus der Praxis, worauf Sie besonders achten sollten.

Abgeschlossenheit / Abgeschlossenheitsbescheinigung
Damit an Räumen ein rechtlich selbständiges Alleineigentum als Wohnungseigentum (Sondereigentum bei Wohnungen) oder als Teileigentum (Sondereigentum an nicht zu Wohnzwecken dienenden Räumen, z.B. Büros, Ladenflächen) gebildet werden kann, müssen die zugehörigen Räume nach dem Wohnungseigentumsgesetzes abgeschlossen sein (§ 3 Abs. 2 Satz 1 WEG). Als abgeschlossen gelten Wohnungen und nicht zu Wohnzwecken dienende Räume, wenn sie baulich gegenüber anderen Wohnungen und Räumen abgeschlossen sind. Die Zugänge müssen verschließbar sein. Wohnungen müssen über Wasserversorgung und WC verfügen. Sonstige Räume (Keller- oder Abstellräume), die nicht innerhalb der abgeschlossenen Einheit liegen, müssen ebenfalls abschließbar sein. Stellplätze in einer (Tief-)Garage gelten als abgeschlossen, wenn sie abgegrenzt oder dauerhaft markiert sind (§ 3 Abs. 2 Satz 2 WEG). Die Abgeschlossenheit wird von der zuständigen Baubehörde durch die Ausstellung der sog. Abgeschlossenheitsbescheinigung bestätigt.
Bei der Begründung von Wohnungs- oder Teileigentum ist dem Grundbuchamt die Abgeschlossenheit durch die amtliche Abgeschlossenheitsbescheinigung nachzuweisen.

Abnahme und Abnahmeprotokoll
Siehe Übergabeprotokoll – worauf Sie achten sollten finden Sie auch in der Checkliste "Übergabe Gebraucht- bzw. Neubauimmobilie"

Abschreibung / AfA-(Absetzung für Abnutzung)
Abschreibungsmöglichkeiten bei eigengenutzten Immobilien:
Bei eigengenutzten Immobilien ist bis auf eine Ausnahme leider keine steuerlich relevante Abschreibung mehr möglich.

Die einzige Ausnahme bildet hier die sog. **Denkmalabschreibung**.
Abschreibungssätze bei Vermietung:
1. bis 8. Jahr jeweils 9%
9. bis 12. Jahr jeweils 7%
Abschreibungssätze bei Eigennutzung:
10 Jahre jeweils 9% (insgesamt leider nur insgesamt 90% absetzbar bei Eigennutzung)

Bemessungsgrundlage für diese Abschreibungssätze sind die Herstellungskosten für Modernisierungs- und Instandhaltungsmaßnahmen.

Abschreibungsmöglichkeiten bei vermieteten allgemeinen Immobilien:
Bemessungsgrundlage sind hier die Anschaffungs- bzw. Herstellkosten abzüglich des Grundstückswerts.

Abschreibungssätze:
Linear 2,0 % p.a. bei Objekten mit Baujahr nach 1925
Linear 2,5 % p.a. bei Objekten mit Baujahr vor 1925

Weitere Abschreibungsmöglichkeiten gibt es darüber hinaus bei Gebäuden die in städtebaulichen Sanierungs- und Entwicklungsgebieten liegen und durch bauliche Maßnahmen modernisiert, Instand gesetzt oder erneuert werden.

Die entsprechenden Abschreibungsmöglichkeiten variieren von Fall zu Fall. Informationen hierzu und zu den entsprechenden Sanierungs- und Entwicklungsgebieten erhalten Sie bei den jeweiligen Kommunen.

Hinweis: Der Betrag der steuerlich geltend gemachten AfA, muss bei einem Verkauf einer vermieteten Immobilie, bei der Ermittlung des zu versteuernden Veräußerungsgewinns wieder hinzugerechnet werden.

Abstandsflächen
Vereinfacht ausgedrückt sind Abstandsflächen die Flächen, die abgesehen von einigen Ausnahmen von einer Bebauung freizuhalten sind. Geregelt sind die Abstandsflächen in den jeweiligen Landesbauordnungen. Sinn und Zweck von Abstandsflächen sind u.a., ausreichende Belichtung von Gebäuden, Belüftung, Brandschutzbestimmungen oder auch ein sozial verträglicher Abstand zwischen benachbarten Gebäuden.

Alterswertabschlag / Alterswertminderungen
Faktor (Prozentsatz) der bei der Wertermittlung einer Immobilie zugrunde gelegt und in Abzug gebracht wird, um eine sog. Alterswertminderung zu ermitteln. Je älter eine Immobilie ist umso höher ist der jeweilige Prozentsatz der Alterswertminderung.

Altlasten
Unter Altlasten versteht man ein belastetes bzw. verunreinigtes Grundstück. Die Belastung kann durch eine frühere Nutzung, wie z.B. Kfz-Werkstätte, Tankstelle etc. herrühren. Eine entsprechende Belastung kann auch durch angrenzende Grundstücke bzw. Gewerbebetriebe erfolgen oder erfolgt sein. Als Grundstückseigentümer haften Sie für die normalerweise sehr hohen Sanierungskosten, auch dann, wenn Sie nicht der Verursacher waren bzw. sind. Sofern hier ein Anfangsverdacht besteht, sollten Sie das Grundstück vorab entsprechend untersuchen lassen.

Altlastenkataster
Verzeichnis/Karte über Flächen, bei denen der Verdacht besteht, dass sie entsprechend kontaminiert sind. Beim zuständigen Baureferat nachfragen bzw. einsehen.

Anderkonto (siehe Notaranderkonto)

Annuität
Annuität ist die Jahresrate (Zins und Tilgung), die für ein Darlehen zu zahlen ist.

Anschaffungskosten
Zu den Anschaffungskosten gehören der Kaufpreis, das Maklerhonorar incl. Mehrwertsteuer, die Notargebühren für den Kaufvertragsabschluss, Grunderwerbsteuer, Grundbuchgebühren, Gutachterkosten, etc..
Die Finanzierungskosten sind keine Anschaffungskosten, sondern Werbungskosten.

Anschlusskosten
Anschlusskosten sind Aufwendungen, die den Kommunen bei der Erstellung, Erneuerung, Modifizierung, Beseitigung und durch den Unterhalt der jeweiligen Hausanschlüsse an Versorgungs- und Abwasserleitungen entstehen. Diese Kosten sind von den jeweiligen Eigentümern zu tragen. Es werden nur die tatsächlichen Kosten weiterberechnet. Für Eigentümer/Bauherren besteht Anschluss- und Benutzungszwang.

Auflassung
Die Auflassung bezeichnet die Einigung zwischen Verkäufer und Käufer einer Immobilie über den Eigentumswechsel. Die Auflassung muss zusätzlich zum Kaufvertrag erfolgen und sowohl vom Käufer als auch vom Verkäufer vor einem Notar erklärt/beurkundet werden. Sie wird in der Regel bereits in den Kaufvertrag mit aufgenommen und darin erklärt bzw. beantragt.

Auflassungsvormerkung
Die Auflassungsvormerkung sichert den Anspruch des Immobilienkäufers auf Eigentumsübertragung an der vertragsgegenständlichen Immobilie. Sie ist üblich, da die endgültige Eigentumsumschreibung nicht direkt nach/mit Abschluss des Kaufvertrags möglich/vollziehbar ist.

Die Auflassungsvormerkung wird in Abteilung II des Grundbuchs eingetragen und Zug um Zug mit der Eigentumsumschreibung/ Auflassung wieder gelöscht.

Aufteilungsplan
Der Aufteilungsplan (Bauzeichnung) ist für die Begründung von Wohnungseigentum und das Anlegen der jeweiligen Wohnungsgrundbuchblätter erforderlich. Er muss in einer von der zuständigen Baubehörde beglaubigten Form vorliegen.

Er ist zusammen mit der Abgeschlossenheitsbescheinigung und der Eintragungsbewilligung dem Grundbuchamt vorzulegen. Der Aufteilungsplan ist zwingender Bestandteil der Grundakte.
Der Aufteilungsplan gibt die Aufteilung eines Gebäudes, sowie die Lage und Größe der im Sondereigentum und der im Gemeinschaftseigentum stehenden Flächen/Räume wieder. Bei bereits bestehenden Gebäuden gibt/muss der Aufteilungsplan den aktuellen Bauzustand wiedergeben.

Alle zu demselben Sondereigentum gehörenden Räume sind mit der jeweils gleichen Nummer zu versehen. Zur Unterscheidung von Sonder- und Gemeinschaftseigentum ist es erforderlich, dass der Aufteilungsplan nicht nur die Grundrisse, sondern auch Ansichten und Schnittzeichnungen des Gebäudes enthält.
Die Nummerierung der zu einem Sondereigentum gehörigen Räume, Balkone, Keller, Abstellräume, sonstiger Räume und Garagenstellplätze muss mit der Nummerierung des jeweiligen Sondereigentums in der Teilungserklärung identisch sein.

Im Aufteilungsplan sind ebenfalls entsprechende Sondernutzungsrechte, an gemeinschaftlichen Flächen (Gartenflächen, PKW-Stellplätze im Freien) und Räumen zu kennzeichnen.

Ausbaumaß
Als Ausbaumaß bezeichnet man im Bauwesen das Maß der Bauteile im fertig gestellten Zustand (z.B. inklusive Putz und Anstrich etc.). Vor Fertigstellung spricht man von Rohbaumaß. In Bauzeichnungen werden Rohbaumaße angegeben.

Barrierefrei
Behindertengerecht bzw. wie es heute heißt Barrierefrei, bedeutet die Erstellung von Gebäuden bzw. Einrichtungen in der Art, so dass sie von jedem, unabhängig von einer eventuell vorhandenen Behinderung genutzt werden können.

Bauabnahme
Von der Baubehörde durchgeführte Teil- oder Schlussabnahme von genehmigungspflichtigen Baumaßnahmen. Überprüft wird, ob das Gebäude gemäß der erteilten Baugenehmigung erstellt wurde.
Also nicht einfach ein bisschen breiter oder höher bauen oder eventuell die Dachneigung etwas verändern. Dies kann echte Probleme geben, besonders dann wenn es erst nach Fertigstellung bei der Schlussabnahme festgestellt wird. Bußgelder sind hier noch geringere Übel gegenüber der ebenfalls möglichen Anordnung eines Rückbaus.

Bauamt
Kommunale Behörde, die zuständig ist für alle Bauangelegenheiten, Bauanträge etc.. Sitz ist in der Regel in den Rathäusern der Gemeinden. In größeren Städten oft auch in einem eigenen Gebäuden ausgegliedert.

Bauantrag
Antrag bei der zuständigen Baubehörde um eine Baugenehmigung für ein Bauvorhaben zu beantragen. Auskunft über die formgerechte Beantragung und Einreichung erteilen die zuständigen Baubehörden.

Baubeschreibung
Beinhaltet die exakte Beschreibung der Art der Bauausführung und der Ausstattung einer zu erstellenden Immobilie.

Da eine komplette Baubeschreibung oft sehr umfangreich ist, erhalten Sie von Bauträgern meist eine verkürzte Ausführung, über die Art der Bauausführung und Ausstattung (Verkaufsbaubeschreibung). Dies ist in der Regel auch ausreichend, da vieles ohnehin nicht verständlich wäre, außer Sie sind Architekt oder Bauingenieur.

Baudenkmal
Ob es sich bei einem Gebäude um ein Baudenkmal handelt, erfahren Sie bei den zuständigen Kommunen und Städten bzw. durch Einsichtnahme in die entsprechenden Denkmalschutzverzeichnisse.
Neben der steuerlich sehr interessanten Denkmal-Abschreibung, sollten Sie jedoch auch beachten, dass Umbau- und Modernisierungsmaßnahmen jeweils vor Ausführung mit der unteren Denkmalschutzbehörde abgestimmt und von dieser genehmigt werden müssen. Entsprechende Auflagen der Denkmalschutzbehörden können eine Baumaßnahme zum Teil extrem verteuern.

Bauerwartungsland
Als Bauerwartungsland bezeichnet man Grundstücke, bei denen in Zukunft mit einer Bebaubarkeit zu rechnen ist. Aber eine Garantie, dass diese Grundstücke auch jemals bebaut werden können, ist damit jedoch nicht verbunden und daher auch nicht abzuleiten.

Baufenster(oft auch Bauraum genannt)
Das Baufenster stellt den Bereich eines Grundstücks dar, innerhalb dem Gebäude oder Anlagen errichtet werden dürfen. Es wird im Allgemeinen durch die Festlegung von Baugrenzen, Baulinien, und Bebauungstiefen bestimmt.

Ein Überschreiten der vorgegebenen Baugrenzen und Baulinien kann beantragt werden und sofern es sich um geringfügige Abweichungen handelt, wird dies meist auch genehmigt.

Baugenehmigung
Eine Baugenehmigung ist nicht nur für die Neuerrichtung eines Gebäudes erforderlich, sondern unter Umständen auch für Umbauten, Erweiterungen, Abbruch eines bestehenden Gebäudes sowie für eine Nutzungsänderung.

Der Antrag zur Baugenehmigung ist in der Regel bei der Gemeinde/Stadt einzureichen. Die Baugenehmigung enthält oft auch entsprechende Auflagen die zu berücksichtigen sind. Eine Baugenehmigung ist zeitlich befristet, kann aber vor Ablauf verlängert werden.

Baumschutz
Sofern Sie sich Ihr Eigenheim selbst bauen wollen, sollten Sie den vorhandenen Baumbestand auf dem Sie interessierenden Grundstück sehr genau prüfen. Hier hat schon mancher eine böse Überraschung erlebt. Nicht jeder Baum kann beliebig gefällt werden, auch wenn er ein rechtlich zulässiges Bauvorhaben behindern würde.

Da die jeweiligen Baumschutzbestimmungen regional sehr unterschiedlich sind, bitte immer bei der zuständigen Baubehörde vorab erkundigen was gefällt werden darf und was nicht.

Baunebenkosten
Baunebenkosten sind u.a.: Gebühren für Genehmigungen, beim Bau anfallende Verbrauchskosten, Vermessungskosten, Statikkosten, Bauversicherungskosten etc., sowie auch Finanzierungskosten, Notar- und Gerichtsgebühren, Grundbuchgebühren, Planungskosten, Grunderwerbsteuer, etc..

Baulasten
Baulasten sind öffentlich-rechtliche Verpflichtungen eines Grundstückseigentümers gegenüber der Baubehörde ein bestimmtes Grundstück betreffend. Dies können u.a. sein, Stellplatz-, Abstandsflächen-, Erschließungsbaulasten usw..

Die im sog. Baulastenverzeichnis eingetragenen Baulasten sind nicht zwingend im Grundbuch eingetragen.

Baulasten können, müssen aber nicht zwingend Wert mindernd sein.

Deshalb, wenn Sie ein Grundstück erwerben, nicht nur das Grundbuch einsehen, sondern auch das entsprechende Baulastenverzeichnis einsehen.

Baulastenverzeichnis
Im Baulastenverzeichnis sind die ein Grundstück betreffenden Baulasten eingetragen. Das Baulastenverzeichnis können Sie bei den zuständigen Baubehörden einsehen. Sofern Baulasten dort nicht erfasst werden, können sie auch im Grundbuch als Grunddienstbarkeit eingetragen sein.

Baulinie
Sofern für ein Grundstück eine Baulinie festgelegt ist, ist diese zwingend einzuhalten. Richtet sich oft nach der Nachbarbebauung und ist die Linie an der entlang die Immobilie zu errichten ist. Unbedingt einhalten, weder unter- noch überschreiten, sonst droht im schlimmsten Fall Rückbau (Abriss) der Immobilie.

Baurecht
Das Baurecht eines Grundstücks wird festgelegt, entweder durch die in einem bestehenden Bebauungsplan festgesetzten Vorgaben und Bedingungen oder nach § 34 Baugesetzbuch. Nach § 34 des Baugesetzbuchs sind Bauvorhaben innerhalb der im Zusammenhang bebauten Ortsteile zulässig, wenn sie sich nach Art und Maß der baulichen Nutzung, der Bauweise und der Grundstücksfläche, die überbaut werden soll, in die Eigenart der näheren Umgebung einfügen und die Erschließung gesichert ist. Das Ortsbild darf dadurch nicht wesentlich beeinträchtigt werden.

Das Baurecht eines Grundstücks kann im Prinzip jeder erfragen bzw. ermitteln lassen. Bei nicht eindeutigem und feststehendem Baurecht(z.B. durch vorhandenem Bebauungsplan) bestehen die meisten Kommunen auf die Einreichung einer offiziellen Bauvoranfrage.

Dies sollten Sie im Zweifelsfalle immer tun, denn auf die mündlichen Aussagen einer Baubehörde würde ich mich nie und nimmer verlassen. Erfahrung macht vorsichtig!

Bauträger
Unternehmen der Immobilienwirtschaft, die Gebäude (mit wohnwirtschaftlicher oder gewerblicher Nutzung) erstellen und diese vor, während oder nach der Errichtung weiter veräußern.

Die Ausübung einer gewerbsmäßigen Bauträgertätigkeit, erfordert eine Genehmigung nach
§ 34c Gewerbeordnung. Sie unterliegt ferner den Bestimmungen der Makler- und Bauträgerverordnung (MaBV).

Bauträgervertrag
Kombination aus Grundstückskauf und Bauvertrag. Einen Bauträgervertrag schließen Sie immer dann ab, wenn Sie eine Neubauimmobilie kaufen, die sich entweder noch in der Planungsphase befindet oder noch nicht endgültig fertig gestellt ist.

Bauvertrag
Werkvertrag (§ 631 BGB), in diesem Fall über die Erbringung von Bauleistungen. Alternativ kann der Werkvertrag auch unter Zugrundelegung der VOB (Vergabe- und Vertragsordnung für Bauleistungen) geschlossen werden.

Bauvoranfrage
Möglichkeit einer Baurechtsabklärung mit dem Ergebnis ob ein Bauvorhaben grundsätzlich planungsrechtlich genehmigungsfähig ist. Die Bauvoranfrage ersetzt keinen Bauantrag/ Baugenehmigung.
Es empfiehlt sich zumindest Lageplan und entsprechende Bauzeichnungen mit einzureichen, aus denen hervorgeht, wie das geplante Bauvorhaben aussehen soll.

Je detaillierter Sie die relevanten Punkte abfragen, umso präziser werden diese von der Baubehörde beantwortet. Die Baubehörden beantworten und gehen normalerweise nur auf gestellte Fragen ein. Es erfolgt in der Regel keine weitergehende oder allgemeine Stellungnahme zu Ihrem Bauvorhaben. Auch hier gilt Fragen, Fragen und nochmals Fragen.

Bei nicht feststehendem oder unsicherem Baurecht immer eine Bauvoranfrage stellen. Mündliche Aussagen der Baubehörden, wie ....das könnten wir uns vorstellen....sagen weder etwas aus, noch sind sie rechtsverbindlich.

Bauzeitzinsen
Zinsen die vor oder während der Bauphase eines Objekts anfallen. Man spricht auch von Zwischenfinanzierungszinsen (Zwifi). Fallen immer dann an, wenn Sie z.B. von einem Bauträger ein Objekt bereits während der Planungs- oder Bauphase erwerben. Eine Zwischenfinanzierung ist hier nötig, da Sie den Kaufpreis in Raten nach der MaBV, verteilt über die gesamte Bauzeit, bezahlen.

Die Höhe dieser Zinsen sollten Sie nicht unterschätzen und immer in Ihre Gesamtfinanzierung mit einbeziehen, insbesondere dann, wenn die Fertigstellung des entsprechenden Objekts erst in einigen Monaten oder noch später gegeben ist.
Bei einer späteren Vermietung der Immobilie können diese Zinsen steuerlich geltend gemacht werden.

Bebauungsplan
Man unterscheidet 2 Arten von Bebauungsplänen.

Einfacher Bebauungsplan: Dieser regelt normalerweise nur die Festlegung der Gebietsart, der Baugrenzen bzw. Baulinien. Ansonsten richtet sich eine mögliche Bebauung nach der Umgebungsbebauung.

Qualifizierter Bebauungsplan: Dieser enthält Festsetzungen über die Art und das Maß der baulichen Nutzung, der überbaubaren Grundstücksflächen, der geforderten Grünflächen und Bepflanzungen sowie der notwendigen geplanten Verkehrsflächen.
Ein Bebauungsplan gilt immer nur für ein genau definiertes Gebiet innerhalb einer Stadt/Gemeinde.
Normalerweise liegt vor der Aufstellung eines Bebauungsplans bereits ein Flächennutzungsplan für das relevante Gebiet vor. Ein Bebauungsplan besteht aus Plänen, Erklärung der Planzeichen und einer Begründung. Ferner sind die Gründe, die gewünschten Ziele und die damit verbundenen Auswirkungen aufzuführen.

Verkürzte Ablaufdarstellung: Aufstellungsbeschluss – Vorentwurf unter Einbeziehung der Bürger und der öffentlichen Versorgungsträger – Modifizierung – öffentliche Auslegung – wenn erforderlich weitere Modifizierung – Beschließung des Bebauungsplans – Inkraftsetzung durch öffentliche Bekanntmachung.

Behindertengerecht
(siehe Barrierefrei)

Beleihungswert
Der Beleihungswert ist ein theoretisch jederzeit erzielbarer Wiederverkaufswert einer Immobilie. Der Beleihungswert orientiert sich nicht ausschließlich am derzeitigen Marktwert, sondern ist viel mehr die Summe aus Grundstückswert und Herstellkosten bei Neubauten bzw. abzüglich einer Alterswertminderung bei gebrauchten Immobilien.

Beleihungsgrenze
Die Beleihungsgrenze stellt für die finanzierenden Banken/Versicherungen die Höchstgrenze dar, bis zu der die Immobilie ohne Zusatzsicherheiten beliehen werden kann. Als Sicherheit dient hier die zu beleihende Immobilie selbst.

Bereitstellungszinsen
Bereitstellungszinsen erheben die Banken für den Zeitraum zwischen Darlehensvertragsabschluss und der Darlehensauszahlung. Ist die Vergütung der Bank/Versicherung für die Bereitstellung der Darlehensmittel bis zum jeweiligen Auszahlungstermin. Fallen normalerweise beim Kauf einer Neubauimmobilie an, da Sie dort den Kaufpreis in einzelnen Kaufpreisraten je nach Baufortschritt bezahlen und somit der genaue Auszahlungstermin noch nicht feststeht. Die meisten Institute verlangen Bereitstellungszinsen erst ab dem 3ten bzw. 6ten Monat. Hier lohnt sich immer ein verhandeln. Oftmals verzichten die Banken /Versicherungen dann auch auf Bereitstellungszinsen.

Beschluss(Wohnungseigentümerversammlung)
Gemäß WEG können Beschlüsse nach dem "Kopfprinzip" gefasst werden (jeder Wohnungseigentümer hat eine Stimme).

Meist ist jedoch in der Gemeinschaftsordnung der Teilungserklärung eine abweichende Regelung vereinbart. D.h. das Stimmrecht gewichtet sich nach den jeweiligen Miteigentumsanteilen (MEA), je größer der Miteigentumsanteil desto höher die Gewichtung. Sog. Mehrheitsbeschlüsse sind dann gefasst, wenn mehr als 50% der anwesenden Miteigentumsanteile für einen Antrag stimmen. Es kann also durchaus vorkommen, dass einige wenige Eigentümer die über relativ hohe MEA verfügen, eine weitaus größere Anzahl von Eigentümer überstimmen. Dies macht jedoch durchaus Sinn und ist auch irgendwo gerecht, da die Kosten für derartige Beschlüsse in der Regel auch nach den jeweiligen Miteigentumsanteilen auf die einzelnen Eigentümer umgelegt werden.

Beschlüsse sind grundsätzlich gerichtlich anfechtbar und dürfen keine einseitige Benachteiligung einzelner Eigentümer enthalten. Ferner müssen sie im Allgemeinen auch sinnvoll und relevant sein. Eine Beschlussfassung über das "Vergolden einer Dachrinne" wäre demzufolge nicht nur anfechtbar, sondern wohl auch wenig sinnvoll und relevant.

Beschlussfähigkeit
Beschlussfähigkeit ist bei einer Eigentümerversammlung gegeben, falls die anwesenden oder vertretenen stimmberechtigten Wohnungseigentümer mehr als 50% aller Miteigentumsanteile vertreten (§ 25 Abs. 3 WEG). Die Beschlussfähigkeit wird am Beginn einer Eigentümerversammlung durch den Durchführenden (Hausverwalter) festgestellt. Ist eine Versammlung nicht beschlussfähig, beruft der Verwalter meist sofort eine neue Versammlung ein. Diese ist dann unabhängig von der Anzahl der anwesenden/vertretenen Miteigentumsanteile beschlussfähig.

In der Gemeinschaftsordnung bzw. der Teilungserklärung können abweichende Regelungen getroffen werden.
Beachten Sie, dass auch Beschlüsse einer Eigentümerversammlung, die nicht beschlussfähig war wirksam sind, wenn sie nicht innerhalb einer Frist von einem Monat angefochten und gerichtlich für unwirksam erklärt werden.
Eigentümer die sich vertreten lassen, müssen dies durch eine rechtswirksame Vollmachtserteilung machen.

Besitzübergang
Der Zeitpunkt zu dem die Immobilie auf den Käufer übergeht. Normalerweise Zug um Zug gegen Kaufpreiszahlung. Mit dem Besitzübergang gehen in der Regel auch Nutzen und Lasten auf den Käufer über.

Bestellung des Verwalters
Die Bestellung eines Verwalters erfolgt durch Mehrheitsbeschluss der Wohnungseigentümer. Oftmals ist die Verwalterbestellung auch bereits in der Gemeinschaftsordnung/ Teilungserklärung festgelegt.

Betriebskosten
Die Definition der einzelnen Betriebskosten ergibt sich nach der Betriebskostenverordnung. Sie werden verbrauchsabhängig (Heizung/Wasser etc.) und anteilig nach Miteigentumsanteil bzw. bei Mietern nach Quadratmeter Wohnfläche umgelegt. Die Betriebskosten müssen innerhalb eines Jahres nach dem jeweiligen Abrechnungszeitraum abgerechnet werden und die Abrechnung dem Eigentümer zugegangen sein.

Bezugsfertigkeit
Bezugsfertigkeit einer Immobilie ist gegeben, wenn der bauliche Zustand eines Gebäudes ein normales und ungefährliches Bewohnen des Gebäudes zulässt. Bei Neubauten ist die Bezugsfertigkeit oft schon gegeben und wird vom Bauträger angezeigt, auch wenn z.B. die Außenanlagen oder sonstige kleinere Restarbeiten noch nicht erfolgt sind. Dies deshalb, da die MaBV die vorletzte Kaufpreisrate bei Bezugsfertigkeit der Wohnung vorsieht. Ob Sie dann die Immobilie auch gleich beziehen wollen bzw. werden ist eine andere Frage, jedoch die entsprechende Kaufpreisrate ist damit fällig.

Bodenrichtwert
Bodenrichtwerte sind wie der Name schon sagt, Richtwerte, die sich auf die aktuellen Gegebenheiten eines Grundstücks beziehen. Sie werden von den Gutachterausschüssen anhand von Kaufpreissammlungen für ein Stadt-/Gemeindegebiet ermittelt und veröffentlicht.

Die Gutachterausschüsse der jeweiligen Kommunen erhalten von jedem beurkundeten Immobilienkaufvertrag eine Kopie, die Grundlage für die Ermittlung der Bodenrichtwerte ist.

Den Bodenrichtwerten liegt fast immer auch eine sog. Geschossflächenzahl (GFZ) zugrunde, die das Maß der baulichen Nutzung wiedergibt. Der Bodenrichtwert dient u.a. der Ermittlung von Verkehrswerten für bebaute und unbebaute Grundstücke. Steuerlich ist er insoweit relevant, da er als Bemessungsgrundlage bei der Erbschaft- bzw. Schenkungsteuer für unbebaute Grundstücke dient. Ebenso stellt der Bodenrichtwert eine Orientierungshilfe für den nicht abschreibungsfähigen Grundstücksanteil bei Wohn- und Gewerbeimmobilien dar.

Die Bodenrichtwerte können von den Gutachterausschüssen bzw. von den jeweiligen Gemeinden und Städten gegen eine Gebühr bezogen werden. Bei kleineren Gemeinden lohnt es sich direkt im dortigen Baureferat nachzufragen/anzurufen, diese erteilen Auskünfte über Bodenrichtwerte oft auch kostenlos.
Freundlich sein hilft, wie immer☺.

Bodenrichtwertkarte
Bodenrichtwertkarten geben die entsprechenden Bodenrichtwertzonen wieder. Innerhalb dieser Zonen sind die ermittelten Bodenrichtwerte eingetragen, ebenfalls die jeweilige bauliche Nutzung (Gfz), sowie die Art des Baugebiets (Wohngebiet/Mischgebiet/ Gewerbegebiet).

Bonität
Die Bonität gibt die Kreditwürdigkeit einer Person wieder, basierend auf den Einkommens- und Vermögensverhältnissen, der Sicherheit des Arbeitsplatzes, der sonstigen bereits vorhandenen Kredite etc..

Bruchteilseigentum
Die Eigentumsverhältnisse an einer Immobilie können auch mehreren Personen zu Bruchteilen zustehen, d.h. jeder Miteigentümer besitzt einen ideellen Anteil an der Immobilie und keinen real definierten Anteil. Diese Art der Eigentumsverhältnisse ist heutzutage jedoch eher selten. Die Eigentumsverhältnisse einer Bruchteils-gemeinschaft können nur in gegenseitigem Einvernehmen aufgelöst bzw. geändert werden oder durch eine sog. Teilungsversteigerung..

Carport
ist ein rundum offener, jedoch überdachter Abstellplatz für einen oder mehrere PKW.

Courtage
Siehe Maklerprovision. Gebühr, die der Makler für die Vermittlung einer Immobilie erhält.

Dachformen
Die Dachformen eines zu errichtenden Gebäudes sind entweder auf Grund eines vorhandenen Bebauungsplans vorgegeben oder können sich nach den Dachformen der Umgebungsbebauung richten.

Abgesehen von einer Festsetzung in einem Bebauungsplan ist man aber grundsätzlich relativ frei in der Gestaltung seiner Immobilie, also auch der jeweiligen Dachform. Eine enge Abstimmung und Vorabklärung mit den zuständigen Baubehörden ist aber dringend anzuraten! Es gibt verschiedene Formen, wie z.B. Flachdach, Satteldach, Walmdach, Zeltdach, Pultdach, Tonnendach usw.

Dachtraufe
Dachtraufe ist die Unterkante einer geneigten Dachfläche, die über die Außenmauern hinausragt. Neben architektonischen Gesichtspunkten schützt sie das Mauerwerk/Fassade u.a. vor eindringendem Regenwasser.

Damnum /Disagio
Damnum bzw. Disagio bezeichnet die Differenz zwischen der vereinbarten Kreditsumme und dem real ausgezahlten Kreditbetrag. Ein Disagio ist demzufolge eine Zinsvorauszahlung. Ein Disagio von z.B. 5% bedeutet, dass 95% eines Kredites ausgezahlt werden, aber die gesamten 100% an die Bank zurückzuzahlen ist. Bei eigen genutzten Immobilien ist ein Disagio nicht mehr relevant, da Kreditzinsen derzeit nicht mehr steuerlich geltend gemacht werden können. Bei vermieteten Wohnimmobilien kann das Disagio als Werbungskosten steuerlich geltend gemacht werden, wenn es mindestens 5% der Kreditsumme beträgt und für das Darlehen mindestens eine fünfjährige Zinsbindung besteht.

Dauerwohnrecht (siehe auch Wohnungsrecht)
Ist das eingeräumte und im Grundbuch in Abteilung II Dienstbarkeiten eingetragene Recht zur dauerhaften Nutzung einer Wohnung.
Man unterscheidet zwischen Wohnungsrecht (BGB § 1093) und dem sog. Dauerwohnrecht (§ 31 WEG). Das Wohnungsrecht wird oft als Gegenleistung für eine Übertragung (Schenkung/Erbschaft/Verkauf) eingeräumt und ist meist unentgeltlich.

Der gravierende Unterschied Dauerwohnrecht und Wohnungsrecht liegt darin, dass das Dauerwohnrecht vererblich und veräußerlich ist und zur Vermietung oder Verpachtung berechtigt. Beide Rechte können durch Vereinbarung entsprechend beschränkt oder erweitert werden.
Sowohl ein Wohnungsrecht als auch ein Dauerwohnrecht stellen eine erhebliche Wertminderung einer Immobilie dar.

Denkmalschutz - Abschreibung (siehe Abschreibung)

Denkmalschutzimmobilien
Ob eine Immobilie ein Einzelbaudenkmal ist oder nur bestimmte Teile davon unter Denkmalschutz stehen, hängt nicht zwingend von der Art und dem Alter der Immobilie ab. Da es hier keine wirklich nachvollziehbare Definition gibt, sollten Sie sich immer bei der entsprechenden Denkmalschutzbehörde der Kommunen erkundigen. Es werden dort von der unteren Denkmalschutzbehörde sog. Denkmallisten geführt.

Es kann auch z. B. nur die Fassade als Teil einer Gebäudegruppe unter Denkmalschutz stehen(Ensembleschutz). Im Allgemeinen besteht ein öffentliches Interesse an der Erhaltung eines Baudenkmals. Bauliche Maßnahmen an Baudenkmälern oder deren Beseitigung müssen immer von den jeweiligen Behörden genehmigt werden. Unter bestimmten Voraussetzungen und soweit zumutbar, können Eigentümer von Denkmalimmobilien auch zur Erhaltung und Instandsetzung verpflichtet werden.
Ein weiterer interessanter Aspekt liegt in den steuerlich relevanten Modernisierungskosten einer denkmalgeschützten Immobilie. Beachten Sie jedoch bitte, dass Sie erst mit den Arbeiten beginnen dürfen, wenn die entsprechende Bescheinigung der zuständigen Behörden vorliegt. Ferner sollten Sie in Ihrer Kalkulation auch mit berücksichtigen, dass die Modernisierung und Instandhaltung einer unter Denkmalschutz stehenden Immobilie fast immer mit wesentlich höheren Kosten verbunden ist, als dies bei einer "normalen" Immobilie der Fall ist. Sie haben hier vielfältige Auflagen bezüglich der Bauausführung und der Gestaltung zu berücksichtigen. Ein rechtzeitige Einbindung und gemeinsame Festlegung mit den zuständigen Stellen des Denkmalschutzamtes bei den geplanten Maßnahmen ist zu empfehlen und führt definitiv zu einem optimaleren Ergebnis. Oft ist mehr möglich als man denkt.

Dienstbarkeit
Dienstbarkeiten im Grundbuch sind Rechte zu Gunsten Dritter bzw. zu Lasten eines Grundstücks bzw. Grundstückseigentümers. Grunddienstbarkeit sind z.B. Wegerechte, Überfahrtsrechte, Leitungsrechte für Versorgungs-unternehmen, Wohnrechte, Nießbrauch usw.. Dienstbarkeiten müssen als Rechte ins Grundbuch eingetragen werden und entstehen erst mit dieser Eintragung. Eine Dienstbarkeit schränkt den jeweiligen Eigentümer bei der Nutzung seines Grundstücks oft ein und kann auch wertmindernd sein.

Lassen Sie sich die Bedeutung im Grundbuch eingetragener Dienstbarkeiten und deren Auswirkungen immer vor Abschluss eines Kaufvertrages genau erklären (am besten vom beurkundenden Notar).

Doppelhaushälfte
bezeichnet eine Hälfte von 2 aneinander gebauten Häusern, entspricht von der Art und Form einem Reiheneckhaus, jedoch meist mit einem größeren Grundstücksanteil und einem eigenständigen Grundstück (eigene Flurnummer).

Doppelparker
siehe Duplexparker

Dreispänner
3 in Reihe aneinander gebaute Häuser, bestehend aus einem Reihenmittelhaus und 2 Reiheneckhäusern. Dreispänner sind oft auch nach WEG geteilt, das heißt sie verfügen nicht über ein eigenständiges real geteiltes Grundstück(eigenes Flurstück). Der jeweilige Grundstücksanteil ist dann als Sondernutzungsrecht zugeteilt.

Due Diligence
Due Diligence (DD), bedeutet übersetzt so viel wie gebührende Sorgfalt/detaillierte Untersuchung u.a. bei Immobilientransaktionen. Ist jedoch ein Begriff der normalerweise nur bei größeren Investmentimmobilien gebraucht wird.
Bei einzelnen Wohnungen und Häusern nicht wirklich gebräuchlich, man spricht da üblicherweise von einer Begutachtung bzw. einem Gutachten.

Duplexparker/Doppelparker
Ein Parksystem, das meist in Tiefgaragen verbaut wird, bei dem 2 Fahrzeuge übereinander geparkt werden und mittels einer hydraulischen Hebebühne jeweils in die Einfahr- bzw. Ausfahrposition gebracht werden. Diese Parksysteme sind heutzutage meist gerade befahrbar und von den Abmessungen auch für größere Pkws/Kombis geeignet. Ausnahmen bilden hier SUVs und sehr große Limousinen (Mercedes S-Klasse, Audi A8, 7er BMW, große US-Cars etc.).
Bei Doppelparkern älteren Baujahrs sollten Sie immer genau auf die jeweiligen Abmessungen und die Tragfähigkeit der Plattformen achten. Diese Daten sind auf Hinweisschildern an den Parksystemen angebracht.

Effektivzins
Effektivzins (anfänglicher effektiver Jahreszins) enthält zusätzlich zum Nominalzins weitere preisbestimmende Faktoren. In die Berechnung des Effektivzinses fließen u.a. der Nominalzins, ein eventuell vereinbartes Disagio, Tilgungshöhe, Bearbeitungsgebühren, Verwaltungskosten, Abrechnungszeitraum von Zins und Tilgung usw. mit ein.
Der Vergleich verschiedener Finanzierungskonditionen über einen gleichen Zinsfestschreibungs-zeitraum, ist nur über den Effektivzinssatz sinnvoll.

Eigenbedarf
Eigenbedarf liegt immer dann vor, wenn Sie eine vermietete Immobilie (Haus oder Wohnung) für sich selbst, eine zu Ihrem Hausstand gehörende Person oder für Ihre Familienangehörigen benötigen.

Zu den berechtigten Personen gehören z.B. Eltern Kinder, Geschwister, Enkel und seit neustem auch Nichten und Neffen.

Eigenbedarfskündigung
Eigenbedarf ist heutzutage einer der wenigen noch durchsetzbaren Kündigungsgründe eines Mietvertrages. Es muss ein berechtigtes Interesse des Vermieters vorliegen, d.h. er muss die Wohnung für sich selbst, seine Familienangehörigen oder Mitglieder seines Haushalts benötigen. Da jede Art der Kündigung eines Mietverhältnisses heutzutage rechtlich eine mehr als komplizierte Angelegenheit ist, insbesondere eine Eigenbedarfskündigung, empfiehlt es sich hier immer die Hilfe eines im Mietrecht versierten und erfahrenen Rechtsanwaltes in Anspruch zu nehmen.

Machen Sie bitte nicht den Fehler und versuchen Sie, anhand von Informationen und Tipps aus irgendwelchen diesbezüglichen Internetforen eine solche Kündigung selbst zu schreiben und auszusprechen. Viele Eigenbedarfskündigungen scheitern bereits an Formfehlern und falschen Fristen.

Eigenkapital
Zur Verfügung stehende und einsetzbare liquide Mittel beim Erwerb einer Immobilie.

Eigenleistung
Eigenleistung sind alle ein Bauvorhaben betreffende Arbeiten, die ein Bauherr nicht an die entsprechenden Handwerksbetriebe vergibt, sondern selbst, evtl. unter Mithilfe von Angehörigen, Freunden und Bekannten, ausführt.
Bleiben Sie bei Eigenleistungen aber bitte immer realistisch. Sofern Sie oder einer Ihrer Angehörigen, Freunde oder Bekannten bezüglich der jeweiligen Arbeiten wirklich qualifiziert sind, spricht nichts gegen Eigenleistung. Man spart sich dann zumindest die oft sehr hohen Lohnkosten.

Vorsicht ist jedoch oft bei sog. Allroundern im Freundes- und Bekanntenkreis geboten, die alles können aber meist nichts zustande bringen☺. Ist ein Gewerk erst mal verpfuscht, wird die Nachbesserung bzw. Erneuerung durch einen Fachmann meist richtig teuer.
Jeder Handwerker, der jahrelang seinen Beruf erlernt, wäre ja eigentlich ziemlich doof, wenn jeder andere es ohne entsprechende Ausbildung und Erfahrung genauso gut kann oder?

Eigentümergemeinschaft
Die Gesamtheit aller Wohnungseigentümer bildet eine sog. Eigentümergemeinschaft.

Eigentümergrundschuld
Form einer Grundschuld, die ein Grundstückseigentümer auf seinem eigenen Grundstück für sich selbst eintragen lassen kann. Der Sinn einer solchen Eigentümergrundschuld kann z.B. deren Abtretung an eine Bank zur Absicherung eines anderen Kredites sein, der nicht im Zusammenhang mit einem Immobilienerwerb stehen muss. Diesbezüglich ist dann der Darlehens-/Kreditgeber aus dem Grundbuch nicht ersichtlich.

Eigentümerversammlung
Gemäß § 24 Abs. 1 WEG ist mindestens einmal im Jahr von dem Verwalter eine ordentliche Eigentümerversammlung einzuberufen.
Eine außerordentliche Versammlung kann bzw. ist vom Verwalter einzuberufen, wenn dringende keinen Aufschub duldende Entscheidungen anstehen und diese nur durch Beschlussfassung der Eigentümer geregelt werden können.

Ferner kann eine Versammlung auf Antrag von mehr als 25% der Wohnungseigentümer unter Angabe der Gründe und des Zweckes beantragt werden.

Eigentumswohnung
Allgemein übliche Bezeichnung für das Sondereigentum an einer Wohnung in einem nach WEG geteilten Mehrfamilienhaus. Immer auch verbunden mit einem Miteigentumsanteil an dem entsprechenden Grundstück, Gebäude und den dazugehörigen Gemeinschaftsflächen.

Einfamilienhaus
Im Volksmund gebräuchliche Bezeichnung für ein freistehendes Haus mit umlaufendem Grundstück. Eigentlich sind auch alle Reihenhäuser und Doppelhaushälften "Einfamilienhäuser", da der Begriff lediglich wiedergibt, dass es sich um eine Haus für "eine" Familie handelt.

Einheimischen-Modell
Mit dem sog. Einheimischen Modell wollen Gemeinde den Grundstücks-/Baulandbedarf für die ortsansässigen Gemeinde-mitglieder sichern. Die Vergabe und der Erwerb von Grundstücken im "Einheimischen Modell" unterliegen verschiedenen Auflagen seitens der Gemeinden und die Kaufinteressenten müssen gewisse Kriterien erfüllen. Es lohnt sich aber immer, sich zumindest nach einer solchen Möglichkeit bei der jeweiligen Stadt/Gemeinde zu erkundigen.

Einheitswert
Der Einheitswert wird von den zuständigen Kommunen festgesetzt und dient als Bemessungsgrundlage für die Erhebung der Grundsteuer.

Einliegerwohnung
Als Einliegerwohnung bezeichnet man Wohnungen in einem Haus, die separat und eigenständig genutzt bzw. vermietet werden können. Sofern bestimmte Voraussetzungen erfüllt sind, können solche Wohnungen steuerlich wie vermietete Wohnungen behandelt werden. Es muss sich jedoch um Wohnungen handeln, die einen selbständigen Haushalt ermöglichen. Die Einliegerwohnung muss abgeschlossen sein, einen eigenen Zugang haben und über notwendige Nebenräume/Kriterien, wie Kochgelegenheit, Bad oder Dusche und eine Toilette verfügen.

Energieeinsparverordnung
Die Energieeinsparverordnung (EnEV) ist Teil des Baurechts. In ihr werden bautechnische Standardanforderungen zum effizienten Energieverbrauch eines Gebäudes oder Bauprojektes vorgeschrieben.

Da es diesbezüglich verschiedene Fördermöglichkeiten gibt, lohnt es sich auf alle Fälle sich hier bei den zuständigen Kommunen/Behörden zu erkundigen.

Aussagekräftige Informationen erhalten Sie auch unter: **www.kfw.de**

Energieausweis
Bei Immobilien die innerhalb einer WEG (Wohnungseigentümergemeinschaft) liegen, bekommen Sie den Energieausweis über ihre Hausverwaltung. Bei eigenständigen Immobilien können Sie ihn selbst erstellen lassen, bei z.B. dem Kaminkehrer, einem zugelassenen Energieberater etc.)

Ein Energieausweis/Energiepass ist ein Dokument, aus dem sich Rückschlüsse auf den Energieverbrauch bzw. die Energieeffizienz eines Gebäudes ziehen lassen. Dieser schafft für den Immobilienkäufer und auch Mieter einer Immobilie eine Vergleichsbasis und beinhaltet zusätzlich Empfehlungen zur energetischen Modernisierung. Einen Energieausweis benötigt man, wenn man seine Immobilie vermieten, verpachten oder verkaufen will. Der Ausweis ist Miet- und Kaufinteressenten auf Verlangen vorzulegen. Selbstnutzende Eigentümer benötigen ihn nicht, ebenso ausgenommen hiervon sind Baudenkmäler.

Es gibt den verbrauchsbasierten und den bedarfsbasierten Energieausweis.

Der **verbrauchsbasierte Energieausweis** wird auf der Basis des jeweiligen Verbrauchs der derzeitigen Nutzer erstellt. Man kann ihn schon für weniger als ca. € 100,00 erstellen lassen. Er beinhaltet jedoch keine Bewertung der Bausubstanz, Dämmung, technischen Anlagen etc..

Der **bedarfsbasierte Energieausweis** beinhaltet und bewertet den Primärenergiebedarf einer Immobilie. Dabei werden die Wärmedurchgangswerte der verbauten Materialien berücksichtigt, sowie die vorhandene Heizungsanlage und Warmwasserversorgung analysiert. Ziel ist es den entsprechenden Wärmebedarf der Immobilie unabhängig von der jeweiligen Nutzungsart zu ermitteln. Der Aussteller eines Energieausweises empfiehlt wirtschaftlich sinnvolle Verbesserungen der Energieeffizienz an einem Gebäude und gibt diesbezügliche Modernisierungsempfehlungen. Diese sind jedoch unverbindlich, also nicht verpflichtend.

Erbbaugrundbuch
Der Aufbau ist gleich dem Grundbuch für "normale" Grundstücke. Auf dem Deckblatt steht in Klammer das Wort Erbbaugrundbuch. Ins Bestandsverzeichnis wird der Inhalt des Erbbaurechts, sowie eventuelle Zustimmungserfordernisse für Belastungen, Veräußerungen und dergleichen durch den Grundstückseigentümer, sowie der Eigentümer des belasteten Grundstücks eingetragen.
Abteilung I enthält den Inhaber/Berechtigten des Erbbaurechts. Die Eintragungen in den weiteren Abteilungen des Grundbuchs entsprechen denen des Grundbuchs für normale Grundstücke.

Erbbaurecht
Ein Erbbaurecht verleiht dem Berechtigten das Recht, auf einem fremdem Grundstück ein Gebäude zu haben bzw. zu errichten. Das Gebäude ist/bleibt Eigentum des Erbbauberechtigten.

Im Erbbauvertrag wird die Art und Nutzung eines bestimmten Gebäudes festgelegt, sowie alle sonstigen weiteren vereinbarten Rechte und Pflichten u.a. z.B. Instandhaltungspflichten, Kostentragungspflichten, etwaige Versicherungen, der Erbbauzins, die Laufzeit etc..

Da das Erbbaurecht sehr umfangreich ist und die darin getroffenen Regelungen für einen Laien oft unverständlich sind, empfiehlt es sich immer, die entsprechenden Verträge von einem Fachmann prüfen zu lassen.

Erbbauzins
Der Erbbauzins ist die gemäß Erbbauvertrag vereinbarte und vom Erbbauberechtigten zu erbringende Gegenleistung für das bauliche Nutzungsrecht des Grundstücks des Erbbaurechtsgebers.
Achtung: Für den Erbbauzins haften Wohnungseigentümer gesamtschuldnerisch, wenn nichts Anderweitiges mit dem Erbbaurechtsgeber vereinbart wurde.

Der Erbbauzins wird im Grundbuch durch die Eintragung einer Reallast gesichert.

Erbpacht
Erbpacht ist ein nach wie vor umgangssprachlich verwendeter Begriff für das Erbbaurecht, was zu Missverständnissen führen kann.
Ein Erbpachtvertrag ist eine schuldrechtliche Regelung eines Pachtvertrages, der jedoch keine bauliche Nutzung des Pachtgrundstücks vorsieht.

Erschließungsbeiträge
Erschließungsbeiträge werden von den Gemeinden erhoben und dienen zur Deckung der Kosten für Erschließungsmaßnahmen wie z.B. öffentliche Straßen, Wege, Grünanlagen sowie der Versorgung mit Strom, Gas, Wärme und Wasser. Die Höhe der Erschließungsbeiträge wird von den jeweiligen Gemeinden per Gemeindesatzung festgelegt.
Als "äußere Erschließung" bezeichnet man die Erschließungsmaßnahmen bis zur Grundstucksgrenze, als "innere Erschließung" die Erschließungsmaßnahmen innerhalb des eigenen Grundstücks.

Ertragswert
Der Ertragswert spiegelt den Wert wieder, den eine Immobilie (Grundstück/Gebäude) in Bezug auf die dauerhaft zu erzielende Mieteinnahme besitzt. Zu Grunde gelegt wird der Jahresnettomietertrag ohne die anfallenden Bewirtschaftungskosten.

Dieser Wert wird meistens für die Bewertung von vermieteten Immobilien mit wohnwirtschaftlicher und gewerblicher Nutzung herangezogen. Eine zweite Bewertungsgröße ist der sog. Sachwert (siehe Begriffserklärung Sachwert).

Erwerbsnebenkosten
Sind die mit dem Kauf einer Immobilie verbundenen zusätzlich entstehenden Kosten. Die klassischen Erwerbsnebenkosten sind:

- die bei der Beurkundung anfallenden Notarkosten (ca. 1% des Kaufpreises)
- Gerichtskosten für die Grundbuchumschreibungen/Eintragungen (ca. 0,5% des Kaufpreises)
- Grunderwerbssteuer (mindestens 3,5 % des Gesamtkaufpreises, mittlerweile in vielen Bundesländern bis zu 5% oder mehr)
- eine eventuell anfallende Maklerprovision (regional unterschiedlich, üblich sind 3% bis 6% zuzüglich ges. MwSt.)

Exposé
Das Exposé ist bzw. sollte eine detaillierte Objektbeschreibung sein.
Ein professionelles Exposé` sollte mindestens folgende Informationen enthalten:

- Objektanschrift
- Objektart
- Baujahr
- Grundstücksgröße (bei Grundstücken und Häusern)
- Lageplan (bei Grundstücken und Häusern)
- Wohn- und Nutzfläche
- Grundrisse mit Flächenangaben oder Maßketten
- Wohngeld bzw. Betriebskosten
- Detaillierte und umfassende Objektbeschreibung
- Beschreibung der Makro- und Mikrolage
- Angaben zur vorhandenen Infrastruktur
- Sonstige relevante Hinweise
- Objektbilder (hier ist die Aussagekraft und nicht die Anzahl der Bilder entscheidend)
- Kaufpreis der Immobilie
- Kaufpreis der Garage/Tiefgaragenplatz (Doppelparker)
- Provisionshinweis sofern vom Makler

Ein optisch ansprechendes, detailliertes und aussagekräftiges Exposé` eines Maklers, sagt zwar nicht automatisch etwas über die Seriosität des Anbieters aus, lässt aber zumindest auf eine gewisse Professionalität des Anbieters (Maklers) schließen. Fehlende wichtige Basisdaten, schlecht lesbare Grundrisse ohne Flächenangaben usw., lassen auf einen sog. "Nebenerwerbs-/Küchentischmakler" schließen. Der ist Ihnen in letzter Konsequenz nicht wirklich eine Hilfe. Bei Privatanbietern sollte man nicht ganz so strenge Maßstäbe anlegen.
Exposés von Bauträgern sind so gut wie immer hoch professionell.

Fernwärme
Fernwärme wird von Heizkraftwerken, die sich meist im Besitz der Kommunen befinden, erzeugt und via Rohrleitungssystem zum jeweiligen Objekt/Endabnehmer geliefert.

Fertighaus
Ein Fertighaus besteht aus normierten und vorgefertigten Einzelbauteilen. Grundsätzlich muss ein Fertighaus qualitativ nicht schlechter sein als ein Haus in konventioneller Bauweise. Sie sollten aber berücksichtigen, dass Fertighäuser bei einem eventuellen Wiederverkauf nach wie vor eine geringere Akzeptanz besitzen. Somit ist die Zielgruppe potenzieller Kaufinteressenten die Sie ansprechen könnten geringer. Ein Vorteil beim Fertighaus ist die wesentlich kürzere Bau/Montagezeit, das spart Zwischenfinanzierungszinsen und verkürzt die Zeit einer eventuellen Doppelbelastung (bestehende zu zahlende Miete während der Bauphase).

Fertigstellung
Die (endgültige) Fertigstellung eines Bauwerks ist dann erreicht, wenn alle vertragsmäßig geschuldeten Vereinbarungen vollständig ausgeführt und erfüllt sind. Auch sog. witterungsbedingte Restarbeiten, wie z.B. Bepflanzungen, die erst im Frühjahr möglich sind, müssen abgeschlossen sein. Nicht zu verwechseln mit Bezugsfertigkeit.

Fertigstellungstermin
Bezeichnet im Kaufvertrag den fix vereinbarten Termin zu dem ein Bauwerk komplett fertig gestellt sein muss. Nicht zu verwechseln mit dem Termin der Bezugsfertigkeit.

Festdarlehen
Hier handelt es sich um ein endfälliges Darlehen. Das Darlehen wird erst am Laufzeitende durch eine Einmalzahlung getilgt. Die Tilgungsbeiträge werden in der Regel in eine Lebensversicherung oder einen Bausparvertrag einbezahlt.
Da Sie auf Grund der Tilgungsaussetzung während der gesamten Laufzeit eine gleich bleibende Zinsbelastung haben, macht dies eigentlich, wenn überhaupt, nur wirklich Sinn bei einer Immobilie zur Kapitalanlage, da Sie hierbei die Zinsen steuerlich geltend machen können.

Festpreis
Auf die vertragliche Vereinbarung eines garantierten Festpreises sollten Sie beim Kauf vom Bauträger und bei dem Erwerb eines Fertighauses bestehen. Lassen Sie diese Verträge unbedingt vorab von einem kompetenten Fachmann prüfen.

Festzins
Festzins ist ein bezüglich der Höhe festgeschriebener Zinssatz für einen fest vereinbarten Zeitraum bzw. für die gesamte Laufzeit eines Darlehens. Die üblichen Zinsfestschreibungszeiten sind 5 / 10 bzw. 15 Jahre, können jedoch grundsätzlich frei vereinbart werden.

Flächennutzungsplan
Basis für die Bauleitplanung. Wird von den Gemeinden/Städten festgelegt und weist die Baugebiete, Nutzungsarten, Versorgungs-, Verkehrs- und Grünflächen des betreffenden Gebietes aus. Bedingt nicht automatisch ein entsprechendes Baurecht.

Flurkarte
Sofern das Kartenbild einer Gemarkung nicht auf einer einzigen Gemarkungskarte abzubilden ist (aufgrund der flächenmäßigen Größe), wird diese aufgeteilt in mehreren Karten, den sog. Flurkarten.

Flurstück
Ein Flurstück ist eine Parzelle (vermessungstechnisch erfasste Einheit) im Katasterverzeichnis. Nicht zu verwechseln mit einem Grundstück, das im Grundbuch erfasst ist. Ein Grundstück kann aus einem oder mehreren Flurstücken bzw. Flurstücknummern bestehen.

Flurstücknummer
Jedes Flurstück ist mit einer eigenen Nummer bezeichnet (Flurstücknummer).

Freistellungserklärung gemäß § 3 MaBV
Zur Finanzierung eines Bauvorhabens, benötigen Bauträger normalerweise ein entsprechendes Bankdarlehen. Die Bank trägt zur Absicherung dieses Darlehens eine Globalgrundschuld auf alle zu erstellenden Einheiten ein.

Erschrecken Sie nicht, wenn der Notar vorliest, dass auf der von Ihnen zu erwerbenden Einheit eine Globalgrundschuld in zum Teil Millionenhöhe lastet.

Da Sie den Kaufpreis in einzelnen Kaufpreisraten zum Großteil bereits vor Fertigstellung bezahlen, verpflichtet die MaBV den Bauträger, eine sog. Freistellungserklärung (Löschungsbewilligung) seiner Bank beizubringen, in der sichergestellt ist, dass die von Ihnen erworbene Einheit, nach Zahlung des gesamten Kaufpreises von dieser Globalgrundschuld wieder freigestellt (gelöscht) wird.

Bei Bauträgerobjekten liegt in der Regel die sog. Freistellungserklärung der Objektfinanzierenden Bank dem Notar zum Beurkundungstermin bereits vor.

ACHTUNG: Beim Kauf einer gebrauchten Immobilie verhält es sich ähnlich, siehe hierzu unter Begriff **"Löschungsbewilligung".**

Gartenanteil
Einer Wohnung zugewiesene, bezüglich der Größe genau spezifizierte Fläche des zu einem Haus/Wohnung gehörigen Grundstücks. Die entsprechenden Gartenanteile sollten immer als sog. Sondernutzungsrecht in der Teilungserklärung begründet und auch im Grundbuch eingetragen sein.

Gebäudeversicherung
Sachversicherung für die einzelnen Gefahrenbereiche einer Immobilie. Eine sog. "verbundene Wohngebäudeversicherung" umfasst im Allgemeinen Schäden, die durch Brand, Explosion, Blitzschlag, Leitungswasser, Rohrbruch, Frost, Hagel, Sturmeinwirkung verursacht sind. In der heutigen Zeit empfiehlt sich durchaus auch eine erweiterte Absicherung gegen so genannte Elementarschäden (Erdrutsch, Überschwemmungen, Erdbeben etc.).

Gefahrübergang
Der Zeitpunkt des Gefahrübergangs bestimmt das Datum, ab dem das Risiko eines zufälligen Untergangs, Zerstörung oder Beschädigung auf den Erwerber übergeht.

Gemarkung
Eine Gemeinde/Stadt besteht im Allgemeinen aus mehreren Gemarkungen (Gesamtheit aller zur Gemeinde/Stadt gehörenden Flurstücke). In einigen Gemeinden und Städten ist die Bezeichnung der Gemarkung oft nicht identisch mit den entsprechenden Gemeinde-/Stadtteilnamen, auch wenn das Grundstück in diesem Gemeinde-/Stadtteil liegt. Lassen sie sich davon nicht verwirren, es ist für den Kauf und die Bestimmung des Grundstückes nicht relevant. Die Bezeichnung einer Gemarkung muss z.B. nicht immer der entsprechenden Stadtteilbezeichnung entsprechen.

Gemeinschaftseigentum
Gegenstand des gemeinschaftlichen Eigentums sind die Räume und Gebäudeteile, die nicht zum Sondereigentum erklärt sind. Zum gemeinschaftlichen Eigentum gehören neben dem Grundstück alle sonstigen Bereiche und Einrichtungen des Gebäudes, die sich nicht im Sondereigentum oder im Eigentum sonstiger Dritter befinden. Dies sind z.B. konstruktive Gebäudeteile wie Dach, Außenwände, tragende Wände, Fenster, Haus- und Wohnungseingangstüren, Böden, Decken, auch wenn sie in Bereichen eines Sondereigentums liegen. Ferner gehören zum Gemeinschaftseigentum alle Gebäudeteile, die dem gemeinschaftlichen Gebrauch aller Wohnungseigentümer dienen, wie Treppenhaus, Lift, Heizungs- und Warmwasserversorgungs-einrichtungen, Installations-, Ver- und Entsorgungsanlagen. Zur Instandhaltung und Reparatur des Gemeinschaftseigentums sind alle Wohnungseigentümer gemeinschaftlich verpflichtet. Die dadurch entstehenden Kosten sind von den einzelnen Eigentümern anteilig zu tragen.

Das Gemeinschaftseigentum ist in der jeweiligen Teilungserklärung entsprechend definiert. Hierzu zählen insbesondere:

a) Grund und Boden
b) die Fundamente, die Kellermauern einschließlich der Kellereingänge, die Kellerböden, die Lichtschächte und deren Roste, die Abtrennungen der Kellerabteile
c) die tragenden und konstruktiven Teile der Tiefgarage wie Umfassungswände, Stützen,

Unterzüge, Decken samt Isolierungsaufbau, Fußbodenkonstruktion, Tiefgaragentor

d) die Umfassungsmauern, die tragenden Zwischenwände und die Mauern oder sonstigen Bestandteile der Häuser, die die Wohnung oder den Raum/die Räume eines Miteigentümers von der/dem eines anderen oder von gemeinschaftlichen Räumen abgrenzen, die Kamine (im Bereich des Sondereigentums ohne Verputz),
die Geschossdecken, ferner Trennwände, Geländer der Terrassen, der Balkone sowie die Kragplatten und Brüstungen der Balkone und Hauseingangsvordächer

e) die Dachkonstruktion sowie die Dachhaut

f) die Fenster (einschließlich der Glasscheiben), die äußeren Fensterbleche und Rollladenkästen

g) die Hauseingänge und die Treppenhäuser, die Treppen (soweit sie sich nicht innerhalb eines Sondereigentums befinden), Treppenflure und -fenster, die Wohnungsabschlusstüren mit Ausnahme des innenseitigen Anstriches, die Kellerraumtüren, Balkon- und Terrassenabschlusstüren

h) der Hausmeisterkeller, sowie einzelne, dem gemeinsamen Gebrauch dienenden Räume, wie z.B. Hausanschluss- und Zählerräume, der Heizraum, der Waschraum, die für die Eigentümergemeinschaft angeschafften Müllbehälter

i) die Installationen, die allen oder mehreren Miteigentümern dienen, wie z.B. die Sattelitenanlagen nebst Verstärker/Verteiler und allen Leitungen hierfür, sämtliche Steig- und Fallleitungen für Strom, Wasser, Fernwärme, jeweils von dem Übergabepunkt bzw. vom Haus- oder Kesselanschluss bis zu dem Punkt, an dem die Leitungen von den Steigleitungen in ein Sondereigentum abzweigen bzw. von dort einmünden, die Leerrohre für Telefon und die vorbezeichneten Leitungen

j) die Heizungs-, Entlüftungs- und Be-/Entwässerungsrohre und -anlagen sowie die Verbrauchserfassungsgeräte, außer den in Teil A § 3 Ziff. 2. beschriebenen Installationsteilen, die Wasser-, Strom- und Kanalanschlussleitungen, soweit sie nicht im Eigentum der jeweiligen Versorgungsinstitute verbleiben

k) die baulichen Teile der Lüftungsanlagen für die Bäder und WCs, jedoch ohne die Lüfter selbst - soweit vorhanden -

l) die Außenanlagen wie z.B. die Grünflächen, Anpflanzungen, Hofanlage, Wege, Gartenplatten, Ruhebänke

m) alle für die Betreuung der Anlage vorhandenen oder anzuschaffenden Geräte oder Verbrauchsmaterialien

Gemeinschaftsflächen

Als Gemeinschaftsflächen bezeichnet man im Sprachgebrauch, die Flächen die zur gemeinschaftlichen Nutzung aller Eigentümer vorhanden sind, wie z.B. alle Verkehrsflächen, Treppenhaus, gemeinschaftlich genutzte Garten/Grundstücksflächen, Wasch- und Trockenräume etc..

Gemeinschaftsordnung
Die Gemeinschaftsordnung regelt das Verhältnis der Wohnungseigentümer untereinander. Sie enthält die diesbezüglichen Vereinbarungen und Bestimmungen und wird erstmalig in der Teilungserklärung festgelegt. Kann aber im Nachhinein von den Eigentümern entsprechend modifiziert bzw. geändert werden.

Geothermie
Geothermie auch Erdwärme genannt. Sie bezeichnet vereinfacht ausgedrückt die Nutzung der in der Erde gespeicherten Wärme (Energie). Sie kann u.a. zur Erzeugung von Wärme (zum Heizen) genutzt werden.

Eine durchaus überlegenswerte Alternative zu konventionellen Heizsystemen. Bezüglich der Wirtschaftlichkeit und der damit verbundenen Amortisation der nötigen Investitionen gehen die Meinungen allerdings weit auseinander.

Geschossflächenzahl(Gfz)
Die Geschossflächenzahl ist eine Kennzahl die das Maß der baulichen Nutzung eines Grundstücks wiedergibt.

Beispiel: Eine Gfz. von 0,8 sagt aus, dass man auf einem z.B. 1.000m^2 großen Grundstück eine Geschossfläche von insgesamt 800m^2 errichten kann. Bei der Geschossfläche handelt es sich um die sog. Bruttogeschossfläche, die sich aus den jeweiligen Außenmaßen eines Gebäudes errechnet.

Gewährleistung
Beim Kauf einer Neubauimmobilie vom Bauträger richtet sich die Gewährleistung nach der MaBV bzw. BGB (5 Jahre).
Wenn Sie selbst bauen, das heißt alle Gewerke selbst vergeben, wird es bezüglich der Gewährleistung schon komplizierter, nach VOB/B (Verdingungsordnung für Bauleistungen (VOB) Vergabe - und Vertragsordnung für Bauleistungen Teil B) beträgt die Gewährleistung 4 Jahre, sofern im Bauvertrag keine abweichenden Fristen vereinbart wurden. Genau lesen und prüfen!
Gebrauchtimmobilien werden fast immer verkauft "wie es liegt und steht", d.h. unter Ausschluss jeglicher Gewährleistung. Ausgenommen hiervon sind dem Verkäufer bekannte und von ihm bewusst verschwiegene Mängel.

Grenzabstand
gibt die Entfernung wieder, die ein Haus oder eine Garage mindestens von der Grundstücksgrenze entfernt sein muss. Bei Häusern ist es meist die halbe Haushöhe, mindestens aber 3 Meter. Details sind in der jeweiligen Bauordnung enthalten. Ausnahmeregelungen können beantragt und erteilt werden.

Grundbuch
Das Grundbuch ist ein öffentliches Register, das alle Grundstücke umfasst die im jeweiligen Grundbuchbezirk liegen. Es umfasst:

- das Bestandverzeichnis
- die Eigentumsverhältnisse (in Abteilung I)
- die Lasten/Dienstbarkeiten/Beschränkungen (in Abteilung II)
- die eingetragenen Grundpfandrechte (in Abteilung III)

Für jedes Grundstück ist ein eigenständiges Grundbuchblatt angelegt. Es gliedert sich nach dem o.g. Bestandsverzeichnis und den Abteilungen I bis III.
Das Bestandsverzeichnis enthält die Grundstücksdaten, Flurstücke, eventuelle Wegerechte und Miteigentumsanteile an anderen Grundstücken.

In Abteilung I sind die jeweiligen Eigentümer und die Eigentumsverhältnisse dieser untereinander wiedergegeben.
In Abteilung II sind die Lasten, wie z.B. Grunddienstbarkeiten (Geh- und Fahrtrechte, Versorgungsleitungsrechte etc.), beschränkte persönliche Dienstbarkeiten, Nießbrauch-rechte, Reallasten oder ein Erbbaurecht eingetragen.
In Abteilung III sind die Grundpfandrechte, Grundschulden, Hypotheken eingetragen.

Neben dem Grundbuch für reine Grundstücke gibt es das Wohnungsgrundbuch/ Teileigentumsgrundbuch. Die Untergliederung ist gleich dem Grundbuch für Grundstücke. Hier werden jedoch zusätzlich, der jeweilige Miteigentumsanteil am gemeinschaftlichen Grundstück und Eigentum, die verbundenen Sondereigentumsrechte, Sondernutzungsrechte und Beschränkungen die sich eventuell durch die Einräumung von Sondernutzungsrechten ergeben können eingetragen.

Grundbucheinsicht wird jedem gewährt, der ein berechtigtes Interesse nachweisen kann. Eingesehen werden kann auch die Grundakte, die die entsprechenden Dokumente/Urkunden enthält, die sich auf die entsprechenden Eintragungen im Grundbuch beziehen (dies sind z.B. notarieller Kaufvertrag, Teilungserklärung nebst eventuellen Nachträgen, Aufteilungspläne etc.).
Gerichte, Behörden, Banken, Notare haben mittlerweile die Möglichkeit online eine entsprechende Grundbucheinsicht durchzuführen.

Grundbuchauszug
Ist eine Abschrift aller bestehenden Eintragungen im Grundbuch. Im Anhang finden Sie den Abdruck eines Original-Grundbuchauszugs. Im Zuge der Kaufvertragsprüfung sollten Sie sich auch einen Grundbuchauszug geben lassen. Am besten einen aktuellen Grundbuchauszug vom Notar anfordern.

Grundbucheintragung
Erst nach erfolgter Eintragung ins Grundbuch sind Sie als Käufer einer Immobilie auch rechtlich Eigentümer. Durch die Eintragung einer Auflassungsvormerkung zu ihren Gunsten sind Sie noch nicht Eigentümer der Immobilie. Alle Grundbucheintragungen sind kostenpflichtig.

Grunddienstbarkeit

Eine Grunddienstbarkeit ist die Sicherung eines Rechts an einem Grundstück, z.B. ein Geh- und Fahrtrecht oder das Bestehen einer Grenzbebauung. Grunddienstbarkeiten können nur vom Berechtigten gelöscht werden. Sie werden bei Kauf automatisch vom Käufer mit übernommen. Bestimmte Dienstbarkeiten können durchaus wertmindernd sein, deshalb sollten Sie sich die eventuellen Auswirkungen einer Dienstbarkeit genau erklären lassen.

Grunderwerbsnebenkosten (siehe Erwerbsnebenkosten)

Grunderwerbsteuer

Die Grunderwerbsteuer beträgt z.Zt. 3,5 % bis 5%. Sie wird von den einzelnen Bundesländern festgelegt.

Mitverkauftes Zubehör unterliegt normalerweise nicht der Grunderwerbsteuer. Allerdings müssen Sie im Kaufvertrag das Zubehör genau bezeichnen und wertmäßig beziffern. Gleiches gilt für mitveräußerte bewegliche Gegenstände. Ebenso von der Grunderwerbssteuer befreit ist der entsprechende Anteil an der Instandhaltungsrücklage bei Wohnungseigentum (den aktuellen wertmäßigen Anteil erhalten Sie von der Hausverwaltung). Die heutigen Kaufverträge enthalten diesbezüglich normalerweise bereits einen entsprechenden Passus. Trotzdem bitte immer darauf achten, dass dieser Passus auch vorhanden und wertmäßig beziffert ist. Für die Begleichung der Grunderwerbsteuer dem Finanzamt gegenüber haften Käufer und Verkäufer als Gesamtschuldner, auch wenn im Kaufvertrag vereinbart wurde, dass der Käufer die Grunderwerbsteuer bezahlt. Dies ist für die Haftung dem Finanzamt gegenüber nicht relevant. Sollten Sie, aus welchen Gründen auch immer, von einem bereits geschlossenen Kaufvertrag zurücktreten (Wandlung), wird Ihnen auf Antrag die bereits bezahlte Grunderwerbsteuer zurückerstattet.
Von der Grunderwerbssteuer ausgenommen sind u.a. Vorgänge, die der Erbschaft- bzw. Schenkungsteuer unterliegen, Erwerbsvorgänge zwischen Verwandten 1. Grades und deren Ehepartnern, Erwerbsvorgänge unter Ehegatten. Bei Geschiedenen dann, wenn der Erwerb der Auseinandersetzung des Vermögens dient.
Ferner muss der Wert des Erwerbsvorgangs über € 2.500,00 liegen, darunter fällt keine Grunderwerbsteuer an.

Grundflächenzahl (GRZ) Grundfläche (GR)

Die Grundflächenzahl gibt an, wie viel Quadratmeter Grundfläche eines Grundstücks überbaut darf. Bitte nicht verwechseln mit der Gfz!
Beispiel: Beträgt die GRZ 0,4 darf bei einem z.B. 1.000m^2 großen Grundstück eine Fläche von 400m^2 überbaut werden. Geringfügige Abweichungen können beantragt werden und werden auch meist genehmigt.

Grundschuld

Die Grundschuld ist meistens ein Sicherungsmittel für ein Immobiliendarlehen. Eine Grundschuld muss betragsmäßig genau beziffert werden und wird in Abteilung III des Grundbuchs eingetragen.

Grundsteuer

Dauerhafte Abgabe auf Grundeigentum, die von den Gemeinden erhoben wird. Da die Gemeinden durch Satzung, den jeweiligen Hebesatz festlegen, kann die Grundsteuer für vergleichbare Objekte je nach Gemeinde unterschiedlich hoch sein. **Die Grundsteuer zählt bei vermieteten Immobilien zu den umlagefähigen Nebenkosten und kann auf den Mieter umgelegt werden.**

Grundwasser

Insbesondere wenn Sie selbst bauen, sollten Sie die Grundwasserverhältnisse des betreffenden Grundstücks genau prüfen. Es ist zwar heute bautechnisch kein größeres Problem mehr, Gebäude in einer sog. wasserundurchlässigen Wanne zu erstellen, jedoch sollten Sie bei extrem hohen Grundwasserspiegeln vorsichtig sein. Bei einem Kauf in unmittelbarer Nähe eines Gewässers (See, Bach, Fluss etc.) sollten Sie sich bezüglich eventueller Hochwasser- und Überschwemmungsgefahr ebenfalls umfassend erkundigen. Erkundigen Sie sich bei den entsprechenden Gemeinden und Kommunen, nicht beim derzeitigen Eigentümer.

Gutachten

Schriftliche umfassende Immobilienbewertung von bebauten oder unbebauten Grundstücken, meist in Form von sog. Verkehrswertgutachten, die den Sachwert- bzw. Ertragswert wiedergeben. Immobiliengutachten spiegeln nicht automatisch den aktuell erzielbaren Marktwert einer Immobilie wieder, stellen aber meistens eine relativ marktnahe Basis für den letztendlich erzielbaren Kaufpreis dar.

Unabdingbare Voraussetzung hierfür ist jedoch, dass der Gutachter auch die aktuellen Marktverhältnisse kennt und in seine Bewertung mit einfließen lässt.

Gutachterausschuss

Eine der Aufgaben des Gutachterausschusses der Städte und Gemeinden ist Führung einer Kaufpreissammlung, aus der die Bodenrichtwerte ermittelt werden. Die Gutachterausschüsse erfüllen noch eine Vielzahl weiterer Aufgaben, die jedoch hier nicht unbedingt relevant sind und auf deren Aufzählung deshalb hier verzichtet wird.

Haus - und Grundbesitzerverein

Haus- und Grundbesitzervereine sind eine Interessenvertretung der Haus-, Wohnungs- und Grundeigentümer.

Das Pendant hierzu sind die entsprechenden Mietervereine.

Hammergrundstück
ist ein Grundstück in zweiter Reihe, das in etwa der Form eines "Hammers" entspricht. Oft nur erreichbar, über ein im Grundbuch eingetragenes Geh- und Fahrtrecht auf einem angrenzenden Grundstück.

Hausgeld (siehe Wohngeld)

Hausordnung
Die Hausordnung regelt das Miteinander und das Zusammenleben der Bewohner einer Immobilie. Ferner enthält sie Benutzungsregeln u.a. für Einrichtungen und Anlagen.

Hausübergabe
Nach erfolgter Kaufpreiszahlung erfolgt die Übergabe des Hauses. Hierzu sollte ein Protokoll, ein schriftlich abgefasster Bericht über den Zustand des Hauses erstellt werden. Aufzuführen sind eventuell vorhandene Mängel, so wie die entsprechenden Zählerstände (Strom, Heizung, Gas, Wasser). Das Protokoll ist von beiden Parteien zu unterzeichnen. Seien Sie bei der Übergabe genau, was nicht mit ins Protokoll aufgenommen wurde ist im Nachhinein nur noch sehr schwer oder gar nicht zu beweisen. Eine entsprechende Checkliste finden Sie im Anhang.

Hausverwalter (siehe Verwalter)

Herstellungskosten
Herstellungskosten oder auch Gestehungskosten sind alle bei der Errichtung eines Gebäudes anfallenden Kosten. Hierzu zählen:

- Baukosten
- Baunebenkosten
- Aufwendungen für Außenanlagen.

HOAI (Honorarordnung für Architekten und Ingenieure)
Die HOAI regelt die Vergütungen für Architekten/Ingenieure für deren erbrachte oder zu erbringende Leistung. Es empfiehlt sich die entsprechende Architektenleistung im Vertrag soweit als möglich genau zu definieren und/oder ein Pauschalhonorar zu vereinbaren.

Hobbyraum
Hobbyräume werden heutzutage nur noch selten auch zur Ausübung eines Hobbys genutzt, dennoch hat sich der Begriff im Sprachgebrauch eingebürgert. Hobbyräume sind baurechtlich Räume die nicht zum dauerhaften Aufenthalt geeignet und genehmigt sind. In der Praxis sind die sog. Hobbyräume jedoch oft wohnraummäßig ausgestattet, mit Heizung, Bodenbelag, entsprechender Isolierung etc. und werden nicht selten auch als Schlaf- oder Gästezimmer/Büro genutzt. Als Schlafräume eignen sie sich jedoch, wenn überhaupt, eigentlich nur, wenn sie auch über eine entsprechende Belichtung verfügen.

Große Fenster mit Lichtschächten oder besser eine Abböschung vor den Fenstern sollten mindestens vorhanden sein.

Hypothek
siehe auch Grundschuld (klassische Hypotheken kommen heute als Grundpfandrechte kaum mehr vor). Eine andere Art der Hypothek ist die Zwangshypothek, auch Sicherungshypothek. Sie ist ein Sicherungsmittel und kann ins Grundbuch eingetragen werden, auch ohne Zustimmung des Eigentümers, sofern über eine Forderung ein diesbezüglicher vollstreckbarer und zugestellter Titel vorliegt.

Immobilie
lat. im-mobilis für nicht bewegliche Sache. Bezeichnung für ein unbewegliches Sachgut (Grundstück, Gebäude oder Wohnung). Grundstücke werden oft auch als Liegenschaft bezeichnet.

Indexmiete
Maßgeblich für die Indexmiete ist der vom Statistischen Bundesamt ermittelte Preisindex für die Lebenshaltung aller privaten Haushalte in Deutschland. Steigt der Index innerhalb eines Zeitraums um einen bestimmten Prozentsatz, so kann der Vermieter die Miete dementsprechend ebenfalls erhöhen. Sinkt der Index, so verringert sich auch die Miete entsprechend, dies ist jedoch eher unwahrscheinlich. Zwischen den einzelnen Mieterhöhungen muss mindestens ein Jahr liegen.

Instandhaltungsrücklage
Ist in § 21 WEG geregelt. Vorgeschriebene Ansammlung/Ansparung einer gewissen Rücklage für zukünftige Instandsetzungs- und Instandhaltungsmaßnahmen bei einer nach WEG geteilten Immobilie. Die Höhe der Rücklage wird von den Eigentümern beschlossen. Der Verteilungsschlüssel wird anteilig nach Miteigentumsanteilen berechnet, sofern in der Teilungserklärung/Gemeinschaftsordnung nichts anderes festgelegt ist.

IVD
Der Immobilienverband Deutschland ist 2004 aus dem Zusammenschluss von RDM (Ring Deutscher Makler) und VDM (Verband Deutscher Makler) entstanden. Er ist ein Zusammenschluss (Verband) von Maklern, Immobilien-verwaltern, Bauträgern, Sachverständigen und Finanzmaklern. Die alleinige Mitgliedschaft im IVD, sagt jedoch noch nicht generell etwas über die Qualität des jeweiligen Unternehmens aus.

Jahresabrechnung (Wohnungseigentum)
Die Jahresabrechnung ist gesetzlich vorgeschrieben und muss vom Verwalter jeweils nach Ablauf eines Kalenderjahres vorgenommen werden. Meist ca. 3-6 Monate nach dem jeweiligen Abrechnungszeitraum. Die Abrechnung ist üblicherweise eine Gegenüberstellung der Einnahmen und Ausgaben. Sie besteht aus einer Gesamtabrechnung für das Gesamtobjekt und den Einzelabrechnungen für die jeweiligen Wohnungseigentümer.

Ferner enthält sie eine Vermögensübersicht (Forderungen/ Verbindlichkeiten), die Höhe der Instandhaltungsrücklage, sowie die aktuellen Kontostände der für die Eigentümergemeinschaft geführten Konten.
Die Jahresabrechnung (Gesamt- und Einzelabrechnung) wird in der Regel vom Verwaltungsbeirat der Gemeinschaft auf sachliche und rechnerische Richtigkeit hin geprüft und dann von der Eigentümergemeinschaft per Beschlussfassung genehmigt oder auch nicht. Grundsätzlich hat jedoch jeder Eigentümer das Recht zur Einsichtnahme und zur Prüfung der Abrechnung bzw. der dieser zugrunde liegenden Unterlagen.

Kataster
ist ein amtliches Verzeichnis aller Grundstücke in einer Stadt/Gemeinde. Das Liegenschaftskataster besteht aus zwei Bereichen, dem Katasterbuch und dem Kataster-Kartenwerk.

Katasterkarten (Flurkarten)
Katasterkarten bzw. Flurkarten enthalten die genaue planmäßige Darstellung der Flure und Flurstücke mit den entsprechenden Grenzverläufen und Grenzsteinen. Sie werden heutzutage meistens bereits in elektronischer/digitalisierter Form geführt.
Katasterkarten bilden die Basis für z.B. Lagepläne, Bebauungspläne, Versorgungsleitungspläne, Flächennutzungspläne etc..

Käufermarkt
Von einem Käufermarkt spricht man, wenn einer bestimmten Nachfragemenge eine wesentlich größere Angebotsmenge gegenüber steht. **Angebot > Nachfrage**

Kaufoption
Ist das Optionsrecht (Ankaufsrecht) eine bestimmte Immobilie zu einem bestimmten Kaufpreis innerhalb eines definierten Zeitraums zu erwerben. Eine Verpflichtung zur Ausübung dieser Option (Erwerb der Immobilie) besteht für den potenziellen Käufer nicht. Der Optionsgeber (Verkäufer) erhält im Gegenzug meist auch eine sog. Optionsgebühr für das Erteilen der Option. Kaufoptionen werden oft auch zwischen Grundstückseigentümern (Optionsgeber) und Bauträgern (Optionsnehmer) geschlossen.
Der Bauträger sichert sich somit den Zugriff auf ein Grundstück und kann während der Laufzeit der Option, z.B. des endgültige Baurecht abklären oder auch bereits Kaufinteressenten für die dann zu erstellende Immobilie suchen.

Kaufpreis
Im notariellen Kaufvertrag ist immer der vereinbarte Gesamtkaufpreis anzugeben. Eine Falschangabe führt zur Nichtigkeit des gesamten Vertrages. Dies ist z.B. bei einer sog. Unterverbriefung der Fall. D.h. es wird nicht der vereinbarte Kaufpreis angegeben, sondern ein
niedrigerer Kaufpreis. Die Differenz zum vereinbarten Kaufpreis wird dann nebenbei "unter der Hand" bezahlt.

Dies erfolgt nicht primär um irgendwelche Gebühren (Notar, Grunderwerbssteuer etc.) zu sparen, sondern um sog. Schwarzgeld unterzubringen.

Dass eine solche Vorgehensweise nicht gesetzeskonform ist, braucht hier wohl nicht weiter erwähnt werden.

Kaufpreisanzahlung
Kaufpreisanzahlungen (Teilbeträge des vereinbarten Kaufpreises) werden hin und wieder geleistet. Dies macht in Ausnahmefällen z.B. dann Sinn, wenn die Immobilie bereits vor vollständiger Kaufpreiszahlung an den Käufer übergeben werden soll und ist somit als Sicherheit für den Verkäufer zu sehen.
Dies setzt jedoch ein gewisses Vertrauensverhältnis zwischen Käufer und Verkäufer voraus, wenn zum Zeitpunkt einer Kaufpreisanzahlung der Anspruch des Käufers auf Eigentumsumschreibung (Auflassungsvormerkung) noch nicht gesichert ist.

Das Risiko für den Verkäufer besteht darin, dass er die Immobilie bereits vor vollständiger Kaufpreiszahlung an den Käufer übergibt.

Wenn nicht wirklich zwingende Gründe vorliegen und man sich seiner Sache nicht ganz sicher ist, sollte man hiervon jedoch generell Abstand nehmen.

Kaufpreisfälligkeit
Die Kaufpreisfälligkeit und die dadurch auszuführende Kaufpreiszahlung sind in der Regel nach erfolgter Eintragung der Auflassungsvormerkung für den Käufer im Grundbuch gegeben. Übliches Zahlungsziel ab erfolgter Eintragung der Auflassungsvormerkung ist dann zwischen 10 und 14 Tagen. Sofern noch sonstige Bedingungen vereinbart wurden (Freimachungs- bzw. Fertigstellungstermin der Immobilie etc.), so müssen diese Bedingungen ebenfalls bereits erfüllt sein.

Bei einer Immobilie die noch vom Eigentümer selbst bewohnt oder noch vermietet ist und eine Freimachung bis zur Eintragung der Auflassungsvormerkung nicht vorgesehen bzw. realisierbar ist, sollten Sie die Kaufpreisfälligkeit/Kaufpreiszahlung immer analog dem Freimachungs-/Räumungstermin vereinbaren. Dies ist absolut üblich, andererseits würden Sie den Kaufpreis zwar bereits bezahlt haben, aber noch keine Nutzungsmöglichkeit/ Verfügungsgewalt über die Immobilie haben. Viele Verkäufer sind hier oft etwas uneinsichtig oder stellen sich bewusst dumm und versuchen so den Kaufpreis bereits zu bekommen, obwohl die Immobilie noch bis zum vereinbarten Übergabe-/Räumungstermin von Ihnen genutzt wird.

Einige Verkäufer schlagen oft auch als Alternativlösung die Vereinbarung einer Mietzahlung bis zur Übergabe vor. Dies macht jedoch nicht wirklich Sinn, da die Höhe dieser Mietzahlung dann in etwa den Zinsnachteil kompensieren sollte, der Ihnen durch die vorzeitige Kaufpreiszahlung entsteht. Damit hätte dann wiederum niemand einen wirklichen Vorteil bzw. Nachteil und man kann gleich Kaufpreiszahlung bei Übergabe vereinbaren.

Nehmen sie diesen Passus unbedingt in den Kaufvertrag mit auf. Wenn Sie dies vergessen oder übersehen, müssen Sie bei der üblichen Kaufpreisfälligkeit (nach erfolgter Eintragung der Auflassungsvormerkung) den vollen Kaufpreis bezahlen, unabhängig davon, wann die Immobilie übergeben wird.

Kaufpreiszahlung
Leisten Sei die Kaufpreiszahlung erst wenn Sie hierzu vom Notar schriftlich aufgefordert worden sind und ausschließlich auf das Konto/die Konten, die in der Notarmitteilung angegeben sind.

Kaufvertrag
Kaufverträge über den Kauf einer Immobilie müssen immer notariell beurkundet sein. Jegliche Art von privatschriftlichen Vereinbarungen oder sog. Vorverträge sind unwirksam. Ferner müssen alle über den Immobilienkauf getroffenen Vereinbarungen im Kaufvertrag richtig enthalten und wiedergegeben sein.
Grundsätzlich sind die entsprechenden Vertragsmuster der Notare sehr ähnlich und unterscheiden sich meist nur durch den Aufbau und den Formulierungsstil des jeweiligen Notars. Auf was Sie besonders achten sollten und was ein normaler Kaufvertrag enthält finden Sie auch im Textteil unter den Punkten Kaufvertrag/Kaufpreiszahlung/ Kaufpreisfälligkeit. **Den Abdruck eines Standard-Kaufvertrags finden Sie im Anhang.**

Kaution (siehe Mietkaution)

Kostenmiete
Die Kostenmiete ist die höchstmögliche Miete für Preisgebundenen Wohnraum, der mit öffentlichen Mitteln gefördert ist.

Kündigungsfristen (Quelle Deutscher Mieterbund e.V. / www.mieterbund.de)
Kündigung durch den Mieter
Kündigt der Mieter die Wohnung, gilt eine Kündigungsfrist von drei Monaten, unabhängig wie lange der Mieter die Wohnung oder das Haus bewohnt hat. Wurden im Mietvertrag längere Fristen vereinbart, sind diese unwirksam, es sei denn, der Mieter hat ausdrücklich auf eine entsprechende Regelung bestanden.
Stirbt ein Mieter, etwa der Ehepartner, so hat der andere noch lebende Mieter das Recht, den Mietvertrag innerhalb eines Monats nach Kenntnis über den Todesfall außerordentlich unter Einhaltung der gesetzlichen Kündigungsfristen zu beenden. Dieses Recht auf eine außerordentliche Kündigung ist insbesondere bei Zeitmietverträgen wichtig. Umgekehrt gilt: Wenn der andere Mieter oder eine Person im Haushalt (etwa der Ehepartner oder Lebensgefährte, der dauerhaft im Haushalt wohnt) das Mietverhältnis fortführen will, kann ihm der Vermieter nicht einfach kündigen. Das Mietverhältnis wird fortgeführt (BGB § 563 und 563a). Auch Erben, mit denen das Mietverhältnis gemäß § 564 BGB fortgesetzt wird, haben das Recht auf die außerordentliche Kündigung. Sie können innerhalb eines Monats mit der gesetzlichen Frist kündigen.

Kündigung durch den Vermieter/Eigentümer
Sofern der Vermieter einen gesetzlich anerkannten Kündigungsgrund, wie z. B. „Eigenbedarf" oder „wirtschaftliche Verwertung" hat (§ 573 BGB), ist es ihm dennoch nicht gestattet, von „heute auf morgen" zu kündigen. Vermieter müssen die gesetzlichen Kündigungsfristen einhalten:

- 3 Monate bei einer Wohndauer bis zu 5 Jahren
- 6 Monate bei einer Wohndauer von mehr als 5 Jahren
- 9 Monate bei einer Wohndauer von mehr als 8 Jahren

Ausnahmen bilden hier die fristlose Kündigung und die Sonderkündigungsrechte, die es dem Mieter und dem Vermieter unter bestimmten Bedingungen erlauben, unabhängig von den gesetzlichen Kündigungsfristen, das Mietverhältnis zu beenden.

Während der Laufzeit eines Zeitmietvertrages oder so lange ein Kündigungsverzicht oder -ausschluss vereinbart ist, können Mieter und Vermieter das Mietverhältnis normalerweise nicht kündigen. **Ausnahme:** Fristlose Kündigungen oder Sonderkündigungsrecht.

Haben Mieter und Vermieter einen unbefristeten Mietvertrag abgeschlossen (Normalfall), können Mieter diesen Mietvertrag ohne Angabe von Gründen kündigen. Vermieter nicht. Sie benötigen einen gesetzlich anerkannten Kündigungsgrund.

Will der neue Eigentümer einer zu einer Eigentumswohnung umgewandelten Wohnung kündigen, gelten zusätzlich Kündigungssperrfristen von 3 Jahren. Die Bundesländer haben die Möglichkeit, durch eine Verordnung Gemeinden zu bestimmen, in denen die Kündigungssperrfrist 10 Jahre beträgt.

Kündigungsgründe
Wichtigster Grundsatz des sozialen Mietrechts und des Kündigungsschutzes für Wohnungsmieter ist: Grundlose Kündigungen des Vermieters sind unzulässig. Eine Vermieterkündigung kommt nur in Betracht bei schweren Verstößen des Mieters gegen den Mietvertrag, zum Beispiel Nichtzahlung der Miete oder ständig unpünktliche Mietzahlungen. Dann droht allerdings auch gleich die fristlose Kündigung. Dem vertragsgetreuen Mieter kann der Vermieter nur ausnahmsweise kündigen. Grundsätzlich nur dann, wenn er ein berechtigtes Interesse an der Kündigung des Mietverhältnisses geltend machen kann. Das sind folgende Fälle:

Eigenbedarf, wenn der Vermieter die Wohnung für sich selbst, einen Familienangehörigen oder eine zu seinem Hausstand gehörende Person benötigt,

Hinderung angemessener wirtschaftlicher Verwertung, wenn der Vermieter durch die Fortsetzung des Mietverhältnisses an einer angemessenen wirtschaftlichen Verwertung des Hauses oder der Eigentumswohnung gehindert wird und ihm hierdurch erhebliche Nachteile erleidet.

Ausgeschlossen sind immer willkürliche Kündigungen, Kündigungen um einen unliebsamen Mieter "zu bestrafen", Kündigungen, weil die Wohnungen in Eigentumswohnungen umgewandelt werden sollen, oder Kündigungen zum Zweck der Mieterhöhung, das heißt, sogenannte Änderungskündigungen.

Hat der Vermieter einen gesetzlich anerkannten Kündigungsgrund wie "Eigenbedarf" oder "wirtschaftliche Verwertung", darf er nicht "von heute auf morgen" kündigen, er muss die gesetzlichen Kündigungsfristen beachten: 3 Monate bei einer Wohndauer bis zu 5 Jahren, 6 Monate bei einer Wohndauer von mehr als 5 Jahren, 9 Monate bei einer Wohndauer von mehr als 8 Jahren.

Lageplan
Einen Lageplan benötigt man in der Regel bei allen Arten von Baueingaben (Bauantrag, Bauvorbescheid etc.), sowie meistens auch für die Beleihungsunterlagen bezüglich der Immobilienfinanzierung. Er enthält normalerweise eine genaue Maßstabsangabe, die Bezeichnung des Grundstücks, Flächenmaß und Grenzen des zu bebauenden Grundstücks, sowie der angrenzenden Grundstücke und eventuell vorhandene Bestandsgebäude.

Leibrente (Verkauf einer Immobilie auf Rentenbasis)
Eine wenn auch eher seltene Möglichkeit ist der Erwerb einer Immobilie auf Leibrentenbasis. Vereinfacht ausgedrückt bezahlt der Erwerber dem Leibrentenberechtigten bis zu dessen Tode eine monatliche Rente, oft auch verbunden mit einem Einmalbetrag zu Beginn der Laufzeit.
Da es hier sehr unterschiedliche und komplizierte Gestaltungsmöglichkeiten gibt, sollten Sie bei einem Erwerb auf Leibrentenbasis immer einen Fachmann (Anwalt/Notar) hinzuziehen.

Liegenschaft
Ist eine andere Bezeichnung für ein Grundstück bzw. für Grundbesitz.

Liegenschaftskataster
Das Liegenschaftskataster ist ein amtliches Verzeichnis und besteht aus den Katasterbüchern und Katasterkarten. Es enthält alle Grundstücke einschließlich Wohnungseigentum und Erbbaurechte, auch solche die nicht im Grundbuch eingetragen sind.

Liegenschaftszinssatz
Der Liegenschaftszinssatz ist ein wesentlicher Bestandteil bei der Wertermittlung einer Immobilie im Ertragswertverfahren.
Vereinfacht ausgedrückt ist es der Zinssatz mit dem der jeweilige Verkehrswert einer Immobilie marktüblich verzinst wird. Die Höhe des jeweiligen Liegenschaftszinssatzes richtet sich nach Art, Lage und Restnutzungsdauer der Immobilie. Er ist nicht zu verwechseln mit einem normalen Zinssatz für sonstige Kapitalanlagen. Auskunft über die Höhe der Liegenschaftszinssätze erteilen die jeweiligen Gutachterausschüsse.

Löschung

Als Löschung bezeichnet man die Beseitigung einer Grundbucheintragung. Die gelöschte Eintragung bleibt jedoch im Grundbuch bestehen, sie wird lediglich durchgestrichen bzw. rot unterstrichen. Ebenfalls wird ein entsprechender Löschungsvermerk eingetragen. Dies deshalb, damit auch in Zukunft noch nachvollzogen werden kann, was wann gelöscht wurde. Die Löschung muss von demjenigen, dessen Rechte betroffen sind genehmigt werden.

Löschungsbewilligung (siehe auch Freistellungserklärung)

Zur Finanzierung eines Bauvorhabens, benötigen Bauträger normalerweise ein entsprechendes Bankdarlehen. Die Bank trägt zur Absicherung dieses Darlehens eine Globalgrundschuld auf alle zu erstellenden Einheiten ein.

Erschrecken Sie nicht, wenn der Notar vorliest, dass auf der von Ihnen zu erwerbenden Einheit eine Globalgrundschuld in zum Teil Millionenhöhe lastet.
Da Sie den Kaufpreis in einzelnen Kaufpreisraten zum Großteil bereits vor Fertigstellung bezahlen, verpflichtet die MaBV den Bauträger, eine sog. Löschungsbewilligung(siehe auch Freistellungserklärung) seiner Bank beizubringen, in der sichergestellt ist, dass die von Ihnen erworbene Einheit, nach Zahlung des gesamten Kaufpreises von dieser Globalgrundschuld wieder freigestellt(gelöscht) wird.
Bei Bauträgerobjekten liegt in der Regel die sog. Löschungsbewilligung (Freistellungs-erklärung) der Objekt-finanzierenden Bank dem Notar zum Beurkundungstermin bereits vor.

ACHTUNG: Sollte beim Kauf einer **gebrauchten** Immobilie, die im Grundbuch eingetragene Grundschuld höher sein als der vereinbarte Kaufpreis, bestehen Sie unbedingt darauf, dass zum Beurkundungstermin eine Löschungsbewilligung der Gläubigerbank beim Notar vorliegt. Mit der Löschungsbewilligung sollte die Bank bestätigen, dass Sie der Löschung der Grundschuld zustimmt, obwohl der Kaufpreis nicht ausreicht um die Grundschuld zu bedienen.
Die Beschaffung der Löschungsbewilligung von seiner Bank ist für den Verkäufer kein großer Aufwand und Sie sind auf der sicheren Seite. Auch wenn eine solche Konstellation sehr selten vorkommt, so haben ich es doch schon einige Male erlebt.

Es gab Zeiten, da war es durchaus nicht unüblich bis zu 100% und mehr (incl. Erwerbsnebenkosten) des Kaufpreises einer Immobilie zu finanzieren (fast immer allerdings bei Immobilien zur Vermietung). Sofern dann nicht viel getilgt wurde und die Immobilie nach relativ kurzer Zeit wieder verkauft wird, kann es durchaus vorkommen, dass das Darlehen des Verkäufers noch höher ist als der Kaufpreis den er zum jetzigen Zeitpunkt für seine Immobilie bekommt.

Es könnte Ihnen dann passieren, dass Sie zwar die Immobilie rechtskräftig erworben haben, aber die Bank die Grundschuld nicht löschen lässt, da der vereinbarte Kaufpreis nicht ausreicht um die Grundschuld abzulösen.

Normalerweise gleicht der Verkäufer natürlich den Differenzbetrag bei seiner Bank aus, aber was ist, wenn nicht? Vielleicht kann er nicht?

Sie haben zu diesem Zeitpunkt zwar den Kaufpreis noch nicht bezahlt, da eine der Voraussetzungen für die Kaufpreiszahlung das Vorliegen der Löschungsbewilligung ist, aber was nützt Ihnen das?

Sie müssten dann im schlimmsten Fall vom Kaufvertrag zurücktreten, was rechtlich machbar ist, aber Sie bleiben dann auf den Notarkosten sitzen. Sie haben diesbezüglich dann natürlich Regressansprüche gegen den Verkäufer, aber wenn nichts zu holen ist?
Wie erwähnt, kommt sehr selten vor, kann aber auch nicht generell ausgeschlossen werden. Also lieber auf Nummer sicher gehen!

Makler
Ein Immobilienmakler ist ein selbstständiger Gewerbetreibender, der neben einer Gewerbeanmeldung auch noch zwingend eine behördliche Erlaubnis nach § 34c der Gewerbeordnung benötigt.

Diese Erlaubnis umfasst:

- die Vermittlung des Abschlusses von Verträge (Vermittlungsmakler)
- den Nachweis der Gelegenheit zum Abschluss von Verträge (Nachweismakler)
- Vermittlung/Nachweis über Grundstücke / Immobilien
- Vermittlung/Nachweis über grundstücksgleiche Rechte
- Vermittlung/Nachweis über Wohnräume und gewerbliche Räume

Grundsätzlich kann in Deutschland **"leider"** jeder Makler werden, wenn er lesen und schreiben kann und nicht einschlägig vorbestraft ist☺.

Eine fachliche Qualifikation oder Ausbildung ist nicht vorgeschrieben. Hier besteht definitiv Handlungsbedarf seitens des Gesetzgebers.
Auch wenn man davon ausgehen kann, dass langjährige und professionelle Makler über eine entsprechende Qualifikation und Erfahrung verfügen, gibt es leider immer noch eine fast unüberschaubare Zahl von Nebenerwerbsmaklern sog. "Küchentischmaklern".
Ob nun ein Makler qualifiziert und professionell ist, lässt sich vorab allgemein leider nie sagen.

Maklerprovision
Die Maklerprovision, oft auch als Courtage bezeichnet, ist die Vergütung des Maklers für seine erfolgreiche Tätigkeit. Die Höhe der Maklerprovision ist frei vereinbar. Üblich sind meist jeweils 3% zuzüglich gesetzlicher Mehrwertsteuer vom beurkundeten Gesamtkaufpreis, vom Käufer und Verkäufer. Dies ist jedoch je nach Region/Bundesland oft sehr unterschiedlich.

Die Praxis sieht allerdings oft ganz anders aus. Die sog. Nebenerwerbsmakler, also diejenigen, die mal so zufällig nebenbei 2 oder 3 Objekte im Jahr vermakeln, verzichten meistens auf die Verkäuferprovision, um überhaupt an Verkaufsaufträge zu kommen. Hier stellt sich dann natürlich die Frage, ob so ein Makler auch nur ansatzweise qualifiziert ist und über den notwendigen Marktzugang und ein vermarktungsfähiges Netzwerk verfügt. Leider vergeben nach wie vor viele Immobilienverkäufer Ihre Verkaufsaufträge an Makler die von Ihnen keine Provision verlangen und die Ihnen bei der Kaufpreisfindung nach dem Mund reden, d.h. die oftmals völlig marktfremden Preisvorstellungen mancher Verkäufer widerspruchslos bestätigen.
Ein professioneller Makler wird in der Regel immer auch auf eine Verkäuferprovision bestehen. Bei sehr hochpreisigen Objekten kann man über die Höhe dieser ja durchaus diskutieren.
Auch bei der Kaufpreisfindung wird sich ein qualifizierter Makler nach den Marktgegebenheiten richten. Die Frage, wie viel wollen Sie denn haben für Ihre Immobilie oder was haben Sie sich denn als Kaufpreis vorgestellt, ist nicht unbedingt ein Qualitätsmerkmal eines guten Maklers.

Auch hier bewahrheitet sich oft "die Weisheit":

Was umsonst ist, ist meist auch umsonst☺.
Eine gesetzliche Begrenzung der Provisionshöhe gibt es nur bei der Vermittlung von Mietwohnungen. Hier ist die Provision auf maximal 2 Nettomonatsmieten zuzüglich ges. MwSt. begrenzt. Viele Makler lassen in den Kaufertrag auch eine sog. "Makler – Provisionsklausel" mit aufnehmen. D.h. Im Kaufvertrag wird ein Passus mit aufgenommen, der Sie verpflichtet die vereinbarte Provision an den Makler zu bezahlen. Dagegen ist eigentlich ja grundsätzlich nichts einzuwenden, da Sie diese Provision ja vereinbart haben und durch den Kaufvertragsabschluss der Makler seine Leistung ja auch erbracht hat oder?

Makler- und Bauträgerverordnung (MaBV)
Die Makler- und Bauträgerverordnung ist eine Rechtsverordnung zum Schutz der Immobilienkäufer. Sie regelt u.a. die Rechte und Pflichten zwischen Immobilienerwerber und Bauträger. Ferner enthält sie alle wichtigen Kriterien zum Schutz des Immobilienkäufers, die ein Bauträgervertrag erfüllen muss. Vereinbarungen zwischen Bauträger und Immobilienerwerber sind nichtig, wenn sie von den Vorgaben der MaBV abweichen. Auch der beurkundende Notar ist den Regelungen der MaBV verpflichtet und darf nicht davon abweichend beurkunden.

Mängelhaftung
Sofern eine Bauleistung nicht ordnungsgemäß ausgeführt wurde und deshalb Mängel auftreten, haftet der ausführende Handwerker/Unternehmer (z. B. der Handwerker) für diese Mängel. (Details und Fristen etc. siehe, z. B. im BGB - Bürgerlichen Gesetzbuch bzw. in der VOB (Vergabe - und Vertragsordnung für Bauleistungen Teil B).

Bei einem Immobilienerwerb vom Bauträger haftet immer Ihr Vertragspartner (Bauträger), auch wenn dieser üblicherweise die Ausführung der Arbeiten an Subunternehmer weitergegeben hat.

Gebrauchtimmobilien werden fast immer unter Ausschluss jeglicher Gewährleistung verkauft. Bewusst verschwiegene Mängel sind davon natürlich ausgenommen, jedoch ist die Beweisführung hier oft äußerst schwierig.

Maisonette-Wohnung
Maisonette bezeichnet eine auf zwei Ebenen verteilte Wohnung, deren Ebenen durch eine innen liegende Treppe verbunden sind.

Mansarde
Mansarde bezeichnet Wohnungen oder Räume im Dachgeschoss. Ein eher veralteter Begriff, der heute kaum noch verwendet wird.

Mehrfamilienhaus
Gebäude mit mehreren eigenständigen Einheiten (Wohnungen).

Mietbeginn
Definieren Sie auch den Mietbeginn exakt mit einem konkreten Datum. Bei Neubauimmobilien die noch nicht bezugsfertig sind, sollten Sie außerdem mitaufnehmen, dass das Mietverhältnis zu dem angegebenem Datum beginnt, frühestens jedoch am Tage der Bezugsfertigkeit bzw. Übergabe der Immobilie an Sie durch den Bauträger. Hier kann es schnell mal zu Überschneidungen kommen, also besser absichern und den Mietvertragsbeginn nicht zu knapp oder zeitgleich an die geplante Baufertigstellung setzen.

Mieterhöhung (gesetzliche Fristen und Begrenzungen). (Quelle Immowelt 2011)

Will ein Vermieter die Miete erhöhen, so kann er dem Mieter nicht einfach mitteilen, dass ab einem bestimmten Zeitpunkt eine höhere Miete zu zahlen ist. Die Miethöhe ist eine vertragliche Vereinbarung, die nicht einfach von einer Seite abgeändert werden kann. Beide Vertragsparteien müssen eine Erhöhung der Miete vereinbaren. Konkret bedeutet das: Der Vermieter muss den Mieter um Zustimmung zu der Mieterhöhung bitten. Das bedeutet aber nicht, dass der Mieter ein Mieterhöhungsbegehren des Vermieters einfach abschmettern kann. Vielmehr kann der Vermieter vom Mieter die Zustimmung verlangen, sofern bestimmte Voraussetzungen erfüllt sind.

Die Zustimmung zur Erhöhung der Miete bis zur ortsüblichen Vergleichsmiete kann der Mieter laut Bürgerlichem Gesetzbuch (§ 558) nicht verweigern. Der Vermieter muss die Mieterhöhung begründen, indem er entweder auf einen Mietspiegel, eine Mietdatenbank, ein Sachverständigengutachten oder drei Vergleichswohnungen Bezug nimmt. Mieterhöhungen dürfen in nicht zu großen Schritten erfolgen.

Der Vermieter hat das Recht, die Miete bis zur ortüblichen Vergleichsmiete zu erhöhen. Allerdings dürfen selbst dann, wenn die bisherige Miete extrem niedrig ist, die Erhöhungen in nicht zu großen Schritten erfolgen. Laut Bürgerlichem Gesetzbuch (§ 558) gibt es die Kappungsgrenze: Die Kaltmiete darf innerhalb von drei Jahren um nicht mehr als 20 Prozent erhöht werden. Wenn eine Mieterhöhung zulässig ist, so ist es dem Vermieter freigestellt, ob er die Miete auf einen Schlag um 20 Prozent anhebt oder in häufigeren kleineren Schritten. Wichtig ist nur, dass die 20-Prozent-Kappungsgrenze in jedem beliebigen Drei-Jahres-Zeitraum berücksichtigt wird.

Weitere Besonderheiten: Nach einer Mieterhöhung muss der Vermieter mindestens ein Jahr warten, bis er seinem Mieter eine weitere Mieterhöhung ankündigt. Die Mieterhöhung tritt drei Monate nach dieser Ankündigung in Kraft. Faktisch kann die Miete somit nur alle 15 Monate erhöht werden.

Eine Mieterhöhung um mehr als 20 Prozent innerhalb von drei Jahren ist dennoch möglich: Dann nämlich, wenn der Vermieter die Miete wegen einer Modernisierung erhöht.

Modernisierungen, die den Gebrauchswert einer Wohnung erhöhen oder zu Einsparungen von Energie und Wasser führen, rechtfertigen eine Mieterhöhung. Der Vermieter muss den Mieter nicht um Zustimmung bitten. Er kann die Miete jährlich um elf Prozent der Modernisierungskosten erhöhen. Förderungen und Zuschüsse kann er nicht anrechnen. Zudem muss der Mieter keine Luxusmodernisierungen dulden, sondern nur Maßnahmen, die die Wohnung auf einen heute üblichen Standard bringen. Der Mieter kann der Modernisierung widersprechen, wenn die damit verbundene Mieterhöhung für ihn eine unzumutbare Härte darstellt. Der Vermieter muss eine Modernisierung und die voraussichtliche Mieterhöhung drei Monate vor Beginn der Maßnahme dem Mieter ankündigen. Tut er das nicht oder er verschätzt sich bei den Kosten um mehr als zehn Prozent, so verlängert sich die Frist um sechs Monate. Der Mieter hat bei jeder Form der Mieterhöhung ein Sonderkündigungsrecht. Wird dem Mieter eine Mieterhöhung mitgeteilt, so kann er mit verkürzten Fristen außerordentlich kündigen (Mieterkündigung). Ausnahme: Wird eine Staffelmiete vereinbart, hat der Mieter vier Jahre lang kein Kündigungsrecht. Der Vermieter darf allerdings bei einem Staffelmietvertrag die Miete nur entsprechend der vertraglichen Vereinbarung erhöhen.

Was viele nicht wissen: Will der Vermieter die Miete erhöhen, muss er seinen Mieter um Zustimmung bitten. Die Zustimmung darf der Mieter allerdings nicht grundlos verweigern. Nur dann, wenn sie dem Gesetz nach nicht zulässig ist, kann der Mieter somit eine Erhöhung der Miete verhindern.

Die Möglichkeiten und die formal richtige Durchführung einer Mieterhöhung ist ein relativ komplexes und kompliziertes Thema. Es empfiehlt sich hier unbedingt einen kompetenten und erfahrenen Fachmann einzuschalten.

Tipps von Freunden und Bekannten, sind mit Vorsicht zu genießen, außer sie verfügen in diesem Bereich über die entsprechende Fachkompetenz. Ein Mieterhöhungsverlangen scheitert oft schon an banalen Formfehlern.

Mietervereine
Mietervereine sind Zusammenschlüsse von Wohnungsmietern und vertreten die Interessen von Mietern in allen Mietangelegenheiten. Viele bieten auch eine entsprechende Rechtsberatung an. Es ist heute fast schon üblich, dass Mieter bei Problemen mit den Vermietern einem Mieterverein beitreten, der sie dann bei der Wahrnehmung ihrer Interessen unterstützt.
Das Pendant hierzu sind die Haus- und Grundbesitzervereine, eine Interessenvertretung der Haus-, Wohnungs- und Grundeigentümer.

Mietkauf
Der Mietkauf ist eine vertragliche Vereinbarung zwischen Mieter und Vermieter, mit dem Ziel, die gemietete Immobilie zu erwerben unter Anrechnung eines Teils der gezahlten Miete. Der Kaufpreis wird im Mietvertrag festgeschrieben, ebenso der Zeitraum innerhalb oder nach Ablauf dessen, die Immobilie erworben werden kann. Mietkaufverträge bedürfen der notariellen Beurkundungsform. Das Ankaufsrecht wird im Grundbuch abgesichert durch eine "Auflassungsvormerkung" zu Gunsten des Mietkaufberechtigten.
Eine eher seltene Form des Immobilienerwerbs. Die entsprechenden Verträge sollten immer von einem Anwalt oder vom beurkundenden Notar ausgefertigt werden.

Mietkaution
Die Mietkaution ist eine Sicherheitsleistung für entstehende Ansprüche aus dem Mietverhältnis, die der Vermieter vom Mieter zu Beginn des Mietverhältnisses verlangen kann. Die Höhe der Mietkaution ist auf maximal 3 Monatsmieten begrenzt und der Mieter hat das Recht die Kaution in 3 Raten zu bezahlen.
Die Mietkaution wird heutzutage sehr oft auch in Form einer Bankbürgschaft oder durch Abtretung eines Sparbuches an den Vermieter gestellt.
Achten Sie bei einer Bankbürgschaft u.a. darauf, dass diese unter dem Verzicht der Einrede ausgestellt ist und auf erstes Verlangen in Anspruch genommen werden kann. Die Banken verlangen für die Ausstellung von sog. Mietkautionsbürgschaften meist eine Avalprovision von bis zu 2% jährlich.

Mietminderung
Die Durchführung einer Mietminderung richtet sich nach den gesetzlichen Gegebenheiten und der gängigen Rechtsprechung. Über die sehr umfangreichen Möglichkeiten und über die jeweilige Höhe der durchzuführenden Minderungen sollten Sie sich von einem erfahrenen Mietrechtsanwalt beraten lassen.
Heutzutage mindern viele Mieter bei Vorliegen eines entsprechenden Sachverhalts die Miete einfach erst ein Mal. Die Höhe wird oft willkürlich oder nach Internetrecherchen festlegt. Ist zwar nicht die feine englische Art, aber mittlerweile eine leider gängige Vorgehensweise.

Frei nach dem Motto, soll der Vermieter doch klagen, bei einer gerichtlichen Auseinandersetzung habe ich als Mieter ja eh die besseren Karten. Leider ist dies auch oft der Fall.

Mietnomaden
Unter Mietnomaden versteht der Volksmund Personen, die Mietverträge mit der Absicht eingehen und abschließen, nur z.B. die erste Miete zu bezahlen, um dann noch eine gewisse Zeit ohne weitere Mietzahlung in der Immobilie zu bleiben und anschließend über Nacht verschwinden. In den Medien wird dies momentan regelrecht und sehr publikumswirksam ausgeschlachtet, bringt Quote, warum auch immer. Die Praxis sieht allerdings anders aus. Die sog. Mietnomaden sind eher äußerst selten und eigentlich zu vernachlässigen.

Mietpreisbindung
Eine Mietpreisbindung besteht bei Wohnungen die mit öffentlichen Mitteln gefördert sind. D. h. die entsprechende Miete darf gewisse Höchstgrenzen nicht überschreiten, meist eine sog. Kostenmiete.

Mietspiegel
Einfacher Mietspiegel
Einfacher Mietspiegel ist anerkannt. Der einfache Mietspiegel wird von Vertretern der Mieter- und Vermieterverbände unter Mitwirkung der Gemeinden ausgehandelt. Tatsächliche statistische Daten über die Mieten sind nicht Datengrundlage, sondern eine Einigung unter den Interessenvertretern. Dadurch unterscheidet sich der einfache vom qualifizierten Mietspiegel. Ein solcher Mietspiegel soll zum einen Orientierung über die erzielbaren Mieten geben, zum anderen aber auch Grenzen bei der Miethöhe definieren. Dabei gilt: Bei einer Neuvermietung kann der Vermieter auch eine Miete verlangen, die über der ortsüblichen Vergleichsmiete liegt. Während des laufenden Mietverhältnisses ist jedoch nur eine Mieterhöhung bis zur Obergrenze der Spanne möglich, die im Mietspiegel ausgewiesen ist.

Qualifizierter Mietspiegel
Ein qualifizierter Mietspiegel wird nach wissenschaftlichen Kriterien erstellt. Er hat eine hohe Aussagekraft hinsichtlich des ortsüblichen Mietniveaus. Er alle vier Jahre neu erstellt. Er ist gültig, sobald er von der Gemeinde oder von Interessenvertretern der Mieter und der Vermieter anerkannt wurde. Ein qualifizierter Mietspiegel muss zudem regelmäßig an die Gegebenheiten des Marktes angepasst werden: Nach zwei Jahren muss eine solche Überarbeitung erfolgen. Dabei kann eine Stichprobe erhoben werden, es reicht aber auch aus, wenn die Fortschreibung aufgrund des Lebenshaltungskostenindex des statistischen Bundesamtes erfolgt. Bei der Beurteilung von Mieterhöhungen vor Gericht wird davon ausgegangen, dass ein qualifizierter Mietspiegel die tatsächlichen ortsüblichen Mietpreise wiedergibt. Allerdings hat in der Praxis auch ein einfacher Mietspiegel vor Gericht eine hohe Aussagekraft.

Die Mietspiegel geben die durchschnittlich erzielten bzw. erzielbaren Mieten im jeweiligen Erfassungsgebiet wieder. Die effektiv erzielbaren Mieten können jedoch je nach Region und Marktsituation (Angebot und Nachfrage) zum Teil erheblich vom Mietspiegel abweichen, sowohl nach oben als auch nach unten. Ein Mietspiegel ist nie der Weisheit letzter Schluss, stellt jedoch in der Regel eine vernünftige Basis für eine Mietkalkulation dar. Preisgebundener Wohnraum wird bei der Erstellung der Mietspiegel nicht berücksichtigt.

Mietvertrag
Der Mietvertrag ist eine vertragliche Vereinbarung über die Überlassung von Wohnraum. Ein Mietvertrag kann formlos abgeschlossen werden, es empfiehlt sich jedoch, diesen immer schriftlich abzufassen und zumindest einen sog. Formmietvertrag zu verwenden. Überall im Handel erhältlich. Obwohl die wesentlichen Inhalte eines Mietvertrages gesetzlich geregelt sind, empfiehlt es sich, alle getroffenen individuellen Vereinbarungen im Detail mit in den Mietvertrag aufzunehmen.

Bezüglich Kündigungsfristen gelten die gesetzlichen Regelungen. Abweichungen zu Ungunsten des Mieters dürfen hier nicht vereinbart werden bzw. sind unwirksam. Spekulieren Sie keinesfalls mit der Unwissenheit eines Mieters und nutzen Sie in einem sog. Vermietermarkt(geringes Angebot - hohe Nachfrage) Ihre vermeintlich starke Position auch nicht aus. Damit haben Sie bei einer eventuellen gerichtlichen Auseinandersetzung von vornherein schlechte Karten. Bei wirklichen Problemen und Streitereien wenden sich die Mieter ohnehin meist an einen Rechtsanwalt oder die örtlichen Mietervereine, zwecks Beratung und Unterstützung.
Wenn Sie niemanden kennen, der in diesem Bereich über eine entsprechende Erfahrung verfügt, verwenden Sie einen der üblichen Formmietverträge. Diese enthalten in der Regel alles Wesentliche und richten sich nach der gängigen Rechtsprechung. Achten Sie jedoch auf eine zeitnahe aktuelle Fassung, da sich die Rechtsprechung und die Gesetzeslage im Mietrecht sehr gerne und sehr häufig ändern.

Mietvertragsarten (Quelle Deutscher Mieterbund e.V.)
Unbefristete Mietverträge
Der "normale" Mietvertrag. Er wird mündlich oder schriftlich, meist als Formularmietvertrag abgeschlossen. Das Mietverhältnis läuft auf unbestimmte Zeit. Ein Vertragsende ist nicht vorgesehen. Für Mieter gilt eine Kündigungsfrist von 3 Monaten. Für Vermieter gelten Kündigungsfristen - je nach Wohndauer - zwischen 3 und 9 Monaten. Will er kündigen, braucht er einen gesetzlich anerkannten Kündigungsgrund, zum Beispiel Eigenbedarf. Nachteil der unbefristeten Mietverträge ist, dass bei kleineren oder Privatvermietern die Eigenbedarfskündigung drohen kann, dass insbesondere bei "Einliegerwohnungen" oder in Zwei-Familienhäusern, in denen der Vermieter mit wohnt, geringer Kündigungsschutz besteht. Mieterhöhungen sind bis zur ortsüblichen Vergleichsmiete möglich.

Zeitmietvertrag

Schriftlicher Mietvertrag, meist Formularmietvertrag, in dem das Vertrags- und Mietende von vornherein festgelegt wird. Während der Laufzeit des Vertrages können Vermieter oder Mieter nicht kündigen. Ausnahme: Fristlose Kündigung.

Heute gibt es praktisch nur noch den so genannten qualifizierten Zeitmietvertrag. Hier muss bei Vertragsabschluss im Mietvertrag ein Befristungsgrund vereinbart werden, zum Beispiel, dass nach der Vertragszeit der Vermieter die Wohnung selbst benötigt oder umfangreiche Umbau- oder Abrissarbeiten vorgesehen sind, so dass der Mieter nicht mehr wohnen bleiben kann, oder dass die Wohnung als Dienstwohnung genutzt werden soll. Bei diesen qualifizierten Zeitmietverträgen muss der Mieter bei Vertragsende ausziehen, wenn der ursprüngliche Befristungsgrund noch vorliegt. Qualifizierte Zeitmietverträge müssen immer schriftlich vereinbart werden. Das gilt auch für die Angabe des Befristungsgrundes. Ist das Schriftform-Erfordernis nicht eingehalten, gilt der Mietvertrag als unbefristeter Mietvertrag.

Alter Zeitmietvertrag

Bis zum 31. August 2001 konnten auch einfache Zeitmietverträge, das heißt befristete Mietverträge, abgeschlossen werden. Hier war kein Befristungsgrund notwendig. Am Ende der vorgesehenen Vertragszeit konnte der Mieter die Fortsetzung des Mietverhältnisses verlangen. Erhielt der Vermieter zwei Monate vor Ablauf des Mietverhältnisses dieses Fortsetzungsverlangen, konnte er das Vertragsverhältnis nur beenden, wenn er einen Kündigungsgrund hatte, zum Beispiel Eigenbedarf.

Wichtig: Dieser Typ Zeitmietvertrag gilt weiter, soweit er vor dem 1. September 2001 abgeschlossen wurde. Heute kann er nicht mehr vereinbart werden.

Staffelmietvertrag

Schriftlicher Mietvertrag, in dem nicht nur die Anfangsmiete, sondern auch die zukünftigen jährlichen Mietsteigerungen festgelegt werden. Die jeweilige Endsumme oder der jährliche Erhöhungsbetrag müssen im Vertrag stehen.

Staffelmietverträge werden normalerweise als Zeitmietverträge vereinbart. Während der Laufzeit des Vertrages kann der Vermieter nicht kündigen. Der Mieter hat ein Sonderkündigungsrecht. Er darf erstmals zum Ablauf des vierten Jahres kündigen. Danach immer mit der gesetzlichen Kündigungsfrist.

Indexmietvertrag

Schriftlicher Mietvertrag, in dem nicht nur die Anfangsmiete festgelegt wird, sondern auch die Frage, wie die Miete in den nächsten Jahren steigen wird. Der Mietpreis wird hier gekoppelt an einen Preisindex für allgemeine Lebenshaltung des Statistischen Bundesamtes.

Mietwucher

Mietwucher ist ein Straftatbestand und liegt vor, wenn Leistung und Gegenleistung in einem auffälligen Missverhältnis zu einander stehen.

Vereinfacht ausgedrückt wird hierbei davon ausgegangen, dass der Vermieter eine Zwangslage, die Unerfahrenheit etc. des Mieters ausnutzt. Mietwucher bei Wohnraum liegt vor, wenn die vereinbarte Miete die ortsübliche Vergleichsmiete um mehr als 50 Prozent überschreitet. Mietwucher ist aber ein eher selten vorkommender Fall.

Mischgebiet
Eine Flächennutzungsbezeichnung z.B. innerhalb des Geltungsbereiches eines Bebauungsplans. Es sind dort Bauvorhaben zulässig, die Wohnzwecken dienen. Außerdem sind Nutzungen von so genanntem nicht störendem Gewerbe möglich und zulässig, wie z.B. Geschäfts-/Bürogebäude, Einzelhandel, Gaststätten, sportliche Einrichtungen etc..

Mischnutzung
Eine Mischnutzung liegt vor, wenn in einem Gebäude sowohl Wohnungen als auch Gewerberäume(Büros und /oder Läden) vorhanden sind.

Miteigentumsanteil
Jedes Wohnungs- oder Teileigentum ist untrennbar mit einem Miteigentumsanteil am gemeinschaftlichen Eigentum verbunden (§ 1 Abs. 2 und 3 WEG). Das Sondereigentum kann nur mit dem jeweiligen Miteigentumsanteil veräußert oder belastet werden. Die Festlegung des Miteigentumsanteils erfolgt üblicherweise in 100-stel, 1000-stel oder auch 10.000-stel Anteilen, je nach Objektgröße und wird von demjenigen bestimmt und festgelegt, der das jeweilige Wohnungseigentum notariell begründet. Grundlage der Festlegung der Miteigentumsanteile ist meistens die Relation der Wohn- bzw. Nutzflächen untereinander. D.h. in diesem Fall, je größer die Wohnung umso größer der Miteigentumsanteil und umgekehrt. Die Miteigentumsanteile, nicht jedoch das Sondereigentum, können von den Wohnungseigentümern geändert werden. Dies bedarf jedoch der Zustimmung aller Eigentümer. Die jeweiligen Miteigentumsanteile bilden fast immer auch die Basis/den Maßstab für die entsprechende Lasten- und Kostenverteilung einer Immobilie, zwischen den Wohnungseigentümern untereinander. Ferner richtet sich heutzutage meistens auch das Stimmrecht der einzelnen Eigentümer nach dem jeweiligen Miteigentumsanteil. Diese Regelung ist auch logischer und gerechter, d.h. je größer der entsprechende Miteigentumsanteil an einer Immobilie, desto größer ist auch das damit verbundene Stimmrecht. Entsprechend ist natürlich auch der damit verbundene Anteil an den Kosten. Ein Stimmrecht nach dem sog. Kopfprinzip ist mittlerweile eher selten, in den Teilungserklärungen neueren Datums wird fast immer das Stimmrecht im Verhältnis zum Miteigentumsanteil vereinbart und festgelegt.

Nachbarrecht
Das private Nachbarrecht ist ein Sachrecht und im BGB § 903 ff. geregelt. Es regelt die Rechte und Pflichten der einzelnen Grundstückseigentümer untereinander.

Möglichkeit der Nachbesserung einräumen, bevor Sie weiter Schritte unternehmen. Hierbei sind die Mängel genau zu definieren und es ist eine "angemessene Frist" zur Behebung der Mängel einzuräumen.

Nachmieter

3 Nachmieter vorschlagen und alles ist erledigt. So einfach ist es nicht. Bei Mietverträgen mit gesetzlicher Kündigungsfrist (3 Monate) stellt sich die Problematik Nachmieter jedoch für die meisten Mieter gar nicht. Bei Mietverträgen mit vereinbarter längerer Kündigungsfrist, ist es unter bestimmten Voraussetzungen möglich, dass der Mieter ausnahmsweise vorzeitig aus dem Vertrag raus kann, wenn er ein berechtigtes Interesse hat das stärker wiegt als das Interesse des Vermieters an einer Fortsetzung des Mietverhältnisses. Die Anforderungen sind jedoch sehr hoch. Es reicht nicht aus, wenn der Mieter nur in eine günstigere oder schönere Wohnung ziehen will. Mögliche Gründe sind jedoch, wenn man Nachwuchs bekommt und die Wohnung zu klein wird, ein beruflich bedingter Umzug ansteht oder wenn der Mieter in ein Alten- oder Pflegeheim muss.

Nebenabreden

Gemäß § 313 BGB bedarf ein Grundstückskaufvertrag (Immobilienkaufvertrag), sowie sämtliche damit zusammenhängenden sonstigen Vereinbarungen (Nebenabreden) der notariellen Beurkundung. Werden diese Formvorschriften nicht eingehalten, kann der Vertrag in seiner Gesamtheit nichtig sein. Ein Beispiel hierfür wären z.B. eventuelle private mündliche Vereinbarungen oder sog. "Schwarzgeldzahlungen" (Unterverbriefung).

Nebenkosten (Betriebs- und Heizkosten) bei Vermietung

Sofern Ihre Immobilie von einer Hausverwaltung verwaltet wird, erhalten Sie von dieser einmal jährlich eine entsprechende Abrechnung. Normalerweise sind die auf den Mieter umlagefähigen Nebenkosten darin separat ausgewiesen. Die Nebenkosten sind einmal jährlich abzurechnen. Spätestens zwölf Monate nach Ende des Abrechnungszeitraums muss der Vermieter die Betriebskosten mit dem Mieter abrechnen. Versäumt er dies, sind Nachforderungen ausgeschlossen. Ergibt die Abrechnung ein Guthaben, muss der Vermieter dieses allerdings trotzdem an seinen Mieter auszahlen. Vereinbarungen im Mietvertrag, die hiervon abweichen, sind ungültig. **Ausnahme:** Der Vermieter hat die Verspätung nicht zu vertreten, was er aber möglicherweise erst in einem Prozess beweisen muss. Auch der Mieter muss Einwände innerhalb von zwölf Monaten nach Zustellung der Abrechnung mitteilen. Meldet er seine Einwände verspätet an, so geht auch er leer aus.

Negativzeugnis

Oft auch Negativbescheinigung genannt, ist eine Bestätigung der jeweiligen Stadt/Gemeinde, dass sie von ihrem gesetzlichen Vorkaufsrecht an einer Immobilie keinen Gebrauch macht.

Das Negativzeugnis wird vom Notar in Zuge der Kaufvertragsabwicklung bei der zuständigen Stadt/Gemeinde angefordert. Ein Vorkaufsrecht besteht nicht, wenn Verkäufer und Käufer in gerader Linie miteinander verwandt sind.

Nettomiete
Die Nettomiete ist die Miete, in der keinerlei Betriebs-, Heiz- und Warmwasserkosten enthalten sind.

Nießbrauch
Beim Nießbrauch überträgt der Eigentümer einer Immobilie das Recht der Nutzung und Nutznießung an der Immobilie an einen Dritten(Nießbrauchberechtigten). Somit hat die Immobilie weiter einen rechtlichen Eigentümer (den Übertragenden) und einen wirtschaftlichen Eigentümer (den Nießbrauchberechtigten). D.h. der Nießbrauchberechtigte kann z.B. die Immobilie selbst nutzen, bei einer Vermietung oder sonstigen wirtschaftlichen Fremdnutzung hat er Anspruch auf die Mieteinahmen/Erträge aus dieser Fremdnutzung. Wer weiterhin die laufenden Kosten und Lasten trägt kann frei vereinbart werden. Meist jedoch sind diese vom Nießbrauchberechtigten zu tragen.
Oft wird auch das Eigentum an einer Immobilie z.B. auf die Kinder übertragen und die Eltern (bisherigen Eigentümer) erhalten dann ein entsprechendes Nießbrauchrecht.
Die Bestellung eines Nießbrauchrechts bedarf der notariellen Beurkundung und der Eintragung ins Grundbuch. Es ist nicht vererbbar und nicht veräußerbar/übertragbar.
Das Nießbrauchrecht ist nicht zu verwechseln mit einem normalen "Wohnrecht".

Nominalzins
Der Nominalzins ist der Zinssatz eines Kredites ohne Berücksichtigung eventueller Nebenkosten (Bearbeitungsgebühren, Disagio etc.). Diese Nebenkosten sind bei der Angabe des Effektivzinssatzes berücksichtigt. Zum Zinsvergleich eignet sich deshalb immer nur den "Effektivzinssatz".

Notar
Notare sind Volljuristen (2.Staatsexamen) und üben ein öffentliches Amt aus. Sie werden von den jeweiligen Justizverwaltungen der Bundesländer bestellt. Die Bestellung erfolgt auf Lebenszeit. Die Anzahl der bestellten Notare richtet sich nach den jeweiligen Bedürfnissen einer ordentlichen Rechtspflege und ist ja nach Region unterschiedlich. Vereinfacht ausgedrückt bedeutet dies, dass in großen Städten wesentlich mehr Notare bestellt werden als in ländlichen Gegenden, in denen schon allein durch die geringe Einwohnerzahl ein geringer Bedarf vorhanden ist. Je nach Bundesland gibt es hauptberufliche Notare und sog. Anwaltsnotare, die nebenbei noch als Anwalt zugelassen sind. Die Vergütung der Notare richtet sich nach der Gebührenordnung. Der Notar hat eine Aufklärungs- und Belehrungspflicht hinsichtlich der rechtlichen Konsequenzen und Tragweite eines Geschäfts und gibt die Erklärungen der beteiligten Vertragsparteien in der Urkunde wieder.
Bei Immobilientransaktionen ist die Beurkundung aller getroffenen Vereinbarungen durch einen Notar zwingend erforderlich.

Notar-Anderkonto
Ist ein Konto, das ein Notar einrichtet und auf das der Käufer einer Immobilie den Kaufpreis einzahlt, den der Notar dann treuhänderisch verwaltet.

Der Notar zahlt den Kaufpreis erst an den Verkäufer aus, wenn alle vertraglich vereinbarten Bedingungen erfüllt sind. Die Einrichtung und Abwicklung über ein Notar-Anderkonto ist mit zusätzlichen Kosten verbunden.
Für die Abwicklung einer normalen Immobilientransaktion ist ein Notar-Anderkonto eigentlich nicht wirklich erforderlich.

Notargebühren
Notargebühren werden anhand eines Gebührensatzes und einer Gebührentabelle ermittelt. Diese sind gesetzlich vorgeschrieben. Die Basis für die Höhe der Beurkundungsgebühren ist bei Kaufverträgen der beurkundete Kaufpreis und bei Grundpfandrechten der jeweilige Sicherungswert (Höhe der zu bestellenden Grundschuld).

Für die Notargebühren besteht eine gesamtschuldnerische Haftung des Käufers und des Verkäufers. D.h. sollte ein Käufer die Notargebühren nicht bezahlen, kann der Notar diese vom Verkäufer einfordern, unabhängig davon was zwischen den Parteien(Käufer und Verkäufer) in der Kaufvertragsurkunde vereinbart wurde.

Nutzfläche
Die Nutzfläche einer Immobilie beinhaltet alle Nebenräume, wie z.B. Hobbyräume, Keller, Speicher, Heizraum etc.

Nutzungsänderung
Eine Nutzungsänderung ist immer dann erforderlich, wenn die bisherige genehmigte Nutzung einer Immobilie geändert werden soll. Das klassische Beispiel hierfür ist die Änderung einer gewerblichen Nutzung einer Immobilie in eine wohnwirtschaftliche Nutzung. Vereinfacht ausgedrückt heißt dies, dass z.B. aus bisherigen Büroflächen Wohnungen entstehen sollen oder umgekehrt. Nutzungsänderungen müsse bei den jeweils zuständigen Behörden beantragt und von diesen genehmigt werden.

Öffentliche Lasten
Öffentliche Lasten sind u.a. Grundsteuer, Kanalgebühren, Erschließungsbeiträge, Straßenreinigung etc.. Haftbar bzw. Schuldner der öffentlichen Lasten ist der jeweilige im Grundbuch eingetragene Eigentümer. Öffentliche Lasten sind nicht im Grundbuch eingetragen.

Paragraph 181 BGB (Bürgerliches Gesetzbuch)
Einen Hinweis auf diesen Paragraphen finden Sie in fast jedem Kaufvertrag wieder. Der § 181 BGB besagt, dass ein Bevollmächtigter keine Rechtsgeschäfte mit sich selber schließen kann. Da dies jedoch bei der Abwicklung eines Kaufvertrages und den damit verbundenen Rechtsgeschäften oft erforderlich ist und zur Vereinfachung bestimmter Abläufe, werden z.B. Notariatsmitarbeiter bzw. der Eigentümer (Verkäufer) im Kaufvertrag diesbezüglich bevollmächtigt. D.h. die Bevollmächtigten werden im Kaufvertrag von den Beschränkungen des § 181 BGB befreit.

Parzellierung
Aufteilung eines Grundstückes durch den jeweiligen Eigentümer. Die dadurch entstehenden Grundstücke werden als selbständige neue Grundstücke ins Grundbuch eingetragen.

Passivhaus
Passivhäuser sind die wohl derzeit am energieeffizientesten Häuser.
Vereinfacht ausgedrückt ist der Grundgedanke eines Passivhauses, die bereits vorhandene Wärmeenergie optimal zu nutzen (alle wärmeerzeugenden Einrichtungen und Gegenstände, wie z.B. Lampen, TV-Geräte usw.).

Passivhäuser verfügen ferner über ein spezielles Be- und Entlüftungssystem, das ein Lüften/Öffnen der Fenster überflüssig macht. Die Marktakzeptanz von Passivhäusern ist auf Grund der höheren Herstellkosten und der doch recht unkonventionellen Be- und Entlüftung jedoch nach wie vor relativ gering.

Pelletheizung
Pellet Heizungen werden mit sog. Holzpellets betrieben (gepresste Holz/ Sägespäne). Letztendlich hat sich diese Art der Energieerzeugung jedoch noch nicht wirklich durchgesetzt und wird es wahrscheinlich auch nicht. Einige Bauträger verbauen sog. Duale-Heizsysteme(Pellet Heizung + konventionelle Heizsysteme).

Penthouse
Dachgeschosswohnung mit umlaufender oder sehr großzügiger Dachterrasse. Meist die einzige Wohnung auf dem Dach eines Hauses.

Provision (siehe Maklerprovision)

Rangänderung
Bewirkt den Tausch eingetragener Rechte im Grundbuch. Die ranghöheren Rechte haben Vorrang vor den rangniederen Rechten. Bedarf stets der formellen Zustimmung der Rangberechtigten.

Reallast
Mit einer Reallast auf einem Grundstück können z.B. laufende Leistungen des Berechtigten (Erbbauzinsen, Überbaurenten etc.) abgesichert werden.

Der durch eine Reallast Berechtigte kann auch der jeweilige Eigentümer z.B. eines Nachbargrundstückes sein. Das mit einer Reallast belastete Grundstück, sowie der jeweilige Eigentümer des Grundstücks haften beide für die Erbringung der jeweiligen Leistung die der Reallast zugrunde liegt.

Realteilung
Bei Grundstücken, die über ein eigenes Flurstück/Flurstücknummer verfügen spricht man von sog. real geteilten Grundstücken.

Ebenso wenn nach einer Parzellierung eines großen Grundstücks mehrere kleinere eigenständige "real geteilte" Grundstücke neu entstehen. Diese bekommen dann immer eine eigene Flurstücknummer und werden so im Grundbuch eingetragen.

Rechtsmängel
Eine in Kaufverträgen aufgeführte "Gewährleistung für Rechtsmängel" sorgt dafür, dass das Kaufobjekt frei von allen vom Käufer nicht übernommenen grundbuchmäßigen Belastungen ist und so auf den Käufer übergeht.

Reihenhaus
mehrere aneinander gebaute Häuser. Man unterscheidet zwischen Reiheneckhaus und Reihenmittelhaus. Bei nur 3 aneinander gebauten Häusern spricht man auch von einem Dreispänner. Reihenhäuser sind oft nach WEG geteilt, das heißt sie verfügen nicht über ein eigenständiges real geteiltes Grundstück (eigenes Flurstück), der jeweilige Grundstücksanteil ist dann als Sondernutzungsrecht zugeteilt.
Größere Reihenhaussiedlungen haben oft auch eine gemeinsame Heizungsanlage und eine gemeinsame Tiefgarage, sowie gemeinsame Verkehrsflächen.
Sofern eine Teilung nach WEG vorliegt, sollten Sie den entsprechenden Regelungen in der Teilungserklärung besondere Aufmerksamkeit widmen.

Reines Wohngebiet
Eine Flächennutzungsbezeichnung z.B. innerhalb des Geltungsbereiches eines Bebauungsplans. Es sind dort nur Wohngebäude zulässig, sowie durch Ausnahmeregelung Einrichtungen für die Deckung des täglichen Bedarfs der Anwohner, wie z.B. Läden. Ferner z.B. auch Einrichtungen für kirchliche, kulturelle und gesundheitliche Bedürfnisse.

Richtfest
Das Richtfest ist ein klassisches Fest/Feier, das der Bauherr als Dank an die am Bau beteiligten Handwerker mit diesen zusammen feiert. Das Richtfest erfolgt nach Rohbaufertigstellung einschließlich Fertigstellung des Dachstuhls. Markantes Zeichen des Richtfestes ist die sog. Richtkrone, die auf den Dachstuhl aufgezogen wird.

Rohbaumaße
Als Rohbaumaß bezeichnet man im Bauwesen das Maß der Bauteile im Rohbau-Zustand (z.B. ohne Putz und Anstrich, Fliesen etc.). In Bauzeichnungen werden Rohbaumaße angegeben. Nach Fertigstellung spricht man vom Ausbaumaß.
In Verkaufsprospekten werden die Grundrisse meist in Rohbaumaßen abgebildet, jedoch wird bei der entsprechenden Wohnflächen-berechnung dann ein entsprechender Putzabzug in Ansatz gebracht (üblich sind 3%).

Rücktrittsrecht
In notariellen Kaufverträgen wird meist auch ein Rücktrittsrecht für den Käufer/Verkäufer aufgenommen. Darin ist geregelt unter welchen Voraussetzungen ein

Käufer bzw. ein Verkäufer das Recht hat, von dem abgeschlossenen Kaufvertrag zurückzutreten. In der Regel greift das Rücktrittsrecht z.B. bei Nichtbezahlung des Kaufpreises bzw. Nichtübergabe des vertragsgegenständlichen Objektes zum vereinbarten Zeitpunkt.
Da das Ausüben des Rücktrittsrechts von weiteren Faktoren abhängt und auch entsprechende Fristen und Formen zu beachten sind, sollten Sie die Ausübung immer nur in enger Abstimmung mit dem Notar durchführen. Dieser klärt Sie auch über die Folgen und eventuell dadurch entstehenden Schadensersatzansprüche auf.

Sachmängel
sind z.B. Mängel bei der Bauausführung bei Neubauimmobilien oder vorhandene Mängel bei Gebrauchtimmobilien.
Gebrauchtimmobilien werden fast immer mit der Klausel verkauft.......wie es liegt und steht....., d.h. in der Regel unter Ausschluss jeglicher Gewährleistung. Versteckte Mängel die dem Verkäufer bekannt waren und die er verschwiegen hat fallen allerdings nicht darunter. Jedoch ist die Beweislast hier oft sehr schwierig.
Bei Neubauimmobilien (Bauträgerimmobilien) ist es etwas einfacher, denn es beträgt die gesetzliche Gewährleistung nach BGB 5 Jahre.

Sachwert
Wert eines bebauten Grundstücks (Summe aus Bodenwert und aktuellem Bauwert). Bauwert = Herstellkosten(heute) ./. Alterswertminderung. Für die Beleihung von Eigengenutzten Immobilien ist der Sachwert immer der maßgebliche Wert.

Schlüsselfertige Erstellung einer Immobilie
Schlüsselfertige Errichtung eines Gebäudes unter Vereinbarung eines Festpreises. Charakteristisch für die schlüsselfertige Herstellung sind Bauträgermaßnahmen, wobei der Bauträger hier neben der Errichtung des Gebäudes auch noch das dazugehörige Grundstück überträgt.

Schönheitsreparaturen
Schönheitsreparaturen sind Renovierungsmaßnahmen, durch die gebrauchsbedingte Abnutzungserscheinungen beseitigt werden. Klassische Klausel in Mietverträgen.

Dazu gehören z.B.:

- Streichen von Wänden und Decken
- Reinigen von Teppichböden
- Lackieren von Heizkörpern
- Streichen von Fenstern (innen), Türen und Eingangstüren (innen)
- Nicht dazu gehören z.B.:
- Austausch des durch normalen Gebrauch abgenutzten Teppichbodens
- Abschleifen und Versiegeln eines Parkettbodens
- Streichen der Fenster von außen

Für die Durchführung der Schönheitsreparaturen ist nach den gesetzlichen Vorschriften der Vermieter verantwortlich. Dies kann jedoch im Mietvertrag auf den Mieter übertragen werden und wird eigentlich fast immer auch so gehandhabt.

Allgemein üblich für die Ausführung von Schönheitsreparaturen sind folgende Zeitintervalle: Küche, Bäder und Duschräume alle 3 Jahre; Toiletten, Dielen, Flure, Wohn- und Schlafräume alle 5 Jahre sowie Nebenräume alle 7 Jahre.
Achtung: Die Aufführung dieser allgemeinen Fristen als sog. starre Fristen ist nicht zulässig und macht die gesamte Klausel nichtig.

Schwarzbau
Schwarzbauten sind Bauvorhaben oder bestehende Gebäude die ohne Genehmigung der Baubehörde begonnen wurden oder entstanden sind. Die Behörden gehen gegen Schwarzbauten mit meist sehr hohen Bußgeldern, Baueinstellung und Nutzungsuntersagung vor. Aber auch eine Abrissverfügung ist möglich.

Also besser nicht, auch bei kleineren genehmigungspflichtigen Maßnahmen nicht, denn irgendein lieber Nachbar wird Sie bestimmt hinhängen.

Schwarze Wanne
Begriff der die Abdichtung eines Bauwerks bezeichnet, meist mittels Anbringung von Bitumenbeschichtungen oder von Kunststoffbahnen. Kommt oft auch in der Altbausanierung zum Einsatz.

Schwarzgeld
Da natürlich niemand über sog. "Schwarzgeld" verfügt, werden wir hier nicht groß darauf eingehen☺. Schwarzgeld sind unversteuerte Einnahmen aus Geschäften welcher Art auch immer. Wird wohl hin und wieder auch zum Kauf von Immobilien verwendet, siehe Unterverbriefung.

Selbstnutzung
Unter Selbstnutzung versteht man die Nutzung der eigenen Räume/Immobilie. Die Selbstnutzung ist oft eine wichtige Voraussetzung für die Beantragung von gesetzlichen Fördermaßnahmen. Auch oft als Eigennutzung bezeichnet.

Sicherungshypothek
Die Eintragung einer Sicherungshypothek (Zwangshypothek) ins Grundbuch ist eine Sicherungsmaßnahme für Forderungen eines Gläubigers. Die Eintragung alleine beweist jedoch noch nicht die Rechtmäßigkeit der Forderung.

Diese muss z.B. durch einen vollstreckbaren Titel gegen den Grundstückseigentümer nachgewiesen werden.

Solarenergie
Sofern Sie selbst bauen ist die Integration einer Solaranlage, gleich welcher Art, durchaus ein überlegenswerter Punkt. Es gibt hierzu verschiedene Fördermöglichkeiten des Bundes. Infos unter **www.bafa.de**

Sondereigentum
Gegenstand des Sondereigentums sind die in der Teilungserklärung bezeichneten Räume sowie die zu diesen Räumen gehörenden Bestandteile der Gebäude, die verändert, beseitigt oder eingefügt werden können, ohne dass dadurch gemeinschaftliches Eigentum oder ein auf Sondereigentum beruhendes Recht eines anderen Wohnungseigentümers über das nach § 14 WEG zulässige Maß hinaus beeinträchtigt oder die äußere Gestaltung verändert wird.
Der Gegenstand des Sondereigentums, d.h. alles was dazu zählt, ist genau in der jeweiligen Teilungserklärung definiert.
In Ergänzung dieser Bestimmung kann auch z.B. festgelegt werden, dass zum Sondereigentum gehören:

a) der Fußbodenbelag und der Deckenputz der im Sondereigentum stehenden Räume
b) die nichttragenden Zwischenwände innerhalb der Sondereigentumseinheiten
c) der Wandputz und die Wandverkleidung sämtlicher zum Sondereigentum gehörenden Räume, auch soweit die putztragenden Wände nicht zum Sondereigentum gehören
d) die Innentüren, die Innenfenster, die inneren Fensterbänke, sowie die Innenseiten der Wohnungseingangstüren, etwaiger Sonnen-schutz, innenliegende Treppen, die Rollläden
e) Anlagen und Einrichtungen innerhalb der im Sondereigentum stehenden Räume soweit sie nicht dem gemeinschaftlichen Gebrauch der Wohnungseigentümer dienen

Danach stehen im Sondereigentum u.a.:

Die in jeder Einheit befindlichen Heizkörper, Wasch- und Badeinrichtungen, die elektrischen Lüfter in innenliegenden Bädern und WCs, die Gartenwasserhähne im Bereich von Sondernutzungsrechten - soweit vorhanden - sowie die Zu- und Ableitungen der Versorgungs- und Entwässerungsanlagen jeder Art von den Hauptsträngen an, soweit diese Gegenstände wesentliche Bestandteile des Grundstücks i. S. der §§ 93 und 94 BGB sind, z.B. Sicherungskästen, Sprechanlage, Anschlüsse für Rundfunk- und Fernsehen (Sattelitenanlage), jeweils von dem Punkt, an dem die Leitungen von den Steigleitungen in ein Sondereigentum abzweigen, die WC-Anlagen.

Gegenstand des Sondereigentums sind die entsprechenden Wohnungen (Wohnungseigentum), sowie die nicht zu Wohnzwecken dienenden Räume (Teileigentum), beide müssen in sich abgeschlossen sein.

Inhalt des Sondereigentums sind alle Vereinbarungen und Regelungen, die neben den gesetzlichen Regelungen in der Teilungserklärung bzw. in der dazugehörigen Gemeinschaftsordnung getroffen werden. Alle als Inhalt des Sondereigentums in das Grundbuch eingetragenen Regelungen und Vereinbarungen sind bindend für alle Eigentümer. Bei einem Eigentümerwechsel auch für den neuen Eigentümer.

Sondernutzungsrecht

Sondernutzungsrecht ist die Regelung des Gebrauchs des gemeinschaftlichen Eigentums an bestimmten Grundstücks- oder Gebäudeteilen dahingehend, dass bestimmte Grundstücks- oder Gebäudeteile einem oder mehreren Miteigentümern zur alleinigen Nutzung unter Ausschluss der übrigen Miteigentümer zugewiesen werden. Sondernutzungsrechte werden im Allgemeinen an Grundstücksflächen (z.B. eigener Gartenanteil), an ebenerdigen Terrassen oder auch manchmal an Kfz-Stellplätzen begründet. Ein Sondernutzungsrecht räumt dem jeweiligen Berechtigten das alleinige Nutzungs- und Gebrauchsrecht an dem Gegenstand des Sondernutzungsrechtes ein. Die dem Sondernutzungsrecht unterliegenden Flächen und Räume verbleiben jedoch im gemeinschaftlichen Eigentum. Damit verbunden wird fast immer auch vereinbart, dass der Sondernutzungsberechtigte auch alle mit dem Sondernutzungsrecht verbundenen Kosten und Pflichten zu tragen hat.

Sondertilgung

Während bei Bauspardarlehen Sondertilgungen in der Regel immer möglich sind, müssen bei allen anderen Darlehensformen entsprechende Vereinbarungen getroffen werden. Bei Darlehen die einer Zinsbindungsdauer unterliegen sollten Sondertilgungen zu genau festgelegten Terminen vereinbart werden. Bei Darlehenslaufzeiten über 10 Jahren, können aufgrund der gesetzlichen Sonderkündigungsmöglichkeit, Teile des Darlehens in beliebiger Höhe oder auch der gesamte Darlehensbetrag nach Ablauf des 10. Jahres zurückgezahlt werden.

Sonderumlage

Sonderumlagen sind von den Wohnungseigentümern auf einer Eigentümer-versammlung beschlossene Sonderzahlungen für besondere Maßnahmen. Dies können z.B. unvorhergesehene Instandhaltungsaufwendungen sein, aber auch größere Reparaturen oder Instandhaltungsmaßnahmen, die durch die vorhandene Instandhaltungsrücklage nicht gedeckt sind. Oft will man auch die vorhandene Instandhaltungsrücklage nicht fast vollständig aufbrauchen und beschließt deshalb entsprechende Sonderumlagen. Beim Kauf einer Wohnung sollten Sie sich grundsätzlich immer vorab erkundigen, ob Sonderumlagen beschlossen worden sind oder in naher Zukunft geplant sind. Auskunft darüber gibt am sichersten die jeweilige Hausverwaltung.

Sonderwünsche

Beim Kauf einer Neubauimmobilie vom Bauträger werden Sie meist auch Sonderwünsche haben, z.B. qualitativ höherwertige Ausstattung, Änderung der Raumaufteilung etc. etc..

Die meisten größeren Bauträger haben in Ihren Kaufverträgen bereits entsprechende Klauseln, die die Erteilung und Abwicklung der Sonderwünsche regeln.

Oft hat der Käufer die Sonderwünsche direkt an die ausführenden Handwerksfirmen zu erteilen und mit diesen direkt abzuwickeln. Da der Bauträger bezüglich der Sonderwünsche dann nicht mehr Ihr Vertragspartner ist, haben Sie diesbezüglich auch keinerlei Gewährleistungsansprüche mehr an ihn, sondern nur an die ausführenden Handwerksbetriebe.

Die Bauträger übernehmen aber meist die Koordination und Überwachung der Ausführung dieser Sonderwünsche und sind auch bei eventuellen Unstimmigkeiten und Reklamationen behilflich. Verantwortlich für die korrekte Ausführung von solchen Sonderwünschen sind letztendlich aber immer Sie selbst. Vertrauen ist gut, Kontrolle ist besser.
Optimal ist es natürlich jegliche Sonderwünsche direkt mit dem Bauträger zu vereinbaren. Dies hat den Vorteil, dass Sie nur einen Ansprechpartner haben und die Sonderwünsche auch im Rahmen des Gesamtauftrages der gesetzlichen Gewährleistung nach BGB (5 Jahre) unterliegen. Hier lohnt sich oft hartnäckiges verhandeln.

Staffelmiete
Staffelmiete ist eine im Mietvertrag festgelegte Vereinbarung über künftige Mieterhöhungen. Die Erhöhungsbeträge sind ab Vertragsbeginn genau zu definieren. Vereinbarte Mietstaffeln dürfen nicht dazu führen, dass die Miete zu einem Zeitpunkt 20% der ortsüblichen Vergleichsmiete übersteigt. Die Mieten, der genaue Zeitpunkt und die Veränderungsbeträge müssen exakt und betragsmäßig aufgeführt sein. Eine einfache Prozentangabe ist unwirksam.
Wurde eine Staffelmiete vereinbart, gilt: Die Miete muss mindestens ein Jahr unverändert bleiben. Zudem kann für maximal vier Jahre ein Kündigungsrecht des Mieters formularvertraglich ausgeschlossen werden.

Stimmrecht (Wohnungseigentümerversammlung)
Mit seinem Stimmrecht kann der Wohnungseigentümer an der Beschlussfassung auf Eigentümerversammlungen mitzuwirken.

Nach WEG hat jeder Eigentümer eine Stimme, unabhängig von der Größe seines Miteigentumsanteils (Kopfprinzip). Normalerweise wird das Stimmrecht jedoch in der Gemeinschaftsordnung geregelt.

Hierzu gibt es folgende Möglichkeiten:

- Jedes Wohnungs-/Teileigentum hat eine Stimme (Objektprinzip)
- Stimmrecht nach der Größe der Miteigentumsanteile (Wertprinzip). Die mittlerweile gebräuchlichste Art.

Abgestimmt werden kann mit Ja oder Nein bzw. kann man sich auch der Stimme enthalten. Stimmenthaltungen gelten nicht als Neinstimmen. Außerdem kann das Stimmrecht mittels Vollmacht einem anderen Wohnungseigentümer oder dem Verwalter übertragen werden. Hiermit können auch Vorgaben über das Abstimmverhalten verbunden sein.

Teileigentum

Ein Teileigentum ist gemäß (WEG)Wohnungseigentumsgesetz das Sondereigentum (Alleineigentum) an Räumen, die nicht Wohnzwecken dienen in Verbindung mit einem Miteigentumsanteil am gemeinschaftlichen Eigentum. Nicht zu Wohnzwecken bedeutet jegliche Art gewerblicher Nutzung, wie z.B. Läden, Büros, als Kellerräume etc.. Ausgeschlossen ist jegliche Nutzung für Wohnzwecke.
Üblicherweise wird in den Teilungserklärungen die jeweilige gewerbliche Nutzung genau definiert bzw. eingeschränkt.
Davon abweichende Nutzungen sind nur dann zulässig, wenn die dabei auftretenden Störungen nicht größer sind als bei einer üblichen bestimmungsgemäßen Nutzung der Räume.

Teilungserklärung

Mit der Erstellung einer Teilungserklärung erklärt ein Grundstückseigentümer, dass das Eigentum an einem Grundstück in einzelne Miteigentumsanteile aufgeteilt wird, die jeweils mit einem Sondereigentum an einzelnen Wohnungen (Wohnungseigentum) oder/und Teileigentum an nicht zu Wohnzwecken dienenden Räumen, verbunden sind.

Vereinfacht ausgedrückt, heißt dies, dass aus bisher einem Eigentümer, nach Eintragung ins Grundbuch und Verkauf der einzelnen Miteigentumsanteile (jeweils verbunden mit dem Sondereigentum an Wohnungen oder Teileigentum an z.B. Läden, Büros), dann mehrere Eigentümer entstehen, eine sog. Eigentümergemeinschaft.
In der Teilungserklärung, die im Grundbuch eingetragen werden muss, erfolgt die Abgrenzung und Zuordnung aller Grundstücks- und Gebäudeteile zum Sondereigentum und zum Gemeinschaftseigentum. Ferner wird darin die Höhe der Miteigentumsanteile festgelegt und die Abgrenzung und Zuteilung von Sondernutzungsrechten bestimmt.
Außerdem nimmt die Teilungserklärung Bezug auf und beinhaltet einen sog. Aufteilungsplan, der die einzelnen Wohnungs- und Teileigentumseinheiten zeichnerisch darstellt. Die jeweiligen zu einem Wohnungs- oder Teileigentum gehörenden Räume, sind alle mit einer gleichen Nummer versehen. Da das jeweilige Sondereigentum/ Teileigentum in sich abgeschlossen sein muss, ist als Nachweis hierüber die Abgeschlossenheitsbescheinigung nötig.

Die Teilungserklärung wird durch den jeweiligen Eigentümer des Grundstücks erstellt und muss notariell beurkundet werden. Im Anschluss daran erfolgt die Vorlage beim Grundbuchamt zwecks Anlegung der einzelnen Grundbuchblätter.
Den Abdruck einer Standard-Teilungserklärung finden Sie im Anhang

Teilungsversteigerung
Sofern sich die Eigentümer eines Grundstücks nicht über einen Verkauf dieses einigen können, kann jeder Miteigentümer eine Teilungsversteigerung beantragen. Der Versteigerungserlös wird dann anteilmäßig zwischen den Miteigentümern aufgeteilt. Eine wirtschaftliche Not oder sonstige Umstände sind für die Beantragung der Teilungsversteigerung nicht relevant. Eine Teilungsversteigerung erfolgt oft dann, wenn sich z.B. eine Erbengemeinschaft über einen Verkauf generell und/oder die Art der Abwicklung nicht einig ist oder wird. Die Teilungsversteigerung kann jedoch vertraglich oder testamentarisch ausgeschlossen werden.

Tilgung
Tilgung ist die vereinbarte planmäßige Rückzahlung eines Darlehens.

Tilgungsaussetzung
Eine Tilgungsaussetzung kann auf Grund eventuell auftretender wirtschaftlicher Umstände bei den finanzierenden Banken/Versicherungen beantragt bzw. mit diesen vereinbart werden. Eine Tilgungsaussetzung kann auch durch den Abschluss einer entsprechenden Lebensversicherung vereinbart werden. D.h. die entsprechenden Tilgungsraten werden monatlich in eine Lebensversicherung einbezahlt und das gesamte Darlehen wird dann, mit Fällig werden der Lebensversicherung, in einem Betrag getilgt.

Tilgungsdauer
Die Tilgungsdauer wird zwischen den Parteien vereinbart und im Darlehensvertrag festgelegt. Bei den normalerweise abgeschlossenen Festdarlehen richtet sich die Tilgungsdauer nach der vereinbarten Laufzeit. Nach Ablauf der Laufzeit verbleibt meist noch eine sog. Restschuld. Diese wird dann entweder in einem getilgt oder sie bildet die Basis für den Abschluss eines neuen Darlehensvertrages.

Überbau
ist die Überschreitung einer Grundstücksgrenze durch eine bauliche Anlage des Nachbargrundstücks. Nach § 912 BGB ist ein solcher Überbau zu dulden, wenn der Verursacher bei der Ausführung des Überbaus weder vorsätzlich noch grob fahrlässig gehandelt hat. Dies greift nicht, wenn der beeinträchtigte Grundstücksnachbar bereits vor oder sofort nach der Grenzüberschreitung Widerspruch erhoben hat. Er kann jedoch auch als Entschädigung dafür eine jährlich zu bezahlende Rente verlangen. Diese Rente kann im Grundbuch des anderen Eigentümers als Reallast abgesichert werden.

Übergabe (siehe Haus- bzw. Wohnungsübergabe)

Übergang Nutzen und Lasten
Nutzen und Lasten gehen normalerweise zeitgleich mit dem Besitzübergang der Immobilie auf den Käufer über, sofern im Kaufvertrag nichts anderes vereinbart wurde.

Übertragung von Immobilien
Immobilien können neben dem üblichen Kauf, auch als Schenkung oder im Zuge einer Erbschaft übertragen werden. Bei dieser Art der Übertragung fällt keine Grunderwerbsteuer an. Die Übertragung unterliegt dann allerdings der Erbschaft- und Schenkungsteuer.

Umschreibung
Die endgültige Eintragung des Eigentümerwechsels (Auflassung) im Grundbuch.

Unbedenklichkeitsbescheinigung
Bescheinigung vom Finanzamt über die Bezahlung der anfallenden Grunderwerbsteuer. Wird auch ausgestellt bei nicht grunderwerb-steuerpflichtigen Erwerbsvorgängen. Die Unbedenklichkeits-bescheinigung ist Voraussetzung für die Eintragung des neuen Eigentümers im Grundbuch. Ohne Vorliegen dieser Bescheinigung schreibt das Grundbuchamt nicht um. Sie wird in der Regel dem beurkundenden Notar direkt vom Finanzamt zugestellt.

Unterverbriefung
Eine Unterverbriefung bedeutet, dass man z.B. in einem Immobilienkaufvertrag nicht den vereinbarten Kaufpreis angibt, sondern einen niedrigeren Kaufpreis. Die Differenz wird dann mittels sog. "Schwarzgeld" außerhalb des notariellen Erwerbsvorganges zwischen den beteiligten Parteien beglichen. Hiervon ist natürlich abzuraten, da dies strafbar ist und außerdem die Nichtigkeit des gesamten Kaufvertrages zur Folge hat.

Veräußerungsbeschränkung/Veräußerungszustimmung
(Siehe Verwalterzustimmung)

Verjährungsfristen
Die Verjährungsfrist bezüglich der Sachmängelhaftung bei Bauwerken beginnt mit der Abnahme der entsprechenden Arbeiten an einem Bauwerk. Grundsätzlich dauert die Frist nach BGB § 638 5 Jahre. Wurde eine Vereinbarung nach VOB/B getroffen, beträgt die Frist 4 Jahre, sofern im Bauvertrag nichts anderes vereinbart wurde.

Verkäufermarkt
Von einem Verkäufermarkt spricht man, wenn einer bestimmten Angebotsmenge eine wesentlich größere Nachfragemenge gegenüber steht.
Nachfrage > Angebot

Verkehrssicherungspflicht
Ein Immobilieneigentümer hat entsprechende Sicherungs-vorkehrungen z.B. Räumdienst im Winter etc. zu treffen, damit niemand durch seine Immobilie zu Schaden kommt. Kommt jemand durch Unterlassung der Verkehrssicherungspflicht zu Schaden, kann der Geschädigte Ansprüche gegen den Grundstücksbesitzer geltend machen.

Absichern gegen solche Ansprüche können Sie sich durch den Abschluss einer Haushaftpflichtversicherung.

Verkehrswert

Der Verkehrswert einer Immobilie wird durch den Preis bestimmt, der zum Tage der Wertermittlung am Immobilienmarkt im Falle eines Verkaufes zu erzielen wäre.

Verkehrswertermittlung/Verkehrswertgutachten

Hierbei wird durch einen Sachverständigen der Substanzwert der Immobilie, eventuell erforderliche Modernisierungsmaßnahmen und der Bodenwert des Grundstücks festgestellt. Daneben sind auch alle Gegebenheiten (eventuelle Geh- und Fahrtrechte etc.), alle tatsächliche Eigenschaften (Entwicklungsstand: erschlossen, unerschlossen etc.), alle sonstige Beschaffenheiten, sowie die derzeitige Marktsituation zu berücksichtigen. Auf Basis dieser Daten wird dann der Verkehrswert ermittelt.

Die Verkehrswertermittlung erfolgt entweder durch eine private oder gerichtliche Beauftragung. Die Gründe hierfür können sein, z.B. Erbauseinandersetzung, Zwangsversteigerung, Ehescheidung, Beleihungen usw..

Versammlungsprotokoll

Die bei einer Wohnungseigentümerversammlung gefassten Beschlüsse sind in ein Protokoll aufzunehmen. Das Protokoll wird vom Versammlungsleiter (Verwalter) geführt und erstellt. In dem Protokoll müssen alle Beschlüsse klar aufgeführt sein, ebenso das jeweilige Abstimmungsergebnis (Ja-Stimmen/Nein-Stimmen/Enthaltungen). Üblicherweise erhält jeder Wohnungseigentümer zeitnah eine Kopie des Protokolls. Die Anfechtungsfrist für getroffene Beschlüsse beträgt 4 Wochen.

Versicherungen

Neben der gesetzlich vorgeschriebenen Feuer-/Brandversicherung, sollte immer auch eine entsprechende Wohngebäudeversicherung abgeschlossen werden. Bei neu gegründeten Wohnungseigentümergemeinschaften erfolgt der Abschluss der nötigen Versicherungen in der Regel durch den ersten Hausverwalter. Bei eigenständigen Häusern müssen Sie sich selbst darum kümmern, bei einem gebrauchten Haus können Sie auch die bestehenden Versicherungen übernehmen. Immer aber die aktuellen Beiträge vergleichen, oft lohnt sich ein Wechsel der Versicherungsgesellschaft. Sofern Sie selbst bauen empfiehlt sich vorab eine Bauherren-Haftpflicht und Bauleistungsversicherung.

Verteilungsschlüssel(Wohnungseigentum)

Die Verteilung der Lasten und Kosten des gemeinschaftlichen Eigentums, richtet sich fast immer nach dem Verhältnis der im Grundbuch eingetragenen Miteigentumsanteile.

Durch entsprechende Vereinbarung kann von dieser Regelung abgewichen werden und z.B. ein Verteilungsschlüssel nach Wohnfläche, Personenzahl oder auch nach Wohnungsanzahl festgelegt werden. Eine solche Regelung kann in der Teilungserklärung/ Gemeinschaftsordnung festlegt sein oder nachträglich durch die Eigentümer beschlossen werden. Ein solcher Beschluss muss einstimmig durch alle Eigentümer erfolgen und die Änderung sollte dann auch ins Grundbuch eingetragen werden, damit sie auch gegenüber neu in die Gemeinschaft hinzukommenden Eigentümern rechtswirksam ist.

Verwalter
Der Verwalter führt die erforderlichen gesetzlichen Verwaltungsmaßnahmen für die Eigentümer einer Wohnungseigentumsanlage durch.

Bei Neubauten wird der erste Verwalter in Regel bereits vom Bauträger in der Gemeinschaftsordnung bestimmt. Dies deshalb um einen reibungslosen Beginn der neu entstehenden Wohnungseigentümergemeinschaft, sowie die Übergabe des Gemeinschaftseigentums an die Eigentümergemeinschaft zu gewährleisten
Verwalteraufgaben sind u.a. die jährliche Einberufung und Abhaltung einer Eigentümerversammlung, die kostenmäßige Abrechnung des vergangenen Kalenderjahres und die Aufstellung eines Wirtschaftsplans für das laufende Kalenderjahr.
Die Höhe der Verwaltervergütung ist frei vereinbar und richtet sich neben den vom Verwalter zu erbringenden Leistungen auch nach der Größe des Objektes (Gesamtzahl der zu verwaltenden Einheiten). Hier gilt, dass eine Wohnanlage mit z.B. 100 Einheiten natürlich wesentlich kostengünstiger zu verwalten ist als ein kleines 6-Familienhaus.

Verwaltervertrag
Der Abschluss eines Verwaltervertrages unterliegt zwar keiner Formvorschrift, in der Praxis wird dieser aber zumindest immer schriftlich abgeschlossen.
Die grundsätzlichen Aufgaben und Befugnisse eines Verwalters sind im WEG geregelt. Darüber hinaus werden im Verwaltervertrag alle weiteren vom Verwalter durchzuführenden oder zu erbringenden Leistungen und deren Vergütung festgelegt.

Verwalterzustimmung
Als Inhalt eines Sondereigentums kann vereinbart werden, dass der jeweilige Eigentümer zur Veräußerung seines Wohnungseigentums der Zustimmung eines Dritten – z.B. des Verwalters – bedarf. Diese Zustimmung darf nur aus wichtigem Grund versagt werden. Die Verwalterzustimmung ist in der Regel reine Formsache und wird vom Notar eingeholt. Da viele Verwalter die Zustimmung als lästige zeitaufwändige Tätigkeit sehen, sollte man darauf achten, dass die Zustimmung auch zeitnah erfolgt und somit die Abwicklung des Kaufvertrags nicht unnötig verzögert.

Verwaltungsbeirat
Der Verwaltungsbeirat wird von den Wohnungseigentümern gewählt. Er besteht aus 3 Eigentümern (1 Vorsitzender, 2 Beiräte).

Es empfiehlt sich solche Eigentümer in den Verwaltungsbeirat zu wählen, die über eine entsprechende Kompetenz bezüglich der anfallenden Aufgaben bei einer Immobilienverwaltung verfügen. Ferner sollten die Verwaltungsbeiräte auch über ein entsprechendes Engagement und ganz wichtig, auch über die erforderliche Zeit die zur Ausübung eines solchen Amtes erforderlich ist, verfügen. Von der Wahl sog. Besserwisser und Profilierungssüchtiger ist abzuraten, weil sie zu einer effizienten Arbeit meist nichts Sinnvolles beitragen. Diese Spezies ist meist schon sehr leicht bei der ersten Eigentümerversammlung zu erkennen.

Sinnvoll ist es auch Eigentümer in den Verwaltungsbeirat zu wählen, die selbst in der Wohnanlage/Objekt wohnen. Sie sind näher am Ball und haben auch einen engeren Bezug zum Objekt.

Verweisungsurkunden
Verweisungsurkunden sind notariell beglaubigte Urkunden auf die der Notar bei der Beurkundung verweist und die damit auch Inhalt des abzuschließenden Kaufvertrages werden.

Dies sind in der Regel z.B.:

- Baubeschreibung
- Teilungserklärung nebst eventuellen Nachträgen und den dazugehörigen Aufteilungsplänen
- Sonstige abgeschlossene Urkunden (Verträge) das Vertragsobjekt betreffend

Verweisungsurkunden werden in der Regel zu Beginn eines Bauvorhabens erstellt. Auf diese Urkunden wird dann bei der Beurkundung eines Bauträgerkaufvertrags nur noch verwiesen, damit die o.g. Urkunden, nicht bei jedem Verkauf einer einzelnen Einheit alle nochmals komplett vorgelesen werden müssen. Dies macht durchaus Sinn, da diese Urkunden (Baubeschreibung, Teilungserklärung etc.) meist sehr umfangreich sind, oft bis zu 100 Seiten bei größeren Bauprojekten.

Es ist somit in erster Linie eine Vereinfachung und Zeitersparnis, gegen die eigentlich nichts einzuwenden ist. Sie sollten aber natürlich stets diese Verweisungsurkunden vor Abschluss des Kaufvertrages ausgehändigt bekommen haben und diese auch gelesen und verstanden haben.

Verzugszinsen
Verzugszinsen sind Zinsen, die berechnet werden, wenn ein Zahlungspflichtiger seinen Zahlungsverpflichtungen nicht fristgerecht nachkommt. Bilden die Berechnungsgrundlage für z.B. verspätete Kaufpreiszahlung. Gerade bei sehr hohen Kaufpreisen sollten Sie auf fristgerechte Bezahlung achten, es kommen sonst ganz schnell mal nicht unerhebliche Beträge bezüglich Verzugszinsen zustande.

VOB/B

VOB (Vergabe - und Vertragsordnung für Bauleistungen Teil B). Beinhaltet Regeln für die Abwicklung von Bauverträgen mit dem Ziel, zwischen den Interessen des Bauherrn und des Bauunternehmers einen gerechten Ausgleich zu schaffen. Eine Aufführung weiterer Details würde hier den Rahmen sprengen und ist auch nicht wirklich sinnvoll, da Sie, wenn Sie selbst als Bauherr auftreten in aller Regel auch einen Architekten/Bauingenieur beauftragen, der Sie beim Abschluss eines Bauvertrages entsprechend beraten sollte.

Vollgeschoss

Baurechtlich gesehen ist jedes Geschoss ein Vollgeschoss, wenn es üblicherweise über eine Mindesthöhe von 2,30 m verfügt, sofern die Räume zum dauerhaften Aufenthalt von Personen bestimmt sein sollen. Wenn z.B. bei einem Neubau 2 Vollgeschosse (Erdgeschoss und Obergeschoss) erlaubt sind, gibt es meistens darüber, ob das zusätzliche ausgebaute Dachgeschoss ein Vollgeschoss ist und somit genehmigungsfähig wäre oder nicht, oft sehr unterschiedliche Auffassungen. Ein erfahrener Architekt kennt die nötigen Argumente und Tricks.

Vollstreckungstitel

Von einem notariell beurkundeten Kaufvertrag kann in der Regel auch eine vollstreckbare Ausfertigung erstellt werden. Diese ist dann einem Vollstreckungstitel gleichgestellt und die sich daraus ergebenden Ansprüche sind vollstreckbar.

Vorfälligkeitsentschädigung

Die Vorfälligkeitsentschädigung entsteht meist bei vorzeitiger Rückzahlung eines Darlehens, z.B. bei einem Verkauf der Immobilie innerhalb der Laufzeit des Darlehensvertrags. Sie wird von den Kreditinstituten zur Deckung ihrer dadurch entstehenden Kosten und Verluste erhoben. Sofern Sie beabsichtigen eine neue Immobilie zu erwerben ist es oft sinnvoller, das bestehende Darlehen auf die neue Immobilie zu übertragen als es vorzeitig aufzulösen. Letztendlich eine Rechenaufgabe hinsichtlich der Höhe der Zinsen des alten Darlehens und der aktuellen Zinsen in Relation zur Laufzeit. Eine seriöse Bank wird Ihnen dies immer korrekt ausrechnen und Sie diesbezüglich auch beraten.

Vorkaufsrecht

Besteht ein Vorkaufsrecht an einer Immobilie, so hat der Vorkaufsberechtigte das Recht, mit dem Verkäufer der Immobilie einen Kaufvertrag zu den gleichen Bedingungen abzuschließen, zu denen vorher der Kaufvertrag mit einem Dritten abgeschlossen wurde. Schuldrechtliche Vorkaufsrechte machen nur dann Sinn, wenn sie auch im Grundbuch eingetragen sind, zumindest mittels einer entsprechenden Vormerkung im Grundbuch. In der Regel informiert der Notar den Vorkaufsberechtigten über den erfolgten Verkauf. Das Vorkaufsrecht kann durch eine entsprechende Erklärung gegenüber dem Verkäufer ausgeübt werden. Diese Erklärung ist innerhalb einer Frist von 2 Monaten ab Eingang der Verkaufsmitteilung abzugeben.

Gesetzliche Vorkaufsrechte bestehen fast immer für Städte und Gemeinden. Gesetzliche Vorkaufsrechte sind nicht im Grundbuch eingetragen.

Auch die jeweiligen Mieter von in Wohnungseigentum umgewandelten Wohnungen, haben sofern diese dann einzeln verkauft werden ein Vorkaufsrecht.

Ferner können auch Vorkaufsrechte zu Gunsten sonstiger Dritter im Grundbuch eingetragen sein.

Vorvertrag
Der Vorvertrag bei einem Immobilienkauf verpflichtet beide Parteien (Käufer und Verkäufer) innerhalb eines bestimmten Zeitraums zu den im Vorvertrag festgelegten Konditionen einen Hauptkaufvertrag abzuschließen.
Ein Vorvertrag bei einem Immobilienkauf macht in der Regel keinen wirklichen Sinn.

Wenn Sie sich über den Vertragsinhalt und alles weitere mit dem Verkäufer einig sind, brauchen Sie keinen Vorvertrag, sondern können gleich den rechtsgültigen Kaufvertrag beim Notar abschließen.
Sofern Sie sich noch nicht endgültig geeinigt haben sollten, brauchen Sie auch keinen Vorvertrag, sondern sollten einfach weiter verhandeln. Ein Vorvertrag verursacht außerdem nur zusätzliche Gebühren.

Ein Vorvertrag bei Immobilientransaktionen hat ohnehin nur Rechtsgültigkeit wenn er notariell beurkundet ist, also wäre es nur doppelt gemoppelt.

WEG(siehe Wohnungseigentumsgesetz)

Wegerecht
Ist eine Grunddienstbarkeit, die dem jeweiligen Eigentümer eines anderen Grundstücks das Recht zum Begehen oder Befahren des damit belasteten Grundstücks einräumt.

Weiße Wanne
Begriff aus dem Bauwesen für eine wasserundurchlässige Bauweise, meist der Bauteile die sich unterhalb der Geländeoberfläche befinden. Die Bauteile (Außenwände und Bodenplatte) werden dabei mit wasserundurchlässigem Beton erstellt.

Werbungskosten
Bei einer vermieteten Immobilie können Sie verschiedene Ausgaben als sog. Werbungskosten steuerlich geltend machen. Dies sind z.B. die Abschreibung aus den Anschaffungs- und Herstellungskosten (Kaufpreis minus Grundstücksanteil), Instandhaltungskosten, Verwaltungskosten, Geldbeschaffungskosten etc.. Die Differenz zwischen Einnahmen/Ausgaben(Werbungskosten) kann sowohl positiv als auch negativ sein. Diese unterliegt im Rahmen der Gesamteinkünfte der Besteuerung

Werkvertrag
§ 631 BGB regelt den Werkvertrag. Grundlage für einen Werkvertrag ist immer dessen Erfolgsbezogenheit. In Bezug auf die Erbringung von Bauleistungen spricht man auch oft von einem sog. Bauvertrag.

Wirtschaftsjahr
Das Wirtschaftsjahr muss nicht immer gleichbedeutend einem Kalenderjahr sein. Oft erfolgt die Jahresabrechnung einer Eigentümergemeinschaft nach dem Kalenderjahr und die Abrechnung der entsprechenden Heizkosten nach Heizperioden, z.B. Mai bis Juni. Sinnvoll und für den Laien oft leichter nachvollziehbar ist jedoch eine einheitliche Abrechnung auf der Basis des Kalenderjahres.

Wirtschaftsplan
Als Basis zur Ermittlung des von den Wohnungseigentümern an den Verwalter zu bezahlenden monatlichen Wohngelds dient der Wirtschaftsplan. Ferner gibt er einen Überblick über die zu einer ordnungsgemäßen Verwaltung erforderlichen finanziellen Mittel für die nächste Abrechnungsperiode. Diesbezüglich hat der Verwalter je Kalenderjahr einen Wirtschaftsplan zu erstellen, der folgende Mindestangaben enthalten muss: Die voraussichtlichen Einnahmen und Ausgaben für die Verwaltung des gemeinschaftlichen Eigentums, das von den Wohnungseigentümern monatlich anteilig vorab zu bezahlende Wohngeld zur Deckung der anfallenden Kosten, die Höhe der Beiträge zur Instandhaltungsrückstellung die jeder Wohnungseigentümer zu leisten hat.
Den Abdruck eines Original-Wirtschaftsplans finden Sie im Anhang.

Wohnfläche
Bei der Wohnfläche einer Wohnung handelt es sich um die Summe aller Grundflächen in den Räumen, die ausschließlich zu dieser Wohnung gehören. Diese Grundflächen werden jedoch bei bestimmten Flächen nicht immer voll angerechnet, sondern nur zu bestimmten Prozentsätzen.

Zur anrechenbaren Grundfläche gehören z.B.:

Wintergärten und nach allen Seiten geschlossene Räume, sofern sie beheizbar sind. Wenn nicht werden sie nur zu 50% angerechnet. Flächen im Dachgeschoss mit einer lichten Höhe von über 2m werden ganz, zwischen ein und zwei Meter nur zur Hälfte angerechnet. Flächen unter 1m Höhe finden keine Berücksichtigung. Terrassen, Balkone und Loggien werden normalerweise zu 25%, höchstens jedoch zu 50% angerechnet.
Es gibt noch einige anrechenbare und nicht anrechenbare Flächen, wie z.B. Fensternischen etc., die jedoch das Ergebnis nur marginal beeinflussen.

Hobbyräume im Keller, auch wenn sie wohnraummäßig ausgebaut sind, zählen grundsätzlich nicht zur Wohnfläche einer Immobilie.

Wohngeld (manchmal auch Hausgeld genannt)
Bei nach WEG geteilten Immobilien bezeichnet man als Wohngeld die monatliche Vorauszahlung für Betriebs- und Heizkosten, sowie für alle sonstigen Aufwendungen im Zusammenhang mit einer ordnungsgemäßen Verwaltung der Immobilie.
Das Wohngeld wird als monatliche Vorauszahlung geleistet und einmal jährlich gemäß den tatsächlich angefallenen Kosten abgerechnet. Mittlerweile üblich sind heute detaillierte Jahresabrechnungen, die zwischen umlagefähigen und nicht umlagefähigen Kosten unterscheiden. Dies ermöglicht Immobilienbesitzern, die Ihre Wohnung vermietet haben, eine relativ leichte Trennung dieser Kosten und die Erstellung der entsprechenden Abrechnung für ihre Mieter.

Bei einem unverhältnismäßig hohen Wohngeld sollten Sie unbedingt nach den Gründen hierfür fragen. Meistens ist dies durch bevorstehende größere Renovierungsmaßnahmen begründet, für die entsprechende Beträge angespart werden. Diese Maßnahmen müssen nicht unbedingt bereits auch beschlossen sein und sind somit aus den Protokollen der Eigentümerversammlungen oft gar nicht ersichtlich sind.

Ein Wohngeld in Höhe von ca. € 3,00 bis € 4,00/m² ist mittlerweile aber leider als durchaus normal zu bezeichnen.

Es gilt hier, je Personalintensiver ein Objekt ist, umso höher ist das Wohngeld, z.B. große pflegeintensive Grünanlagen etc. Der oftmals "viel zitierte Lift" ist eher kostenmäßig zu vernachlässigen. Erstens sind die Kosten hierfür nicht überproportional hoch und zweitens erhöht ein vorhandener Lift immer auch den Wert einer Immobilie, von dem individuellen Nutzen gar nicht zu sprechen. Die Eigentümer einer Erdgeschosswohnung haben hier natürlich einen "kleinen" Nachteil, d.h. gleiche Kostenbeteiligung, aber einen relativ geringen Nutzen.
Wenn ein relativ hohes Wohngeld durch einen entsprechend niedrigeren Kaufpreis wieder kompensiert wird, haben Sie keinen wirklichen Nachteil. Sofern durch ein höheres Wohngeld entsprechende Rücklagen geschaffen werden, um werthaltige Modernisierungs- oder Renovierungsmaßnahmen durchzuführen, so ist dies absolut sinnvoll. Nach Durchführung/Beendigung dieser Maßnahmen sollte das Wohngeld in aller Regel aber wieder auf ein übliches Niveau zurückgeführt werden.

Wohn- /Geschäftshaus
bezeichnet ein Gebäude mit gemischter Nutzung, d.h. mit mehreren Wohnungen und einer oder mehreren gewerblich genutzten Einheiten (Läden, Büros etc.).
Sofern Sie eine Wohnung in einem Wohn-/Geschäftshaus kaufen, sollten Sie darauf achten, dass die entsprechenden Betriebs- und Heizkosten für die gewerblich genutzten Einheiten separat erfasst und abgerechnet werden.

Wohnrecht(Wohnungsrecht)
Ist das eingeräumte und im Grundbuch in Abteilung II Dienstbarkeiten eingetragene Recht zur dauerhaften Nutzung einer Wohnung.

Man unterscheidet zwischen Wohnungsrecht (BGB § 1093) und dem sog. Dauerwohnrecht (§ 31 WEG). Das Wohnungsrecht wird oft als Gegenleistung für eine Übertragung (Schenkung/Erbschaft/Verkauf) eingeräumt und ist meist unentgeltlich. Es erlischt mit dem Tode des Berechtigten oder mit der Zerstörung des Gebäudes.

Der gravierende Unterschied zwischen Wohnungsrecht und Dauerwohnrecht liegt darin, dass das Dauerwohnrecht vererblich und veräußerlich ist und zur Vermietung oder Verpachtung berechtigt. Beide Rechte können durch Vereinbarung entsprechend beschränkt oder erweitert werden.
Sowohl ein Wohnungsrecht als auch ein Dauerwohnrecht stellen eine erhebliche Wertminderung einer Immobilie dar.

Wohnungsübergabe
Nach erfolgter Kaufpreiszahlung erfolgt die Übergabe der Wohnung. Hierzu sollte ein Protokoll, ein schriftlich abgefasster Bericht über den Zustand der Wohnung erstellt werden. Aufzuführen sind eventuell vorhandene Mängel, so wie die entsprechenden Zählerstände (Strom, Heizung, Gas, Wasser). Das Protokoll ist von beiden Parteien zu unterzeichnen.
Seien Sie bei der Übergabe genau, was nicht mit ins Protokoll aufgenommen wurde ist im Nachhinein nur noch sehr schwer oder gar nicht zu beweisen.
Eine entsprechende Checkliste finden Sie im Anhang.

Wohnungs-/Teileigentumsgrundbuch
Wohnungsgrundbuch (bei Wohnungen) bzw. Teileigentumsgrundbuch (bei gewerblichen Einheiten z.B. Läden, Büros etc.)

Grundlage für das Anlegen von sog. Wohnungs- und Teileigentumsgrundbüchern ist die Teilungserklärung oder ein entsprechender Teilungsvertrags nach WEG, sowie der entsprechende Aufteilungsplan. Inhaltlich und formal entsprechen sie im Wesentlichen dem herkömmlichen Grundbuch.
Im Unterschied zum herkömmlichen Grundbuch wird hier der jeweilige Miteigentumsanteil (MEA) eingetragen, sowie vermerkt... verbunden mit dem Sondereigentum an der im Aufteilungsplan mit Nr. X bezeichneten Wohnung und dem Kfz-Stellplatz Nr. X. Für jeden Wohnungs-/Teileigentumsanteil wird ein separates Grundbuchblatt angelegt. Oft gibt es auch für einen entsprechenden Kfz-Stellplatz ein eigenständiges Grundbuchblatt.
Ferner steht dort der Hinweis, dass der hier eingetragene Miteigentumsanteil durch die zu den anderen Miteigentumsanteilen gehörenden Sondereigentumsrechte beschränkt ist. Als sog. Veräußerungsbeschränkung ist oft noch eine Zustimmung/ Genehmigung durch den Verwalter eingetragen.

Wohnungseigentum
Ein Wohnungseigentum ist ein Sondereigentum (Alleineigentum) an einer bestimmten Wohnung in Verbindung mit dem Miteigentumsanteil am Gemeinschaftseigentum (Haus/Grundstück).

Hinweis: Auch als Wohnungseigentum bezeichnete Räume können zur Ausübung bestimmter Berufe genutzt werden, wie z.B. durch Ärzte, Anwälte, Architekten, Steuerberater etc.. In der Teilungserklärung/ Gemeinschaftsordnung ist meist geregelt, ob dies grundsätzlich möglich ist oder aber einer ausdrücklichen Zustimmung der Gemeinschaft bedarf.

Wohnungseigentümer
Wohnungseigentümer sind Sie rechtlich erst, wenn die Umschreibung im Grundbuch erfolgt ist. Nicht bereits bei Eintragung einer entsprechenden Auflassungsvormerkung, diese sichert lediglich Ihren Anspruch auf Umschreibung.

Wohnungseigentümergemeinschaft
Die Gesamtheit aller einzelnen Wohnungseigentümer bildet eine sog. Wohnungseigentümer-gemeinschaft.

Wohnungseigentümerversammlung
Gemäß § 24 Abs. 1 WEG ist mindestens einmal im Jahr von dem Verwalter eine ordentliche Wohnungseigentümerversammlung einzuberufen.
Eine außerordentliche Versammlung kann bzw. ist vom Verwalter einzuberufen, wenn dringende keinen Aufschub duldende Entscheidungen anstehen und diese nur durch Beschlussfassung der Eigentümer geregelt werden können. Ferner kann eine Versammlung auf Antrag von mehr als 25% der Wohnungseigentümer unter Angabe der Gründe und des Zweckes beantragt werden.

Wohnungseigentumsgesetz(WEG)
Das WEG regelt u.a. das Verhältnis der einzelnen Eigentümer untereinander, die Verteilung der Kosten und Lastentragung. Ferner die Nutzung des entsprechenden Gemeinschafts- und Sondereigentums, die Verwaltung und die Instandhaltung der Immobilie. Außerdem die Zahlungs- und Abrechnungspflichten.
Weitere Pflichten und Rechte der Eigentümer ergeben sich aus der Teilungserklärung bzw. Gemeinschaftsordnung, sowie aus gefassten Beschlüssen der Wohnungseigentümer.

Wohnungsprivatisierung
Wohnungsprivatisierung ist die Überführung von Wohnungsbeständen von Bund, Länder und Gemeinden in den privatwirtschaftlichen Bereich.
Dies kann erfolgen durch:

- Verkauf direkt an die Mieter (Mieterprivatisierung)
- Verkauf an eine Privatisierungsgesellschaft, die dann den Einzelverkauf an Mieter und sonstige Dritte durchführt
- Verkauf an einen privaten oder institutionellen Investor (gern auch mal als sog. "Heuschrecken" bezeichnet), zur vorübergehenden Bestandshaltung und eventuell späteren Global- oder Einzelveräußerung

Da diese Wohnungsbestände in den allermeisten Fällen noch nicht in einzelnes Wohnungseigentum aufgeteilt sind, haben die jeweiligen Mieter hier ohnehin ein gesetzliches Vorkaufsrecht, sowie einen zeitlich beschränkten Sonderkündigungsschutz. Die Mieter erhalten beim Kauf auch meist einen sog. Mieternachlass auf den Kaufpreis, oft auch verbunden mit günstigen Finanzierungskonditionen.

Obwohl die Wohnungsprivatisierung nach wie vor einen schlechten Ruf hat, ist sie, wenn sie sozialverträglich gestaltet und abgewickelt wird, für die jeweiligen Mieter, aber auch für private Kleininvestoren eine durchaus überlegenswerte Angelegenheit. Die Mieter kennen das Objekt und seine Schwächen und Stärken ja am besten.
Zu Bedenken ist hier allerdings, dass neu privatisierte (aufgeteilte) Objekte normalerweise über keinerlei erwähnenswerte Rücklagen verfügen. Man sollte sich also genau über die bestehende Substanz, sowie über aktuelle und in naher Zukunft erforderliche Reparatur- und Instandhaltungsmaßnahmen erkundigen (Heizung/Dach/Wärme-dämmung etc.).
Sollte diesbezüglich etwas anstehen, so sollte/muss dies auch bereits im Kaufpreis entsprechend berücksichtigt sein.

Zinsbindungsfrist
bezeichnet den Zeitraum, in dem ein festgelegter Darlehenszins unveränderlich bleibt. Die üblichsten Zeiträume sind 5, 10 oder 15 Jahre. Der Zeitraum kann jedoch generell mit dem jeweiligen Kreditinstitut frei vereinbart werden.

Zwangshypothek(Sicherungshypothek)
Die Zwangshypothek (Sicherungshypothek) dient der Sicherung einer Forderung und wird im Grundbuch eingetragen. Voraussetzung hierfür ist ein vollstreckbarer Titel. Mit eingetragener Zwangshypothek kann im äußersten Falle auch die Versteigerung der Immobilie beantragt werden.

Zwangsräumung
Zwangsräumung ist die Räumung einer Immobilie mittels/durch von einem Gericht erlassenen Räumungstitels. Die Durchführung der Zwangsräumung obliegt dem Gerichtsvollzieher.
In besonderen Härtefällen haben die Mieter jedoch auch einen sog. Vollstreckungsschutz (Räumungsschutz). D.h. die Zwangsräumung findet nicht sofort statt, es können gewisse Übergangsfristen gewährt werden.

Zwangsversteigerung
Es gibt zwei Varianten einer Zwangsversteigerung.

Zwangsversteigerung durch Gläubiger (meist Bank/Versicherung) und Zwangsversteigerung zum Zwecke der Aufhebung der Gemeinschaft, z.B. bei Erbauseinandersetzungen, wenn man sich über den Verkauf oder Wert einer Immobilie nicht einigen kann.

Eine Zwangsversteigerung zum Zwecke der Aufhebung einer Wohnungseigentümergemeinschaft ist dagegen nicht möglich, es sei denn, das Gebäude wird ganz oder teilweise zerstört. Für diesen Fall muss aber das Recht auf Aufhebung der Gemeinschaft in der Gemeinschaftsordnung (Teilungserklärung) vereinbart sein.
Zwangsversteigerungen von Immobilien werden von dem zuständigen Amtsgericht durchgeführt. Die jeweiligen Versteigerungstermine können beim Amtsgericht erfragt werden oder den entsprechenden Publikationen (Tagespresse/amtliche Bekanntmachungen) entnommen werden. Über den Ablauf und die Voraussetzungen bzw. Bedingungen einer Zwangsversteigerung sollten Sie sich vorab beim Amtsgericht genau erkundigen. Dort kann auch das entsprechende Gutachten über die zu versteigernde Immobilie eingesehen werden.
Der Erwerb der Immobilie erfolgt im Zwangsversteigerungsverfahren bereits durch Zuschlag und nicht erst mit der Umschreibung im Grundbuch. Die Wahrscheinlichkeit, dass Sie im Rahmen einer Zwangsversteigerung Ihre Traumimmobilie finden ist allerdings eher gering. Es wäre extrem zeitaufwändig alle Ihren Vorstellungen entsprechenden Immobilien zu recherchieren und detailliert zu prüfen, zumal bei fast allen versteigerten Immobilien eine Besichtigung vorab oft nur sehr schwer möglich ist. Des Weiteren müssten Sie an unzähligen Versteigerungsterminen teilnehmen, was aber nicht automatisch heißt, dass Sie auch den Zuschlag zu einem Ihnen passenden Preis erhalten.

Außerdem sollten Sie berücksichtigen, dass fast alle Gläubiger (in der Regel Banken/Versicherungen), bevor Sie eine Immobilie in die Zwangsversteigerung geben, bereits über einen längeren Zeitraum versucht haben diese Immobilie auf dem freien Markt zu veräußern, was dann ja, aus welchen Gründen auch immer, wohl nicht gelungen ist. Es gibt natürlich auch Ausnahmefälle, in denen die Immobilie noch nicht auf dem Markt war, da hierbei natürlich immer der (Noch-)Eigentümer zustimmen und mitspielen muss. In der Regel sind die Eigentümer aber froh, wenn die Immobilie am freien Markt veräußert wird, das spart Kosten und bringt in den meisten Fällen einen besseren Preis.

Also, hin und wieder kann man durchaus sein Glück bei einer Zwangsversteigerung versuchen, mit einem gezielten, professionellen und effizienten Suchen hat es allerdings nicht viel zu tun. Trotzdem natürlich eine Möglichkeit.

Zwangsvollstreckungsklausel
Normalerweise wird in notariellen Kaufverträgen eine sog. Zwangsvollstreckungsklausel mit aufgenommen. In ihr unterwirft sich der Käufer der sofortigen Zwangsvollstreckung in sein gesamtes Vermögen, für den Fall dass er den Kaufpreis zum Fälligkeitszeitpunkt nicht oder nicht ganz entrichtet.

Zweckerklärung(Zweckbestimmungserklärung)
Bestimmung/Festlegung welchem Zweck eine Grundschuld dienen soll. Diese Art der Erklärung, ist gegenüber dem Grundschuldgläubiger abzugeben und nennt man

Zweckerklärung oder Zweckbestimmungserklärung. Das Grundstück dient dann nur hinsichtlich der in der Zweckerklärung genannten Verbindlichkeit (Darlehen) als Pfandobjekt.
Oft wird diese Zweckbestimmungserklärung auch auf Ihre sonstigen Verbindlichkeiten beim finanzierenden Kreditinstitut ausgeweitet. Wenn Sie dies nicht wollen, sollten Sie den Inhalt der Zweckbestimmungserklärung vorab diesbezüglich überprüfen.

Zweifamilienhaus
Haus mit 2 eigenständigen Wohnungen

Zwischenfinanzierungszinsen
Zinsen die während der Bauzeit für die Baufinanzierung anfallen. Nicht nur relevant wenn Sie sich selbst ein Haus bauen, sondern auch beim Kauf einer Neubauimmobilie (Haus oder Wohnung) vom Bauträger, wenn mit dem Bau noch nicht begonnen wurde und/oder sich die Immobilie noch im Bau befindet.
Bei Bauzeiten von zum Teil 1 Jahr und mehr sollten Sie hier genau nachrechnen und diese Zinsen nicht unterschätzen.

Kontaktdaten

Autor und Verleger: Johann Kiening, München

Website: **www.makler-luegen-nicht.de**

E-Mail: **info@makler-luegen-nicht.de**

Buchbestellungen unter: **bestellung@makler-luegen-nicht.de**

Weitere Bücher des Autors:

Immobilien statt €urobonds

Immobilienkauf zur Geldanlage/Vermietung

So finden Sie die richtige Immobilie und den passenden Mieter

"Eine Immobilie zur Vermietung muss/sollte so sein, dass ich auch selbst einziehen würde"

Vergessen Sie dies bitte ganz schnell wieder!

Wenn Sie so vorgehen, werden Sie zwar eine Immobilie kaufen die Ihnen gefällt und sicherlich auch sehr schön ist, die aber ganz gewiss in Vielem nicht den Ansprüchen der potenziellen Mieter und den spezifischen Gegebenheiten des jeweiligen Vermietungsmarktes entspricht.

Aber genau darauf kommt es an, bei einem Immobilienkauf zur Geldanlage/Vermietung.

Mieter setzen völlig andere Prioritäten bei der Wohnungssuche als Käufer dies tun.

Sie kennen sicherlich den altbekannten Spruch:

"Der Köder muss dem Fisch schmecken und nicht dem Angler"

Der Kauf einer "Immobilie zur Vermietung" ist etwas völlig anderes, als der "Kauf einer Immobilie zur Eigennutzung".

Das Buch **"Immobilien statt €urobonds"** befasst sich ausschließlich mit den damit verbundenen ganz spezifischen Vorgehensweisen und zeigt Ihnen den Weg auf, wie Sie die optimale Immobilie zur Vermietung und den passenden Mieter finden.

Erscheinungsdatum: Januar 2012
ISBN 978-3-00-036618-5

Vorankündigung: Erscheinungstermin Sommer 2012

Immobilienkauf vom Bauträger

Insiderwissen.........hilft Ihnen Fehler vermeiden und Geld sparen

Fast 2/3 aller Immobilien werden heute von Bauträgern erstellt, d.h. so gut wie alle Eigentumswohnungen und eine Vielzahl aller Häuser. Lediglich bei der Errichtung von freistehenden Einfamilienhäusern sind die zukünftigen Eigentümer meistens auch noch der eigene Bauherr.

Falls Sie sich mit dem Gedanken tragen eine Neubauwohnung oder ein neues Haus anzuschaffen, gleich ob zur Eigennutzung oder zur Vermietung, kaufen Sie jedoch in den meisten Fällen von einem Bauträger. Dies hat viele Vorteile aber auch einige Nachteile, die jedoch, wenn man weiß mit wem man es zu tun hat und worauf man achten sollte, **nein besser muss!** nicht weiter problematisch sind.

Das Buch **"Immobilienkauf vom Bauträger"** befasst sich ausschließlich mit den damit verbundenen ganz spezifischen Vorgehensweisen und zeigt Ihnen den kompletten chronologischen Ablauf, den Sie bei einem Immobilienkauf vom Bauträger durchlaufen.

Fast 3 Jahrzehnte Praxiserfahrung und Insiderwissen des Autors als Bauträger und Makler zeigen Ihnen wie es geht und wie Sie die für Sie optimale Immobilie finden und worauf Sie bei einem Kauf vom Bauträger achten müssen.
Insiderwissen und viele hilfreiche Tipps und Tricks aus der Praxis helfen Ihnen Fehler zu vermeiden und Geld zu sparen.

Abdrucke aller diesbezüglichen Verträge/Urkunden, wie Kaufvertrag, Teilungserklärung, Checklisten, sowie alle für den Kauf einer Immobilie relevanten Begriffe machen das Buch auch zu einem nützlichen Nachschlagewerk.

Der Kaufvertrag und die Teilungserklärung wurden von einem renommierten Münchner Notariat erstellt.

Bezugsquellen aller Bücher des Autors:

www.makler-luegen-nicht.de

www.amazon.de

sowie in ausgewählten Buchhandlungen